ドンドン FP 3級 技能士 頻出問題集

'24▼'25年版

成美堂出版

本書の使い方と学習のすすめ方

本書は、一般社団法人金融財政事情研究会（以下、金財）とNPO法人日本ファイナンシャル・プランナーズ協会（以下、日本FP協会）が実施する、3級FP学科試験・実技試験合格のためのポイントを精選してまとめたものです。

科目1から科目6（試験科目ごとに学習）

試験科目ごとに学習します。各単元は、学習科目の概要をまとめた【科目】ページと、問題演習を行う【TRY】ページで構成されています。

【科目】ページ

概要

各単元の冒頭に、その試験科目で学ぶ内容の全体像とポイントをまとめています。なお、■は、試験での出題頻度が低いため【TRY】では取り上げていない内容もありますが、学習上必要な知識の項目です。

インプットとアウトプットが1冊でできます。

【TRY】ページ

問題

学科試験の形式を基本にしつつ、実技試験の形式もおり交ぜています。学科と実技で必要となる知識は共通です。学科でも実技に近い形式での出題もありますので、さまざまな出題形式に慣れておくことは有効です。

答えと解説

そのテーマについて、基本事項から重要ポイントまで学習できるよう、問題ごとではなく、テーマごとのテキスト形式で解説しています。重要な計算式等は、学科・実技両方の出題傾向をふまえてまとめています。

実技単元（実技試験対応）

実技試験に特有の問題で頻出項目を取り上げています。科目1～6では取り上げていないテーマも、ここでしっかり身につけてください。

※実技単元に【科目】ページはありません。

【TRY】ページ 学習のすすめ方のヒント

問題を解く → 解説で知識を整理 → 問題をもう一度！

解説で先に学習 → 問題を解く → 解説で理解を深める！

自分に合った順序で取り組みましょう。

A 答えと解説　実技（協会資産）

答え　問1 ［1］ 問2 ［×］

FPはさまざまな領域に関わるため、他の専門家の領域について、資格を有していないFPができないこと・できることを確認します。

◆FP業務と各業法との関係　よくでる

他の専門家の「独占業務」等を知り、各業法に違反しないようにしなければならない。

	資格・登録がない者はできないこと	資格・登録がない者もできること
税理士	**有償、無償を問わず**、個別具体的な税務相談、税務代理、税務書類の作成 ［**個別具体的な**］税額の計算（相談者が納付すべき額）（1）	一般的な税法の説明や解説、［**仮定の事例**］に基づいた税額の計算、計算の手順の解説
弁護士	報酬を得る目的で、一般の法律事務を行う 顧客の**代理人**として相手方と話し合いを行い、報酬を得る	法律の一般的な［**説明**］や［**解説**］（2） 公正証書遺言の証人、成年後見人や保佐人、補助人
投資助言・代理業、投資運用業	**投資顧問**契約、**投資一任**契約を締結する。**投資判断を助言**する	目論見書や運用報告書等（1）、一般に入手可能な資料から説明
生命保険募集人・保険仲立人※	生命保険契約の**募集、勧誘**	一般の保険商品の説明、必要保障額の計算、保険の見直し相談
社会保険労務士	年金請求書等の作成と提出代行	公的年金の受給見込み額（1）や繰上げ・繰下げ額の試算

※**金融サービス仲介業者**の登録を受けている者も含む

◆投資助言・代理業、生命保険募集人

［**内閣総理大臣**］の登録が必要。

解答のヒント　**弁護士資格がなくても、法律の一般的な説明を行うのはOKです。他の資格や登録業についても、「一般的な説明や解説」、「仮定の事例に基づいた計算」とあったら、多くの場合は「○（できる）」。「個別具体的な計算」「顧客の代理人として」とあったら「×（できない）」と判断できます。**

ライフプランニングの基本事項

□ キャッシュフロー表

問 1 次の文章を読んで、正しいものまたは適切なものには○を、誤っているものまたは不適切なものには×をつけなさい。

個人のライフプランニングにおいて、キャッシュフロー表に記載する金額は、物価変動等が予測されるものについては、通常、その変動等を加味した将来価値で計上する。

(2019.05)

問 2 次の文章の（　　　）内にあてはまる最も適切な語句を1～3のなかから選び、その番号を記しなさい。

Aさんの2023年分の可処分所得の金額は、下記の〈資料〉によれば、（　　　）である。

〈資料〉2023年分のAさんの収入等

給与収入	：750万円（給与所得：565万円）
所得税・住民税	：80万円
社会保険料	：100万円
生命保険料	：20万円

1．385万円
2．550万円
3．570万円

(2023.09)

A 答えと解説 実技（協会資産）

答え 問1［○］問2［3］

FPがライフプランニングを行うときに作成する3つの資料のうちの2つ、ライフイベント表・キャッシュフロー表を確認します。

◆ライフイベント表 さらっと

家族のライフイベント（子の入学、住宅購入、退職等の予定や希望等）を**時系列に一覧表形式**でまとめたもの。必要資金は現在価値で見積もる。

◆キャッシュフロー表（CF表）

現在の収支やライフイベントを基に、将来の家計の収支や貯蓄残高の状況を予測して、表にまとめたもの。物価変動等が予測される将来の収入・支出については、**変動を加味した**［将来価値］で記載する（1）。なお、CF表の形式はP303参照。

▶CF表の必須項目4つ

年間収入	・給与や年金、その他の収入の合計額 ・収入はそれぞれ、**可処分所得**で記載する
年間支出	・基本生活費、住居費、教育費、一時的支出等の合計額
年間収支	・**「年間収入－年間支出」** ・マイナスの場合は数字の前に「－」や▲をつける
金融資産残高	・前年の金融資産を1年間運用したとして、当年の年間収支を加減算した額をその年の残高とする ・**前年の金融資産残高×（1＋変動率）±当年の年間収支**

▶可処分所得 よくでる

手取り収入、実際に使える金額のこと。

可処分所得＝年収－（［所得税］＋［住民税］＋［社会保険料］）（2）

問2 Aさんの可処分所得＝750万円－（80万円＋100万円）＝570万円
・生命保険料や住宅費は可処分所得の計算には影響しない
・給与所得は所得税の計算において用いる

▶変動率 よくでる

給与の昇給や物価変動等、将来価値の見積もりには変動率を用いる。CF表に変動率が設定されている場合、将来価値を計算する。

○年後の将来価値＝現在（基準年）の金額×（1＋変動率）$^{\text{経過年（○）}}$

□ 個人バランスシート

問1 下記の問について解答しなさい。

〈設例〉（一部抜粋）
木内智洋さんは株式会社QAに勤める会社員である。
［保有財産（時価）］　　　　　　　　　　　　（単位：万円）

金融資産 　普通預金 　定期預金 　投資信託 　上場株式	 240 400 350 210
生命保険（解約返戻金相当額）	50
不動産（自宅マンション）	3,700

［負債残高］
住宅ローン（自宅マンション）：800万円（債務者は智洋さん、団体信用生命保険付き）

FPの近藤さんは、木内家のバランスシートを作成した。下表の空欄（ア）にあてはまる金額として、正しいものはどれか。なお、〈設例〉に記載のあるデータに基づいて解答することとする。

〈木内家のバランスシート〉　　　　　　　　　　（単位：万円）

［資産］	×××	［負債］	×××
		負債合計	×××
		［純資産］	（ア）
資産合計	×××	負債・純資産合計	×××

1．1,250（万円）
2．4,100（万円）
3．4,150（万円）

（2023.01 実技・資産）

A 答えと解説　実技(協会資産)

答え　問1 [3]

キャッシュフロー表では現時点での資産と負債の状況を把握できないので、個人バランスシート(貸借対照表、B/S)を作成します。

◆個人バランスシート

ある時点での家計の資産と負債のバランスをみるために作成する。

・**金額は時価**で記入する

・家計の資産と負債をひとつの表にまとめる

▶資産

・金融資産：普通預金・定期預金、投資信託、上場株式等

・生命保険：**解約返戻金相当額**を記入する

・不動産 (自宅マンション等)：**時価**を記入する

▶負債

・各種ローン：**ローン残債**を記入する。団体信用生命保険の有無は影響しない

▶純資産　よくでる

純資産＝資産合計－負債合計

▶バランスシート

左側に資産、右側に負債および純資産を記入する。

左側の資産合計と、右側の負債・純資産合計は必ず一致する。

問1 木内家の純資産の計算手順

資産合計と負債残高の差額を計算 (以下、計算途中では万円を省略)。

資産合計= [240] + [400] + [350] + [210] + [50] + [3,700]

= [4,950] 万円

負債合計= [800] 万円

純資産=資産合計 [4,950] 万円− [800] 万円= [4,150] 万円

[資産]	4,950	[負債]	800
		負債合計	800
		[純資産]	4,150
資産合計	4,950	負債・純資産合計	4,950

解答のヒント　**試験では、「純資産」の計算がよく出題されます。計算手順を確認して慣れておきましょう。**

□ ６つの係数

問1 次の文章の（　　　）内にあてはまる最も適切な語句を１～３のなかから選び、その番号を記しなさい。

毎年一定金額を積み立てながら、一定の利率で複利運用した場合の一定期間経過後の元利合計額を試算する際、毎年の積立額に乗じる係数は、（　　　）である。

１．減債基金係数
２．資本回収係数
３．年金終価係数

(2022.05)

問2 下記の問について解答しなさい。

明さんと加奈さんは、今後10年間で積立貯蓄をして、長男の直人さんの教育資金として250万円を準備したいと考えている。
積立期間中に年利1.0%で複利運用できるものとした場合、250万円を準備するために必要な毎年の積立金額として、正しいものはどれか。なお、下記〈資料〉の３つの係数の中から最も適切な係数を選択して計算し、解答に当たっては千円未満を切り上げること。また、税金や記載のない事項については一切考慮しないこととする。

〈資料：係数早見表（年利1.0%）〉

	現価係数	資本回収係数	減債基金係数
10年	0.9053	0.10558	0.09558

※記載されている数値は正しいものとする。

１．227,000円
２．239,000円
３．264,000円

(2022.05 実技・資産)

A 答えと解説　実技（協会資産）

答え　問1 [3]　問2 [2]

6つの係数は、複利運用しながら、必要資金を準備するための計算に利用できます。

◆6つの係数　よくでる

どの係数も「一定の期間、一定の利率で複利運用」が前提となる。

終価係数	**今の元金が運用でいくらになるか**を計算したい 元金を一定期間、複利運用したとき期間経過後の元利合計額を求めるときに使う
現価係数	**必要な目標額から、今必要な元金**を計算したい 元金を一定期間、複利運用して目標とする額を得るために、運用開始時点で必要な元金の額を求めるときに使う
年金終価係数	**毎年積み立てると最後にいくらになるか**を計算したい 毎年一定金額を積み立てながら、一定の利率で複利運用した場合の一定期間経過後の元利合計額を求めるときに使う（1）
減債基金係数	**目標額をつくるための毎年の積立額**を計算したい 複利運用しながら一定期間経過後に目標とする額を得るために必要な毎年の積立額を求めるときに使う（2）
資本回収係数	**元金を毎年取り崩したら年金額はいくらか**を計算したい **ローン借入総額から毎年の返済額**を計算したい 元金を複利運用しながら、毎年一定金額を一定の期間にわたって取り崩していくときの毎年の取り崩し額を求めるときに使う
年金現価係数	**欲しい年金額から必要な元金**を計算したい 一定期間複利運用しながら、毎年一定金額を受け取るために必要な元本を求めるときに使う

問2 毎年の積立額を求める場合は、**減債基金**係数を使って計算する。
毎年の積立金額＝[250]万円×[0.09558]
＝[23.895]万円→[239,000]円（千円未満切上げ）

解答のヒント　**使う係数の見きわめ方：**

▶計算で求める額が「毎年の額」なら…毎年の「積立額」なら減債基金係数、「取崩し額」なら資本回収係数を使います。

▶求める額が「まとまった額（元利合計・元本等）」なら…残りの4つのうち、
①提示額が「毎年一定額」なら『年金』のつく係数（年金終価or年金現価）、提示額もまとまった額なら『年金』のつかない係数（終価or現価）
②求める額が将来（期間経過後）の額なら「終価」のつく係数、現在（運用開始時）の額なら「現価」のつく係数、で見きわめましょう。

3大必要資金

□住宅取得資金（住宅ローンの基礎）

問1 次の文章の（　　）内にあてはまる最も適切な語句の組合せを1～3のなかから選び、その番号を記しなさい。

⑴住宅ローンの返済方法のうち、元利均等返済は、毎月の返済額が一定で、返済期間の経過とともに毎月の元金部分の返済額が（　①　）返済方法であり、総返済金額は、他の条件が同一である場合、通常、元金均等返済よりも（　②　）。

1．①減少する　②多い
2．①増加する　②多い
3．①増加する　②少ない

(2023.01)

⑵住宅金融支援機構と民間金融機関が提携した住宅ローンであるフラット35（買取型）の融資額は、土地取得費を含めた住宅建設費用または住宅購入価額以内で、最高（　①　）であり、融資金利は（　②　）である。

1．①8,000万円　②固定金利
2．①　1億円　②固定金利
3．①　1億円　②変動金利

(2023.09)

A 答えと解説

答え 問1 (1) [2] (2) [1]

住宅ローンの返済方法と、代表的な住宅ローンとして「フラット35（民間ローン）」を確認します。

◆住宅ローンの返済方法（2種類）

よくでる

元金を返済する部分（元金部分）と、元金にかかっている利息を支払う部分（利息部分）の合計額を毎回の住宅ローンの返済額とする。元金部分と利息部分の構成で次の2種類がある。

元利均等返済 (1 (1))	**返済開始から終了まで毎回の返済額が一定の方法** ・返済開始当初は、返済額の大部分が利息にあてられ、返済期間が進むごとに少しずつ元金部分の返済額が［**増加**］する ・返済額が一定なので返済計画は立てやすい ・元金均等返済より、総返済額が［**多く**］なる
元金均等返済	**毎回の元金部分の返済額が一定の方法** ・返済開始当初は、上乗せとなる利息部分が多いため返済額も多くなる ・返済額は返済期間が進むごとに減少する ・元金部分の減少が早いため、元利均等返済より総返済額は少ない

【元利均等返済】

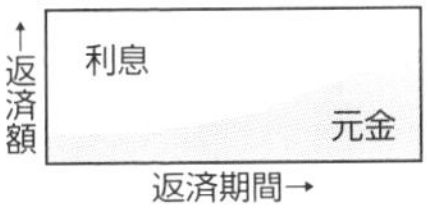

【元金均等返済】

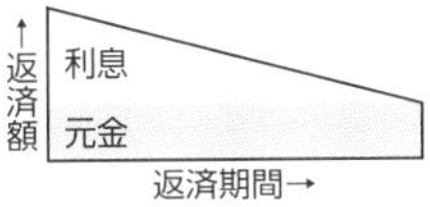

◆フラット35（民間融資）

よくでる

住宅金融支援機構と民間金融機関が提携して実施する住宅ローン。

申込者	申込み時に**70**歳未満
使いみち	**本人または親族が居住する**ための住宅の建設・購入資金
融資限度額	住宅建設費用（土地取得費含む）または住宅購入価格以内で、最高［**8,000万円**］(1 (2))
適用金利	［**全期間固定**］金利（1 (2)）、［**融資実行**］時点の金利が適用される（金利は**金融機関によって独自**に決定される）
借入れ期間	最長**35**年
保証人・保証料	［**不要**］
繰上げ返済	手数料**無料**（繰上げ返済額は、窓口100万円以上、インターネット経由は10万円以上）

買取型：住宅金融支援機構が民間金融機関から住宅ローンを買い取り、住宅ローンを担保に債券発行、資金を調達する方法。

□住宅取得資金（繰上げ）

問1 下記の問について解答しなさい。

航平さんは、住宅ローンの繰上げ返済を検討しており、FPの成田さんに質問をした。住宅ローンの繰上げ返済に関する成田さんの次の説明のうち、最も不適切なものはどれか。

1. 「繰上げ返済は、通常の返済とは別に、現在返済しているローンの利息部分を返済するものです。」
2. 「繰上げ返済は、教育費や老後資金の準備等、他の資金使途とのやりくりを十分考慮したうえで、早期に行うほど、利息軽減効果は高くなります。」
3. 「毎月の返済額を変えずに、返済期間を短縮する方法を『期間短縮型』といいます。」

（2022.01　実技・資産・改）

問2 次の文章を読んで、正しいものまたは適切なものには○を、誤っているものまたは不適切なものには×をつけなさい。

住宅ローンの繰上げ返済において、最低返済額や繰上げ手数料は、金融機関によって異なる。

（2019.09　実技・資産・改）

A 答えと解説

答え 問1 [1] 問2 [○]

住宅ローンをできるだけ早く返済するためや返済額を軽減するための方法として、繰上げ返済と借換えがあります。

◆住宅ローンの繰上げ返済 よくでる

通常の返済とは別に、元金の一部または全部を返済すること（1）。元金を早く返済することでその分の利息を軽減する効果がある。2種類の方法があり、最低返済額や繰上げ手数料は金融機関により異なる（2）。

期間短縮型	毎回の返済額は変えずに、**返済期間を短縮**する方法（1）
返済額軽減型	返済期間は変えずに、**毎回の返済額を減らす**方法

【期間短縮型】

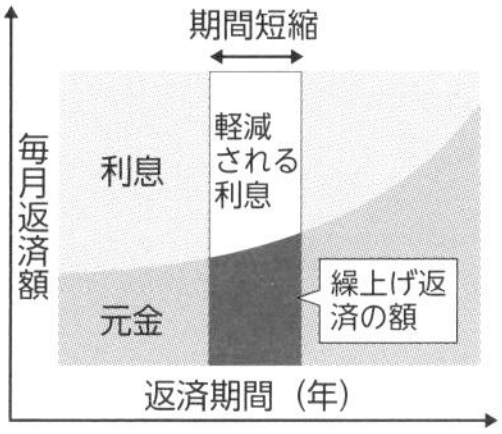

【返済額軽減型】

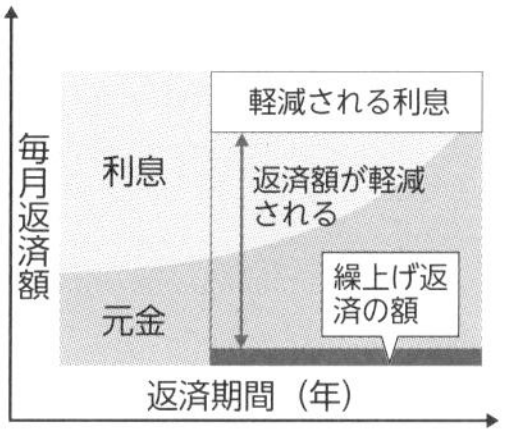

▶利息軽減効果

・期間短縮型のほうが返済額軽減型よりも利息軽減効果が高い

・返済開始後、早期に行うほど、利息軽減効果が高い（1）

◆財形住宅融資（公的融資） さらっと

財形貯蓄3種類（財形住宅貯蓄、財形年金貯蓄、一般財形貯蓄）のうちいずれかを利用している勤労者が利用できる。

申込者	財形貯蓄を1年以上継続して実施し、残高が50万円以上ある
融資限度額	財形貯蓄残高の**10倍**までで、最高**4,000万円**
金利	**5年固定金利**（5年ごとにそのときの金利に見直される）

解答のヒント **繰上げ返済は、ローンの利息部分ではなく元金部分を返済するものです。住宅資金では期間短縮型と返済額軽減型の違い、P27の住宅ローンの元利均等返済と元金均等返済の比較が頻出です。**

□ 教育資金準備

問1 次の文章を読んで、正しいものまたは適切なものには○を、誤っているものまたは不適切なものには×をつけなさい。

⑴日本学生支援機構の奨学金（貸与型）のうち、第一種奨学金は利子がつかない。

(2021.05)

⑵日本政策金融公庫の教育一般貸付（国の教育ローン）の使途は、入学金や授業料等の学校納付金に限られ、受験費用や在学のために必要となる住居費用等に利用することはできない。

(2023.05)

⑶日本政策金融公庫の教育一般貸付（国の教育ローン）は、返済期間が最長18年であり、在学期間中は利息のみの返済とすることができる。

(2023.01)

A 答えと解説

答え 問1 (1) [○] (2) [×] (3) [○]

教育資金準備のための制度として「こども保険」もありますが、ここでは主に奨学金制度と国の教育ローンについて確認します。

◆教育資金準備に利用できる制度

▶こども保険（学資保険）

進学時期に合わせて満期金や祝金が支払われる保険（P82参照）。

◆奨学金（日本学生支援機構）

学生本人が借りて学生本人が卒業後に返済する。貸与型と給付型がある。保護者の収入・所得も審査対象となる（多いと利用できない）。

貸与型 よくでる	第一種奨学金	・[無利子]（1(1)） ・学力と所得により選考される
	第二種奨学金	・[有利子]だが、在学中は[無利子] ・選考基準は第一種より緩やか
給付型	給付奨学金	・返済は不要 ・貸与型より選考基準は厳しい

◆国の教育ローン（教育一般貸付） よくでる

日本政策金融公庫を通じて利用。保護者が借りて保護者が返済する。

融資限度額	学生1人につき[350]万円まで（自宅外通学等の場合は450万円まで）
収入基準	世帯年収（所得）の上限がある
資金使途	学費以外に、[受験]費用、[下宿]費用、パソコン購入代、学生の国民年金保険料等も可（1(2)）
返済期間	[18]年以内（1(3)）
金利	・[固定]金利 ・在学中は[利息のみ]返済とすることも可（1(3)）

奨学金（日本学生支援機構）と国の教育ローンは重複して利用できる。

ポイント 頻出は、奨学金では「貸与型の2種類の違い」、国の教育ローンでは「使いみち」「返済期間と利息の扱い」「金利」です。

社会保険

□ 労働者災害補償保険（労災保険）と雇用保険の概要

問 1 次の文章を読んで、正しいものまたは適切なものには○を、誤っているものまたは不適切なものには×をつけなさい。

(1)アルバイトやパートタイマーが、労働者災害補償保険の適用を受けるためには、1週間の所定労働時間が20時間を超えていなければならない。

(2023.09)

(2)労働者災害補償保険の保険料は、その全額を事業主が負担する。

(2021.05)

〈社会保険の基本用語〉

保険者	保険事業を運営する主体。保険料を徴収し、保険事故が発生した場合に給付を行う。社会保険の場合は政府、都道府県、市町村や、法律で定められた組織が保険者となっている
事業所	事業の活動が行われる場所。会社の場合、支店や営業所等も本社とは別にそれぞれ事業所となる。社会保険加入の単位
事業主	会社（法人）の場合は会社（法人）、個人事業の場合は個人事業主をさす
被保険者	保険の対象になっている人。社会保険では保険料を負担する人をさす
所定労働時間	その期間（例えば1週間等）に働くことになっている時間数のこと。残業時間は含まない
労働者	事業主に使用される者。使用者（社長、役員等）は労働者ではない
被用者	法人や国、地方公共団体、個人事業主に雇われている者。労働者とは別。社長や役員は被用者となる

A 答えと解説

答え 問1 (1) [×] (2) [○]

労災保険と雇用保険は、労働者を対象とする制度です。対象者や保険料を対比しながら確認しましょう。

◆労働者災害補償保険（労災保険）

労働者を対象として、仕事中（業務災害）や通勤途中（通勤災害）、複数の業務を原因としたもの（複数業務要因災害）によるケガや病気、障害、死亡について給付を行う。

▶加入対象　よくでる

・**労働者**を使用している会社・事業主は必ず加入（強制加入）

・労働者は、労働時間数［に関係なく］（1(1)）、アルバイト・パートタイマーも対象と［なる］

▶保険料　よくでる

・事業主が［全額］を負担する（1(2)）

・保険料率は業種によって異なる（危険度の高い業種は保険料率が高い）

▶業務災害の場合の主な給付　さらっと

療養補償給付	ケガや病気の治療にかかる費用（原則として全額）
休業補償給付	**休業4日目**から支給

その他、障害に対する給付、死亡した場合の遺族に対する給付もある。

◆雇用保険

失業時の生活保障、高齢者や介護休業中の人への雇用継続給付、育児休業中の給付、自発的に教育訓練を受けた人に対する給付等を行う。

▶加入対象　よくでる

・**対象となる労働者**を使用している会社・事業主は必ず加入（強制加入）

・対象となる労働者：1週間の所定労働時間［20］時間以上で雇用見込［31］日以上

▶保険料

・**事業主と労働者が負担**する（事業主のほうが多い）

□ 雇用保険の給付①

問 1 **次の文章を読んで、正しいものまたは適切なものには○を、誤っているものまたは不適切なものには×をつけなさい。**

雇用保険の基本手当を受給するためには、倒産、解雇、雇止め等の場合を除き、原則として、離職の日以前2年間に被保険者期間が通算して12か月以上あること等の要件を満たす必要がある。

(2023.05)

問 2 **次の文章の（　　　）内にあてはまる最も適切な語句を1～3のなかから選び、その番号を記しなさい。**

(1) 20年以上勤務した会社を60歳到達月の末日で定年退職し、雇用保険の基本手当の受給資格者となった者が受給することができる基本手当の日数は、最大（　　　）である。

1．100日
2．150日
3．200日

(2022.01)

(2) 60歳以後の各月（支給対象月）に支払われる賃金額が60歳到達時の賃金月額の（　　　）％相当額を下回る場合、原則として、雇用保険の高年齢雇用継続基本給付金を受給することができる。

1．50％
2．61％
3．75％

(2020.01　実技・個人・改)

A 答えと解説　実技（金財個人、金財保険、協会資産）

答え　問1 [○]　問2 (1) [2] (2) [3]

雇用保険の給付のうち、まず失業したときの生活保障となる基本手当と、60歳以上の労働者に対する給付を確認します。

◆基本手当

雇用保険の**65歳未満の被保険者**が退職し、以下の要件を満たす場合に受給できる。　よくでる

- 離職の日以前[2]年間に被保険者期間が通算[12]か月以上ある（1）※
- 失業状態（働く意思があっていつでも働ける状態）にあり、公共職業安定所（ハローワーク）で求職の申込をしている

※退職理由が倒産、解雇、雇止め等の会社都合の場合は、１つめの要件は「離職の日以前１年間に被保険者期間が通算６か月以上」となる

▶受給できる基本手当の最大日数（所定給付日数）

- 退職理由によって異なる
- 自己都合・定年の場合、被保険者期間（算定基礎期間）の長さで異なる

よくでる

被保険者期間	１年未満	１年以上10年未満	10年以上20年未満	**20年以上**
所定給付日数	なし	[90] 日	120日	[150] 日（2(1)）

▶受給の期間

- 原則として、離職の日の翌日から [1] 年間
  ※ただし、ケガや病気、妊娠・出産等による離職の場合は延長可能
- ハローワークで求職の申込後 [7] 日間は、**待期期間**として基本手当は**支給されない**
- 自己都合退職の場合、待期期間に加えて原則**2か月**※の**給付制限期間**も基本手当は支給されない　※５年間で３回以上の離職は３か月

◆雇用継続給付

▶高年齢雇用継続基本給付金

対象者	60歳以上65歳未満で被保険者期間が５年以上ある被保険者
要件	60歳時の賃金額に比べて60歳以降の（現在の）賃金の額が [75] %相当額を下回る場合に受給できる（2(2)）
受給額	最大で現在の賃金の [15] %相当額
受給期間	60歳以後65歳になるまで

※基本手当を受給して再就職した者の場合は「高年齢再就職給付金」の対象
※受給額の率は2025年度以降10%に低減する

□ 雇用保険の給付②

問 1 下記の問について解答しなさい。

智洋さんは、将来親の介護が必要になり仕事を休んだ場合、雇用保険からどのような給付が受けられるのか、FPの近藤さんに質問をした。近藤さんが行った雇用保険の介護休業給付金に関する次の説明の空欄（ア）～（ウ）にあてはまる数値の組み合わせとして、最も適切なものはどれか。

「介護休業給付金は、雇用保険の一般被保険者または高年齢被保険者が対象家族の介護をするために休業をした場合に支給されます。支給日数１日当たりの支給額は、休業中に賃金が支払われない場合、休業開始時賃金日額の（　ア　）％相当額で、同一の対象家族について通算（　イ　）日（　ウ　）回まで分割可能）を限度に支給されます。」

1．（ア）67　（イ）90　（ウ）2
2．（ア）68　（イ）93　（ウ）3
3．（ア）67　（イ）93　（ウ）3

（2023.01　実技・資産）

問 2 次の文章の（　　　）内にあてはまる最も適切な語句を１～３のなかから選び、その番号を記しなさい。

雇用保険の育児休業給付金の額は、当該育児休業給付金の支給に係る休業日数が通算して180日に達するまでは、１支給単位期間当たり、原則として休業開始時賃金日額に支給日数を乗じて得た額の（　　　）相当額となる。

1．50％
2．67％
3．75％

（2021.09）

A 答えと解説　実技（金財保険、協会資産）

答え　問1 [3] 問2 [2]

介護休業中や育児休業中に受けられる雇用保険からの給付については、受給額（率）と受給期間（日数）に注目して確認しましょう。

◆雇用継続給付

▶介護休業給付　よくでる

一定の家族を介護するために休業する被保険者を対象として給付を行う。

対象者	休業開始日以前 [2] 年間に被保険者期間が通算 [12] か月以上ある
受給額	休業開始前賃金の [67] %相当額（❶）
受給期間	最高 [93] 日間分（[3] 回まで分割取得可）（❶）

※一定の家族とは、配偶者、父母、配偶者の父母、子、祖父母、兄弟姉妹、孫等

◆育児休業給付

▶育児休業給付金　よくでる

原則1歳になるまでの子を養育するために休業する被保険者を対象として給付を行う。

対象者	休業開始日以前 [2] 年間に被保険者期間が通算 [12] か月以上ある
受給額（率）	休業**180日**まで：休業開始前賃金の [67] %相当額（❷） 休業**180日**経過後：休業開始前賃金の [50] %相当額
受給期間	原則、**子が1歳になるまで**（最長2歳になるまで）

※出生時育児休業（通称：産後パパ育休）を取得する期間には、育児休業給付金とは別に出生時育児休業給付金が支給される。

◆教育訓練給付

所定の教育訓練を自発的に受講・修了した被保険者に給付される。

▶一般教育訓練給付金

厚生労働大臣指定の講座を自己負担で受講・修了した場合、費用の**20**%相当額（上限**10**万円）が支給される。

ポイント　育児休業と介護休業の給付金の対象者の要件のポイント、「2年間に通算12か月以上」は、基本手当と同じなのでまとめて覚えましょう。

□ 公的医療保険の概要

問1 次の文章を読んで、正しいものまたは適切なものには○を、誤っているものまたは不適切なものには×をつけなさい。

⑴後期高齢者医療広域連合の区域内に住所を有する75歳以上の者は、原則として、後期高齢者医療制度の被保険者となる。

(2022.01)

⑵健康保険の任意継続被保険者となるためには、健康保険の被保険者資格喪失日の前日までに継続して１年以上の被保険者期間がなければならない。

(2022.05)

問2 次の文章の（　　）内にあてはまる最も適切な語句を１～３のなかから選び、その番号を記しなさい。

全国健康保険協会管掌健康保険の被保険者である会社員が、退職後に健康保険の任意継続被保険者となるための申出は、原則として、退職した日の翌日から（　　）以内にしなければならない。

1．10日
2．14日
3．20日

(2021.05)

〈社会保険の基本用語〉

標準報酬月額	社会保険料の計算時に使う報酬区分。社会保険の各種給付の計算でも用いられる。千円単位または万円単位で表す
標準賞与額	賞与支給額の1,000円未満を切り捨てた額

A 答えと解説 実技（金財個人、金財保険、協会資産）

答え 問1 (1)［○］(2)［×］問2［3］

日本は、すべての人がいずれかの公的医療保険制度に加入する「国民皆保険」となっています。加入制度は年齢や勤務先等によって決まります。

◆公的医療保険の全体像

▶［75］歳以上の者 よくでる

後期高齢者医療制度に被保険者として加入、保険料を負担する（1(1)）。**保険者**は後期高齢者医療広域連合（［都道府県］単位）。

▶［75］歳未満の者

被用者保険（健康保険）と地域保険（国民健康保険）のいずれかに加入する。

◆健康保険（全国健康保険協会管掌健康保険）

▶保険者：**全国健康保険協会（協会けんぽ）**

▶協会けんぽの保険料

- 被保険者の給与（標準報酬月額）・賞与（標準賞与額）に対して計算される
- **労使折半**（事業主・被保険者が半分ずつ負担）
- 料率は［都道府県］**により異なる**
- **産前産後休業**、**育児休業中**の保険料は事業主・被保険者［ともに免除］

▶被扶養者

被保険者に扶養される家族で一定要件を満たす者。保険料負担なし。

要件	・国内に住所を有し、被保険者と生計が同一であること ・**年収130万円未満**、かつ被保険者の年収の2分の1未満であること（60歳以上または障害者は180万円未満）

▶任意継続被保険者 よくでる

被保険者が退職する場合、本人が希望すれば退職前の健康保険に引き続き加入し、最長［2］年間、被保険者となることができる。

要件	・退職までに継続して**2**か月以上被保険者期間があること（1(2)） ・退職日の翌日（資格喪失日）から**20日**以内に手続きすること（2）
その他	・保険料は全額**自己負担** ・家族を被扶養者にできる ・任意に脱退できる

□ 健康保険の概要と給付①

問 1 次の文章を読んで、正しいものまたは適切なものには○を、誤っているものまたは不適切なものには×をつけなさい。

⑴会社員のＡさん（36歳、全国健康保険協会管掌健康保険に加入）に係る医療費の一部負担金の割合は、原則として、入院・外来を問わず、実際にかかった費用の１割となる。

（2023.09　実技・個人・改）

⑵健康保険の被保険者が同一月内に同一の医療機関等で支払った医療費の一部負担金等の金額が、その者に係る自己負担限度額を超えた場合、その支払った一部負担金等の全額が、高額療養費として支給される。

（2021.01）

A 答えと解説 実技（金財個人、金財保険、協会資産）

答え 問1 (1) [×] (2) [×]

自己負担割合は、年齢等により区分されています。高額療養費は自己負担が過重にならないための制度です。

◆健康保険の給付

▶療養の給付（医療費の自己負担割合） よくでる

業務外のケガや病気について治療等を受ける際の給付。費用の一部は自己負担となり、その割合は年齢等によって区分される。

小学校入学前	入学後～70歳未満	70歳以上75歳未満
2割	[3] 割（1(1)）	2割 （現役並み所得者は3割）

▶後期高齢者医療制度（75歳以上）の療養の給付

ケガや病気について治療等を受ける際、自己負担の割合は、原則 [1] 割、一定以上収入のある人は2割、現役並み所得者は3割。

▶高額療養費制度 よくでる

健康保険の被保険者が**同一月内**に**同一の医療機関**等で支払った医療費の一部負担金の金額が、所定の自己負担限度額を超える場合、その [超えた部分の金額] が高額療養費として支給される（1(2)）。被扶養者も同様。

自己負担限度額は、被保険者の標準報酬月額等により計算式が異なる。

〈70歳未満の者の医療費の自己負担限度額（1か月当たり）〉

標準報酬月額	医療費の自己負担限度額
83万円以上	252,600円＋（総医療費－842,000円）×1%
53万～79万円	167,400円＋（総医療費－558,000円）×1%
28万～50万円	**80,100円＋（総医療費－267,000円）×1%**
26万円以下	57,600円
市町村民税非課税者等	35,400円

・限度額は70歳未満と70歳以上で異なる

・差額ベッド代・食事代は高額療養費の対象 [外]

解答のヒント 高額療養費の「自己負担限度額を超えた場合、支払った全額が支給される」はひっかけ。支給されるのは超えた部分です。実技試験では計算問題も出題されます。

□ 健康保険の給付②

問1 次の文章を読んで、正しいものまたは適切なものには○を、誤っているものまたは不適切なものには×をつけなさい。

全国健康保険協会管掌健康保険の被保険者が、業務外の事由による負傷または疾病の療養のため、労務に服することができずに休業し、報酬を受けられなかった場合は、その労務に服することができなくなった日から傷病手当金が支給される。

(2023.01)

問2 次の文章の（　　　）内にあてはまる最も適切な語句の組合せを1～3のなかから選び、その番号を記しなさい。

全国健康保険協会管掌健康保険の被保険者に支給される傷病手当金の額は、原則として、1日につき、傷病手当金の支給を始める日の属する月以前の直近の継続した（　①　）の各月の標準報酬月額の平均額を30で除した額に、（　②　）を乗じた額である。

1．① 6か月間　②3分の2
2．①12か月間　②3分の2
3．①12か月間　②4分の3

(2023.09)

A 答えと解説　実技（金財個人、金財保険、協会資産）

答え　問1 [×]　問2 [2]

健康保険の被保険者には、一定の場合に、1日当たりおおよそ給与日額の3分の2が支給される傷病手当金・出産手当金があります。

◆健康保険の給付

▶傷病手当金　よくでる

被保険者が業務外のケガや病気の療養のために労務に服することができず連続して [3] 日以上休み、休業 [4] 日目以降に給与が支払われていない場合、休業 [4] 日目から傷病手当金が支給される（1）。

・支給期間：通算 [1] 年 [6] か月が限度。

日額＝（支給開始日の属する月以前の直近の継続した [12] か月間の各月の標準報酬月額の平均額）÷30日×[$\frac{2}{3}$]　（2）

▶出産手当金

被保険者が出産のために仕事を休み、給与が受けられなかった場合には、出産予定日以前 [42] 日間および出産日後 [56] 日間について出産手当金が支給される。日額の計算は傷病手当金と同じ。

▶出産育児一時金・家族出産育児一時金　よくでる

被保険者や被扶養者が出産した場合、子1人につき [50] 万円が支給される（産科医療補償制度加入の医療機関で出産した場合の額）。

◆国民健康保険の給付　さらっと

自営業者等が加入する国民健康保険（保険者：都道府県および市町村）では、療養の給付や高額療養費（P41参照）、出産育児一時金は、健康保険と同様に支給される。ただし、傷病手当金や出産手当金は任意給付でほとんどの場合設けられていない。

！注意　傷病手当金は、連続3日休んだ後の4日目から支給対象です。休みが3日連続になっていないと、通算4日目であっても傷病手当金は支給されません。

□ 公的介護保険

問 1 公的介護保険（以下「介護保険」という）について説明した以下の文章の空欄①～③に入る語句の組合せとして、次のうち最も適切なものはどれか。

介護保険の被保険者が保険給付を受けるためには、市町村（特別区を含む）から要介護・要支援認定を受ける必要があります。介護保険の被保険者は、（　①　）以上の第1号被保険者と40歳以上（　①　）未満の医療保険加入者である第2号被保険者に区分されます。介護保険の第2号被保険者は、（　②　）要介護状態または要支援状態となった場合に保険給付を受けることができます。介護保険の第2号被保険者が介護給付を受けた場合、原則として、実際にかかった費用（食費、居住費等を除く）の（　③　）を自己負担する必要があります。

1．①60歳　②特定疾病が原因で　③2割
2．①65歳　②原因を問わず　③2割
3．①65歳　②特定疾病が原因で　③1割

（2022.09　実技・個人・改）

A 答えと解説　実技（金財個人、金財保険、協会資産）

答え　問 1 ［3］

公的介護保険は、加齢にともなって心身に変化が生じ、またそれによって生じた疾病等によって介護が必要になった人に給付を行うことを目的とした制度です。

◆公的介護保険

［65］歳以上を第１号被保険者、［40］歳以上［65］歳未満を第２号被保険者と区分し、第１号被保険者と第２号被保険者では保険料や介護が必要となった原因について問われるかどうか等が異なる。

▶被保険者の年齢区分と概要

	第１号被保険者	第２号被保険者　よくでる
対象者（1）	［65］歳以上	［40］歳以上［65］歳未満の医療保険加入者
保険料	・市町村により異なる ・公的年金が一定額（年間［18］万円）以上なら公的年金から徴収される	・公的医療保険料と合わせて徴収 ・協会けんぽの保険料率は［全国一律］
介護状態の原因	［原因は問わない］	［特定疾病］が原因で介護状態になったことが必要（1）
自己負担割合	原則１割（一定の高所得者は２割または３割）	［１割］（1）
保険者	［市町村または特別区］	

※特定疾病：加齢に起因する疾病で、初老期認知症、脳血管疾患、末期がん等

▶要介護認定と給付

介護保険の給付を受けるには、［市町村または特別区］の認定を受ける必要がある。要介護認定は**７段階**（「**要支援１・２**」および「**要介護１～５**」）、要支援より要介護、また数字の大きくなるにつれて状態が重くなる。該当しない場合は「非該当」と区分される。

要支援は予防給付、要介護は介護給付という。在宅で受ける居宅サービスと、施設で受ける施設サービスがある。

ポイント　**第１号被保険者・第２号被保険者の年齢の区分と、第２号被保険者が介護を受けられる要件、給付については頻出です。**

公的年金

□ 国民年金①

問1 次の文章を読んで、正しいものまたは適切なものには○を、誤っているものまたは不適切なものには×をつけなさい。

(1)国民年金の第1号被保険者は、日本国内に住所を有する20歳以上60歳未満の自営業者や学生等のうち、日本国籍を有する者のみが該当する。

(2023.09)

(2)国内に住所を有する60歳以上75歳未満の者は、厚生年金保険の被保険者である者を除き、国民年金の任意加入被保険者になることができる。

(2019.09)

A 答えと解説　実技（金財個人、金財保険、協会資産）

答え　問1　(1)［×］(2)［×］

公的年金は、老後の年金だけでなく障害状態や死亡に対する給付もある国民全体で加入する保険制度です。まずは基本事項を理解しましょう。

◆公的年金の全体像

日本の公的年金は、国民年金と厚生年金保険の２種類がある。

厚生年金保険	２階部分といわれる部分
国民年金（基礎年金）	１階部分といわれる部分

◆国民年金

▶加入対象者（被保険者となる人）　よくでる

日本国内に住所のある20歳以上60歳未満の全ての人が加入する（強制加入）。被保険者資格は３種類ある。

	対象者	保険料
第１号被保険者（1(1)）	**自営業者や学生等** 日本国内に住む20歳以上60歳未満で、第２号・第３号に該当しない人（国籍は**問わない**）	**定額**。2024年度は月額16,980円
第２号被保険者	**会社員、公務員** ※厚生年金保険（２階部分）と合わせて加入	**厚生年金保険料を給与から徴収**（国民年金保険料はなし）
第３号被保険者	**第２号被保険者**に生計維持されている（扶養されている）**20歳以上60歳未満の配偶者**	**なし**

例えば、会社員が60歳未満で退職すると第２号被保険者➡第１号被保険者となり、その配偶者は第３号被保険者➡第１号被保険者となる。

▶任意加入被保険者

強制加入でない一定の人も任意に国民年金に加入できる。

対象者	・60歳以上65歳未満で保険料納付済期間40年未満の人（1(2)） ・20歳以上65歳未満の日本国籍のある海外居住者

▶国民年金保険料の納付

納付期限は翌月末日。滞納した場合**２**年以内であれば遡って納付可能。

- 納付方法：納付書による現金納付、口座振替、クレジットカード等
- 前納制度：最長**２**年を前納できる。前納期間や納付方法により割引がある

□ 国民年金②

問 1 **ファイナンシャル・プランナーのMさんは、国民年金の学生納付特例制度（以下、「本制度」という）について説明した。以下の文章の空欄①～③に入る語句または数値の組合せとして、次のうち最も適切なものはどれか。**

> 本制度は、国民年金の第１号被保険者で大学等の所定の学校に在籍する学生について、（ ① ）の前年所得が一定額以下の場合、所定の申請に基づき、国民年金保険料の納付を猶予する制度です。なお、本制度の適用を受けた期間は、老齢基礎年金の（ ② ）されます。
> 本制度の適用を受けた期間の保険料は、（ ③ ）年以内であれば、追納することができます。ただし、本制度の承認を受けた期間の翌年度から起算して、３年度目以降に保険料を追納する場合には、承認を受けた当時の保険料額に経過期間に応じた加算額が上乗せされます。

1．①世帯主	②受給資格期間に算入	③ 5
2．①学生本人	②受給資格期間に算入	③10
3．①世帯主	②年金額に反映	③10

（2022.01　実技・保険・改）

問 2 **次の文章の（　　）内にあてはまる最も適切な語句の組合せを１～３のなかから選び、その番号を記しなさい。**

国民年金の被保険者が学生納付特例制度の適用を受けた期間は、その期間に係る保険料を追納しない場合、老齢基礎年金の受給資格期間（ ① ）、老齢基礎年金の年金額（ ② ）。

1．①に算入され	②にも反映される
2．①に算入されず	②にも反映されない
3．①には算入されるが	②には反映されない

（2021.05）

A 答えと解説 実技（金財個人、金財保険、協会資産）

答え 問1［2］問2［3］

国民年金保険料には、納付を免除する制度や猶予する制度があります。その内容と、将来受け取る年金との関係を理解しましょう。

◆国民年金保険料の免除制度と猶予制度

▶保険料免除・猶予

第1号被保険者で国民年金保険料の納付が経済的に困難など、一定の要件を満たす場合、保険料が免除・猶予される。

申請免除	本人および配偶者・世帯主等の前年所得で判定される 前年所得が一定以下で、所定の申請を行い認められた場合
法定免除	生活保護を受けている人、障害基礎年金受給者が申請した場合
猶予	学生（詳細下記）、50歳未満で本人・配偶者の前年所得が一定以下で申請した場合

▶学生納付特例（1） よくでる

学生本人の前年所得が一定以下で申請した場合、納付を猶予される。

▶免除・猶予される保険料

申請免除	免除は4段階：全額免除、3/4免除、半額免除、1/4免除
学生納付特例※	全額猶予

▶免除期間と猶予期間の取扱い よくでる

保険料を納めた期間等の長さによって、支給されるか判断され（受給資格期間）、また将来の年金額も計算される（P51、53参照）。保険料免除と納付猶予では取扱いが異なる。

	受給資格期間への算入	年金額への反映
申請免除	算入［される］	免除段階に応じて反映［される］ 全額免除の期間は1/2等
学生納付特例※	算入［される］（1 2）	反映［されない］（2）

※50歳未満の者の猶予も同じ扱いとなる

◆追納制度（1） よくでる

免除・猶予された保険料は［10］年以内であれば後から遡って納付できる。

◆産前・産後休業期間の保険料免除 さらっと

出産（予定）日の前月から4か月間（単胎の場合）の保険料が免除される。保険料は全額納付したものとして扱われる。

□ 老齢基礎年金①

問 1 ファイナンシャル・プランナーのMさんは、国民年金の制度について個人事業主であるAさん（51歳）に対して説明した。以下の文章の空欄①～③に入る数値の組合せとして、次のうち最も適切なものはどれか。

「老齢基礎年金を受給するためには、原則として、国民年金の保険料納付済期間と保険料免除期間を合算した期間が（　①　）年必要です。Aさんは、（　①　）年の受給資格期間を満たしていますので、原則として65歳から老齢基礎年金を受給することができます。
Aさんは老後の年金収入を増やすために、所定の手続により、国民年金の定額保険料に加えて、月額（　②　）円の付加保険料を納付することができます。仮に、Aさんが付加保険料を60月納付し、65歳から老齢基礎年金を受給する場合は、年額（　③　）円の付加年金を受給することができます」

1．①10　②400　③12,000
2．①10　②200　③24,000
3．①25　②400　③24,000

（2020.09　実技・個人・改）

問 2 次の文章の（　　　）内にあてはまる最も適切な語句を1～3のなかから選び、その番号を記しなさい。

2009年4月以後の国民年金の保険料全額免除（学生納付特例制度等の適用を受けた期間を除く）は、その（　　　）に相当する月数が老齢基礎年金の年金額に反映される。

1．2分の1
2．3分の1
3．4分の1

（2021.09）

A 答えと解説 実技（金財個人、金財保険、協会資産）

答え 問1 [1] 問2 [1]

老齢基礎年金は、保険料の納付、免除等の期間の合計で受給できるかどうかが決まります。付加年金も要チェックです。

◆老齢基礎年金

▶受給資格期間 よくでる

老齢基礎年金を受給するには、保険料を納付した期間、保険料免除された期間、合算対象期間や保険料納付猶予の期間が合計［10］年以上必要（1）。この期間を受給資格期間という。

受給資格期間＝保険料納付済期間＋保険料免除期間＋合算対象期間≧［10］年

保険料納付済期間	・国年第1号被保険者として保険料納付した期間 ・国年第2号被保険者（＝厚生年金被保険者）のうち20歳以上60歳未満の期間 ・国年第3号被保険者の期間
保険料免除期間	・国年第1号被保険者で保険料免除された期間
合算対象期間	・1991年3月以前の学生で国民年金に未加入だった期間 ・国年第2号被保険者のうち20歳未満、60歳以上の期間　等

▶保険料免除期間と年金額

保険料免除期間は老齢基礎年金の額に反映されるが、免除の割合（4段階）に応じて反映される割合が異なる。

免除割合／免除された月	全額	4分の3	4分の2（半額）	4分の1
2009年3月まで	3分の1	6分の3	6分の4	6分の5
2009年4月以降	2分の1（2）	8分の5	8分の6	8分の7

◆付加保険料と付加年金 よくでる

国民年金第1号被保険者は、定額の保険料に加えて、月額［400］円の**付加保険料**を納付でき、将来、老齢基礎年金を受給する際に、**付加保険料納付済月数×［200］円**の付加年金を受給できる（1）。

問1 付加保険料を60月納付した場合、
付加年金＝［60］月×［200］円＝［12,000］円

□ 老齢基礎年金②

問 1 次の設例に基づいて、下記の問に答えなさい。

〈Aさんに関する資料〉（一部抜粋）
(1) 生年月日：1975年8月11日
(2) 公的年金の加入歴：下図のとおり（60歳までの見込みを含む）

20歳〜22歳	22歳〜32歳	32歳〜60歳
国民年金 保険料未納期間 32月	厚生年金保険 被保険者期間 120月	国民年金 保険料納付済期間 328月

ファイナンシャル・プランナーのMさんは、設例の〈Aさんに関する資料〉に基づき、Aさんが老齢基礎年金の受給を65歳から開始した場合の年金額を試算した。Mさんが試算した老齢基礎年金の年金額の計算式として、次のうち最も適切なものはどれか。なお、老齢基礎年金の年金額は、2024年度価額に基づいて計算するものとする。

1．$816{,}000\text{円} \times \dfrac{328\text{月}}{480\text{月}}$

2．$816{,}000\text{円} \times \dfrac{448\text{月}}{480\text{月}}$

3．$816{,}000\text{円} \times \dfrac{448\text{月} + 32\text{月} \times \frac{1}{3}}{480\text{月}}$

（2023.01　実技・個人・改）

A 答えと解説　実技（金財個人、金財保険、協会資産）

答え　問1 [2]

老齢基礎年金の計算方法を学びます。保険料免除期間は減額されますが、一定割合が反映される仕組みです。

◆老齢基礎年金

受給資格期間（10年以上）を満たした人に原則**65歳**から支給される。

▶老齢基礎年金の満額

816,000円（2024年度の額。毎年度改定される）

20歳以上60歳未満の間（40年＝480月）**がすべて保険料納付済期間**であれば、満額で支給となる。

▶保険料免除や猶予、未納の期間がある場合

保険料納付済月数と保険料免除月数に応じて計算される。

よくでる

$$816{,}000\text{円}\times\frac{\text{保険料納付済月数}+\text{保険料免除月数}\times\frac{1}{2}※}{480\text{月}}$$

※保険料免除月数に乗じる分数は、期間によって異なる。
・2009年3月以前の保険料全額免除期間：1/3
・2009年4月以降の保険料全額免除期間：1/2
・両方の期間に全額免除期間がある場合、それぞれ別々に月数を計算する。

問1 Aさんの老齢基礎年金の年金額計算式
❶保険料納付済月数・保険料免除月数（P51受給資格期間の表を参照）。
・20歳～22歳：国民年金保険料未納期間　32月：[計算に反映されない]
・22歳～32歳：厚生年金保険被保険者期間　120月：[保険料納付済期間]
・32歳～60歳：国民年金保険料納付済期間　328月：[保険料納付済期間]
→保険料納付済期間の合計は [448] 月。
また、保険料免除期間の合計は [0] 月。
❷計算式にあてはめる。

$$816{,}000\text{円}\times\frac{\text{保険料納付済月数 [448] 月}+\text{保険料免除月数 [0] 月}}{480\text{月}}$$

ポイント　**金財の実技試験では、老齢基礎年金の適切な計算式を選択させる問題が頻出です。**

□ 厚生年金の基本事項と老齢厚生年金

問 1 次の設例に基づいて、下記の問に答えなさい。

〈設例〉（一部抜粋）

・Aさん（1965年6月25日生まれ・59歳会社員、X社に勤務）
　公的年金加入歴：下図のとおり（65歳までの見込みを含む）。

20歳　22歳　65歳

国民年金 未加入期間（34月）	厚生年金保険 204月	302月
	（2003年3月以前の 平均標準報酬月額30万円）	（2003年4月以降の 平均標準報酬月額40万円）

・妻Bさん（1968年10月10日生まれ・56歳専業主婦）
　公的年金加入歴：18歳でX社に就職、Aさんと結婚するまでの11年間（132月）、厚生年金保険に加入。結婚後は、国民年金に第3号被保険者として加入している。

ファイナンシャル・プランナーのMさんは、Aさんが受給することができる公的年金制度からの老齢給付について説明した。MさんのAさんに対する説明として、次のうち最も不適切なものはどれか。

1.「1965年6月生まれのAさんは、原則として、64歳から報酬比例部分のみの特別支給の老齢厚生年金を受給することができます。」
2.「Aさんが65歳になるまで厚生年金保険の被保険者としてX社に勤務した場合、65歳から支給される老齢厚生年金は、65歳到達時における厚生年金保険の被保険者記録を基に計算されます。」
3.「Aさんが65歳から受給することができる老齢厚生年金には、妻Bさんが65歳になるまでの間、加給年金額が加算されます。」

（2023.01　実技・保険・改）

問 2 次の文章を読んで、正しいものまたは適切なものには○を、誤っているものまたは不適切なものには×をつけなさい。

老齢厚生年金に加給年金額が加算されるためには、原則として、老齢厚生年金の受給権者本人の厚生年金保険の被保険者期間が20年以上なければならない。

（2022.09）

A 答えと解説 実技(金財個人、金財保険、協会資産)

答え 問1 [1] 問2 [○]

公的年金の2階部分といわれる厚生年金保険について、加入から年金受給までを確認します。「特別支給」という経過措置も要チェックです。

◆厚生年金保険の位置づけ

厚生年金保険	2階部分といわれる部分
国民年金(基礎年金)	1階部分といわれる部分

◆厚生年金保険の加入

民間の会社員、公務員、私立学校教職員は、勤務先を通じて厚生年金保険に加入し、同時に国民年金にも加入する。

対象者	**70歳未満**の会社員、公務員、私立学校教職員
被保険者資格	**厚生年金保険被保険者**(70歳未満) +**国民年金第2号被保険者**(原則として65歳未満)
年金の保険料	厚生年金保険料を給与から徴収される ・給与(標準報酬月額)、賞与(標準賞与額)に対して計算 ・保険料率18.3%を労使折半 ・産前産後休業、育児休業中の保険料は労使とも免除(健康保険料の扱いと同じ、P39参照)

◆老齢厚生年金

原則の老齢厚生年金は、支給要件を満たした人に[65]歳から支給される。**特別支給の老齢厚生年金**は、60代前半に支給される年金だが、生年月日によっては支給されない。

▶支給要件 よくでる

	特別支給の老齢厚生年金	**原則の老齢厚生年金**
支給開始	60代前半の支給開始年齢から	[65]歳から
支給要件	以下の2つを満たすことが必要 ・老齢基礎年金の要件を満たしている(受給資格期間10年以上)※	
	・厚生年金被保険者期間が[1年]以上ある	・厚生年金被保険者期間が[1か月]以上ある

※老齢基礎年金を受給できなければ老齢厚生年金は受給できないことを意味する。

(次ページにつづく)

◆特別支給の老齢厚生年金

会社員の男性で1961年4月1日以前生まれ、会社員の女性で1966年4月1日以前生まれ（会社員の女性は男性の5年遅れ）の人で支給要件を満たす人は、60～64歳から特別支給の老齢厚生年金が（当然の権利として）支給される。

▶支給対象外 よくでる

生年月日が男性で［1961］**年4月2日以降**、女性で［1966］**年4月2日以降**の人には**支給されない**（1）。

▶特別支給の老齢厚生年金の支給開始年齢 さらっと

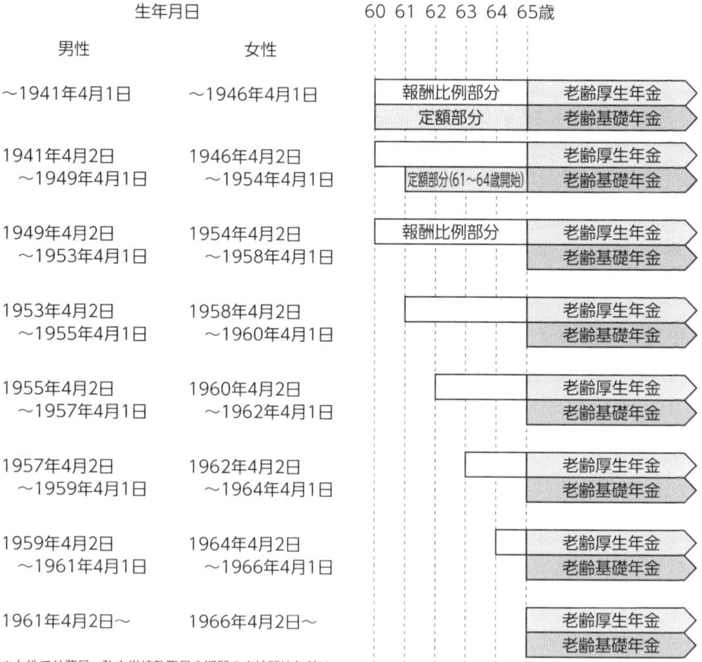

※女性で公務員・私立学校教職員の期間の支給開始年齢は、会社員男性と同じ。

「特別支給」が設けられた経緯：厚生年金からの年金は過去には60歳から支給されていたが、過去の法改正により原則の支給開始が65歳に引き上げられたため、段階的に年齢を引き上げていく経過措置として設けられた。

ポイント **試験では、特別支給の老齢厚生年金の支給対象となる生年月日、加給年金の要件が頻出です。**

◆老齢厚生年金の受給の組合せ

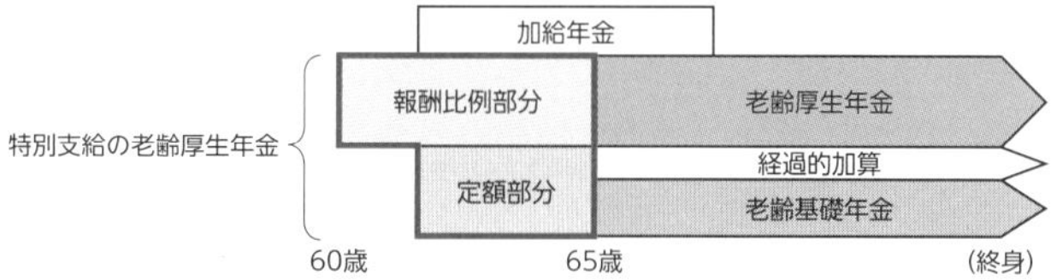

▶被保険者期間と年金計算対象期間

ケース	特別支給の報酬比例部分	老齢厚生年金
60歳で会社退職、その後は厚生年金期間がない場合	60歳時点で計算	60歳時点で計算
60歳以後も引き続き勤務、65歳で会社退職した場合	60歳時点で計算	65歳時点で計算 (1)

▶加給年金

よくでる

一定の要件を満たす家族がいる場合に上乗せされる。

本人の要件	厚生年金被保険者期間 [20] 年以上 (2)
家族の要件	・配偶者：生計維持※1されている [65] 歳未満の配偶者 (1) ・子：生計維持※1されている**18歳到達年度末日まで**※2の未婚の子、または障害等級1級・2級の20歳未満の未婚の子

※1　被扶養者や第3号被保険者の要件とは別
※2　18歳到達年度末日（18歳になった後の最初の3月末日）まで。➡一般的なイメージとしては高校を卒業するまでの期間。

・受給期間：**原則の老齢厚生年金**（定額部分が支給される場合は定額部分）**の受給開始から、配偶者が** [65] **歳に達するまで**

◆老齢厚生年金の計算

さらっと

報酬比例部分（老齢厚生年金）	・標準報酬月額（給与）と標準賞与額（賞与）から計算 ・厚生年金被保険者期間が全期間反映される ・2003年3月までの期間は給与のみ、2003年4月以後は給与と賞与を計算に反映させるため、別々に計算後、合計する
定額部分	・「定額×厚生年金被保険者期間」で計算 ・厚生年金被保険者期間で計算に反映できるのは上限480か月
経過的加算	・「定額部分」より老齢基礎年金が減少するのを補う

◆在職老齢年金

さらっと

老齢厚生年金等を受給しながら会社等に勤務し厚生年金被保険者である者は、「総報酬月額相当額＋基本月額」が**50万円**を超える場合には**年金額の一部または全部が支給停止となる。**

□ 繰上げ支給・繰下げ支給

問 1 **老齢基礎年金および老齢厚生年金の繰上げ受給に関する次の記述のうち、最も不適切なものはどれか。なお、老齢基礎年金および老齢厚生年金の受給要件は満たしているものとする。**

1．老齢基礎年金を60歳から繰上げ受給した場合、原則として、老齢厚生年金も60歳から繰上げ受給することになる。
2．老齢基礎年金を繰上げ受給した場合の年金額は、繰上げ月数1月当たり、0.4%の割合で減額される。
3．老齢基礎年金を繰上げ受給した場合、65歳になるまでであれば、繰上げ受給を取り消し、65歳からの受給に変更することができる。

(2023.09　実技・資産・改)

問 2 **次の文章の（　　　）内にあてはまる最も適切な語句の組合せを1～3のなかから選び、その番号を記しなさい。**

65歳到達時に老齢基礎年金の受給資格期間を満たしている者が、67歳6か月で老齢基礎年金の繰下げ支給の申出をし、30か月繰り下げた場合、老齢基礎年金の増額率は、（　　　）となる。

1．12%
2．15%
3．21%

(2023.01)

問 3 **次の文章を読んで、正しいものまたは適切なものには○を、誤っているものまたは不適切なものには×をつけなさい。**

老齢厚生年金の繰下げ支給の申出は、老齢基礎年金の繰下げ支給の申出と同時に行わなければならない。

(2022.05)

ポイント　繰上げ・繰下げは出題頻度が高いので、減額率・増額率と計算方法は習熟しておきましょう。

A 答えと解説　実技（金財個人、金財保険、協会資産）

答え　問1 [3]　問2 [3]　問3 [×]

老齢基礎年金の受給は原則65歳からですが、受給資格期間を満たす人は希望すれば受給開始を早めたり、遅くしたりすることができます。

◆老齢基礎年金の繰上げ・繰下げ　よくでる

▶老齢基礎年金の繰上げ支給

60歳から65歳になるまでの間に受給開始を早めること。1か月早めるごとに [0.4] %減額※となり、減額は一生涯続く。繰上げを一度請求すると取消し [できない]（1）。

※減額率0.4%になるのは2022年4月以降に60歳に到達する人

最大の減額率：60歳に繰り上げた場合、5年早めることになるので、60か月× [0.4] %＝ [24] %減額　よって、年金額は [76] %

▶老齢基礎年金の繰下げ支給

66歳以降**75**歳※になるまでの間に受給開始を遅らせること。65歳0か月から1か月遅らせるごとに [0.7] %増額となる（2）。

※75歳まで繰下げできるのは2022年4月以降に70歳に到達する人

問2 30か月繰り下げた場合の増額率は 30か月× [0.7] %= [21] %

最大の増額率：75歳に繰り下げた場合、10年遅くすることになるので、120か月× [0.7] %＝ [84] %増額　よって、年金額は [184] %

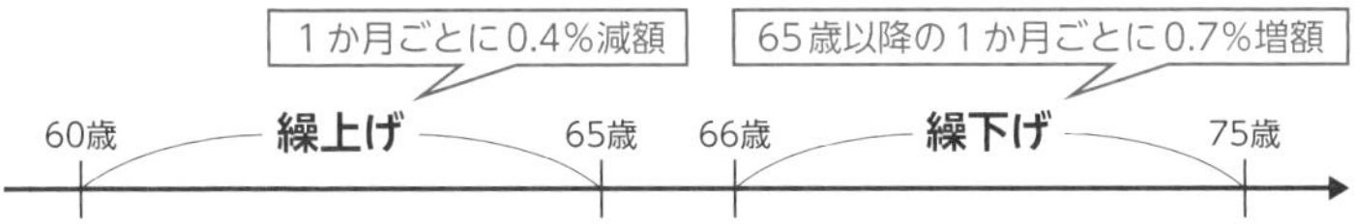

◆老齢厚生年金の繰上げ・繰下げ

老齢基礎年金と同様に繰上げ・繰下げできる。減額率・増額率も同じ。

◆老齢基礎年金と老齢厚生年金の繰上げ・繰下げ　よくでる

両方を受給できる者の繰上げ・繰下げは次のとおり。

繰上げ	**両方を同時に繰り上げる。**一方のみの繰上げは [できない]（1）
繰下げ	**別々に繰下げ** [できる]（3）

□障害給付

問1 次の文章の（　　　）内にあてはまる最も適切な語句を1～3のなかから選び、その番号を記しなさい。

⑴障害基礎年金の保険料納付要件は、原則として、初診日の前日において、初診日の属する月の前々月までの国民年金の被保険者期間のうち、保険料納付済期間（保険料免除期間を含む）が（　　　）以上あることである。

1．3分の1
2．2分の1
3．3分の2

（2019.09）

⑵子のいない障害等級1級に該当する者に支給される障害基礎年金の額は、子のいない障害等級2級に該当する者に支給される障害基礎年金の額の（　　　）に相当する額である。

1． 0.75倍
2． 1.25倍
3． 1.75倍

（2022.05）

問2 次の文章を読んで、正しいものまたは適切なものには○を、誤っているものまたは不適切なものには×をつけなさい。

障害基礎年金の受給権者が、生計維持関係にある65歳未満の配偶者を有する場合、その受給権者に支給される障害基礎年金には、配偶者に係る加算額が加算される。

（2023.05）

A 答えと解説　実技（金財個人、金財保険、協会資産）

答え　問1 (1)［3］(2)［2］問2［×］

ケガや病気が原因で障害状態となった場合、一定の要件を満たしていれば公的年金から障害年金を受給できます。

◆障害年金

国民年金には**障害基礎年金**、厚生年金には**障害厚生年金**と一定の障害状態の場合に支給される障害手当金（一時金）がある。

▶障害年金の支給要件

次の３つの要件は障害基礎年金・障害厚生年金で共通。

①**初診日**に被保険者であること
　初診日：障害の原因となったケガや病気で初めて病院にかかった日
②**障害認定日**に支給対象となる障害等級に該当すること
　障害認定日：初診日から１年６か月経過した日（その前に傷病が治った、傷病の状態が固定した場合はその日）
③**保険料納付要件**を満たしていること

▶保険料納付要件　よくでる

原則として、初診日の前日において初診日の月の前々月までの被保険者期間のうち、**保険料納付済期間と保険料免除期間の合計**が全ての被保険者期間の［３分の２］以上あること（1(1)）。

◆障害基礎年金・障害厚生年金

		障害基礎年金	障害厚生年金
障害等級		１級、２級	１級、２級、**３級**
初診日の被保険者資格		国民年金第１号、第２号、第３号	厚生年金被保険者
支給額 よくでる	**1級**	２級の定額の［1.25］倍（1(2)）＋［子］の加算	２級の［1.25］倍＋［配偶者］の加算
	2級	定額＋［子］の加算（2）	老齢厚生年金（報酬比例部分）の年金額※＋［配偶者］の加算
	3級	—	２級と同じ（［配偶者］加算なし）

※報酬比例部分の計算の際、厚生年金被保険者期間が300月未満の場合は300月あるものとして（増額して）計算する。

ポイント　**障害基礎年金には子の加算、障害厚生年金には配偶者の加算、１級は２級の1.25倍、障害基礎年金には３級はありません。**

□ 遺族給付

問1 次の文章を読んで、正しいものまたは適切なものには○を、誤っているものまたは不適切なものには×をつけなさい。

(1)遺族基礎年金を受給することができる遺族は、国民年金の被保険者等の死亡の当時、その者によって生計を維持され、かつ、所定の要件を満たす「子のある配偶者」または「子」である。　(2022.05)

(2)遺族厚生年金を受給することができる遺族の範囲は、厚生年金保険の被保険者等の死亡の当時、その者によって生計を維持し、かつ、所定の要件を満たす配偶者、子、父母、孫、祖父母である。(2023.05)

問2 次の設例に基づいて、下記の問に答えなさい。

〈設例〉（一部抜粋）
会社員のＡさん（39歳）は、妻Ｂさん（38歳）および長女Ｃさん（７歳）との３人暮らしである。
・Ａさんの公的年金加入歴

20歳〜22歳	22歳〜39歳
国民年金 保険料納付済期間 (29月)	厚生年金保険 (201月)

現時点においてＡさんが死亡した場合、妻Ｂさんに支給される遺族基礎年金の年金額（2024年度価額）は、次のうちどれか。

1．816,000円
2．816,000円＋234,800円＝1,050,800円
3．816,000円＋234,800円＋78,300円＝1,129,100円

(2021.01　実技・個人・改)

問3 次の文章の（　　　）内にあてはまる最も適切な語句を１～３のなかから選び、その番号を記しなさい。

遺族厚生年金の額（中高齢寡婦加算額および経過的寡婦加算額を除く）は、原則として、死亡した者の厚生年金保険の被保険者記録を基礎として計算した老齢厚生年金の報酬比例部分の額の（　　　）に相当する額である。

1．2分の1　　2．3分の2　　3．4分の3　　(2022.01)

A 答えと解説　実技（金財個人、金財保険、協会資産）

答え　問1 (1)［○］(2)［○］　問2［2］　問3［3］

公的年金被保険者が死亡したとき、のこされた遺族に遺族年金が支給されます。被保険者と遺族の両方で要件を満たすことが必要です。

◆遺族年金

国民年金には遺族基礎年金、厚生年金には遺族厚生年金がある。その他にも、独自の給付が設けられている。

◆遺族基礎年金

国民年金の被保険者が死亡したとき等に支給される。

本人の要件	保険料納付要件を満たしていること（P61の障害年金の保険料納付要件の「初診日」を「死亡日」に読み替えればよい）
遺族の要件と受給 よくでる（1(1)）	生計維持されていた［子］、または［子のある配偶者］ ※子が要件を満たさなくなると失権する

※年金制度での子の要件は共通。**18歳到達年度末日まで**の未婚の子、または障害等級1級・2級の20歳未満の未婚の子。

▶支給額（配偶者が受給する場合）　よくでる

遺族基礎年金＝816,000円（老齢基礎年金の満額）＋子の加算（2）
・子2人目まで：1人につき、234,800円
・子3人目以降：1人につき、78,300円

◆遺族厚生年金

厚生年金の被保険者が死亡したとき等に支給される。

本人の要件	保険料納付要件を満たしていること（P61の障害年金の保険料納付要件の「初診日」を「死亡日」に読み替えればよい）
遺族の要件と受給（1(2)）	生計維持されていた一定の遺族（①〜④は優先順） ①［配偶者］、［子］ ・夫は妻死亡時55歳以上で60歳から受給 ・30歳未満で子の無い妻は**5**年間のみ受給 ②［父母］：死亡時55歳以上で60歳から受給 ③［孫］：子と同じ要件 ④［祖父母］：死亡時55歳以上で60歳から受給

▶支給額　よくでる

遺族厚生年金＝老齢厚生年金（報酬比例部分）の年金額×［$\frac{3}{4}$］（3）

※報酬比例部分の計算の際、厚生年金被保険者期間が300月未満の場合は300月あるものとして（増額して）計算する。

□ 遺族給付（組合せ）

問 1 次の文章を読んで、正しいものまたは適切なものには○を、誤っているものまたは不適切なものには×をつけなさい。

厚生年金保険の被保険者である夫が死亡し、子のない45歳の妻が遺族厚生年金の受給権を取得した場合、妻が75歳に達するまでの間、妻に支給される遺族厚生年金に中高齢寡婦加算額が加算される。

（2023.01）

問 2 下記の問について解答しなさい。

〈設例〉（一部抜粋）

・家族構成（同居家族）

氏名	続柄	年齢	職業
藤原　健吾	本人	46歳	会社員
恵子	妻	45歳	専業主婦
詩音	長女	16歳	高校生
大地	長男	14歳	中学生

健吾さんの公的年金加入歴は下記のとおりである。仮に、健吾さんが現時点（46歳）で死亡した場合、健吾さんの死亡時点において妻の恵子さんに支給される公的年金の遺族給付に関する次の記述のうち、最も適切なものはどれか。なお、健吾さんは、入社時（22歳）から死亡時まで厚生年金保険に加入しているものとし、遺族給付における生計維持要件は満たされているものとする。

国民年金加入（保険料納付済）	厚生年金加入	
▲20歳	▲22歳	▲46歳

1．遺族基礎年金と中高齢寡婦加算額が加算された遺族厚生年金が支給される。

2．遺族基礎年金と遺族厚生年金が支給される。

3．中高齢寡婦加算額が加算された遺族厚生年金が支給される。

（2022.09　実技・資産・改）

A 答えと解説 実技（金財個人、金財保険、協会資産）

答え 問1 [×] 問2 [2]

遺族給付のそれぞれの要件を確認できたら、遺族が遺族年金をどんな組合せで受け取れるかを考えてみましょう。

◆中高齢寡婦加算 よくでる

厚生年金被保険者が死亡し、遺族である妻が遺族厚生年金を受給するとき要件を満たしていれば加算される。

本人の要件	厚生年金被保険者である等
遺族の要件（2）	生計維持されていた妻が、 ・夫死亡時に40歳以上65歳未満で年金制度上の子がいない ・夫死亡時に子のある妻で、子が18歳到達年度末に達して遺族基礎年金を受給できなくなったとき40歳以上65歳未満

▶支給期間と支給額

要件を満たす妻が [40] 歳以上から [65] 歳に達するまでの間（1）、遺族基礎年金の基本額の4分の3相当額が支給される。

◆遺族年金の受給推移イメージ よくでる

▶子が２人いる妻が受け取る遺族年金

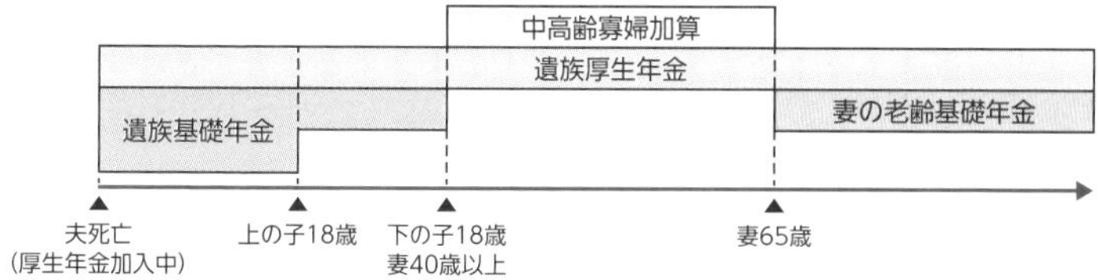

問2 夫死亡時、子が2人いる40歳以上の妻が受け取る遺族年金
18歳到達年度末までの未婚の子は [2] 人いるので、 健吾さんが厚生年金加入中に死亡した場合、死亡時点で妻の恵子さん（45歳）には上の図と同様に、[遺族基礎年金と遺族厚生年金] が支給される。[遺族基礎年金] 受給中は、中高齢寡婦加算は支給 [されない]。

◆国民年金の独自給付 さらっと

▶死亡一時金・寡婦年金

国民年金第１号被保険者としての保険料納付済期間等がある人が、老齢基礎年金も障害基礎年金も受給せずに死亡したとき、要件を満たしていれば支給される。両方の要件を満たす場合は、どちらか一方を選択して受給。死亡一時金と寡婦年金の詳細はP17を参照。

企業年金・私的年金

□ 確定拠出年金

問 1 次の文章を読んで、正しいものまたは適切なものには○を、誤っているものまたは不適切なものには×をつけなさい。

確定拠出年金の個人型の加入者が国民年金の第1号被保険者である場合、原則として、掛金の拠出限度額は年額816,000円である。

(2022.01)

問 2 次の設例に基づいて、下記の問に答えなさい。

〈設例〉(一部抜粋)
・Aさん(49歳・会社員、X社に勤務)
厚生年金保険被保険者である。
X社が実施する確定給付企業年金の加入者である。なお、X社が実施する企業年金は、確定給付企業年金のみである。
・妻Bさん(47歳・専業主婦)
公的年金加入歴:Aさんと結婚後は、国民年金に第3号被保険者として加入している。

ファイナンシャル・プランナーのMさんは、確定拠出年金の個人型年金について説明した。MさんのAさんに対する説明として、次のうち最も不適切なものはどれか。

1.「Aさんが確定拠出年金の個人型年金に加入し、60歳到達時に通算加入者等期間が10年以上となる場合、60歳から老齢給付金を受給することができます。」
2.「国民年金の第3号被保険者である妻Bさんは、確定拠出年金の個人型年金に加入することができます。」
3.「Aさんが確定拠出年金の個人型年金の掛金を支払った場合、所得税において、その支払った掛金の2分の1に相当する額を、小規模企業共済等掛金控除として総所得金額等から控除することができます。」

(2022.05 実技・個人)

A 答えと解説　実技（金財個人、金財保険、協会資産）

答え　問1［○］問2［3］

企業年金は、従業員の福利厚生、老後資金の準備を目的として企業が任意に実施する制度です。確定拠出年金制度は個人型が頻出です。

◆確定拠出年金

掛金を加入者本人が運用した結果が将来の年金の原資となる。企業が企業年金制度として導入する「**企業型**」と、個人が任意に加入する「**個人型**（iDeCo）」があり、原則として併用できる。

	個人型	企業型 さらっと
加入対象者	**65歳未満**の国民年金被保険者 ・第1号被保険者、任意加入被保険者 ・第2号被保険者（厚生年金被保険者） ・**第3号被保険者**　（2）	70歳未満の厚生年金被保険者
掛金負担	原則として加入者本人	原則として事業主
掛金の上乗せ	勤務先がiDeCo＋（イデコプラス）導入の場合、事業主が上乗せ可	マッチング拠出導入の場合、加入者本人が上乗せ可

※iDeCo＋：個人型加入者の掛金に、事業主が掛金を上乗せできる制度。
※マッチング拠出：企業型掛金に、加入者本人が掛金を上乗せできる制度。個人が上乗せできる額は、企業型掛金と同額まで等の制約がある。

▶個人型の掛金上限月額：**国民年金被保険者資格により異なる。**

第1号被保険者 よくでる	［6.8］万円（年額［81.6］万円（1）、国民年金基金の掛金との合算）
第2号被保険者	2.3万円、2万円、1.2万円のいずれか※（勤務先の企業年金・企業型確定拠出年金の導入状況により異なる）
第3号被保険者	2.3万円

※2024年12月からは2.3万円、2万円のいずれか

▶給付：老齢給付金、障害給付金、死亡一時金、脱退一時金

老齢給付金は、通算加入者等期間が［10］年以上あれば［60］歳から受給開始可能（2）で、遅くとも75歳までに受給開始する。受給方法は、一時金、年金形式、一時金と年金形式の併用から選択する。

▶税金の優遇

掛金拠出時 よくでる	個人が拠出する掛金は［全］額が［小規模企業共済等掛金控除］の対象（2）
運用時	**運用中の利益**は非課税
受給時	・一時金受取り分：**退職所得**として退職所得控除の対象 ・年金受取り分　：**雑所得（公的年金等）**として公的年金等控除の対象

□ 国民年金基金と小規模企業共済、その他の制度

問1 ファイナンシャル・プランナーのMさんは国民年金基金について説明した。以下の文章の空欄①〜③に入る語句の組合せとして、次のうち最も適切なものはどれか。

> 国民年金基金は、国民年金の第1号被保険者を対象とした、老齢基礎年金に上乗せする年金を支給する任意加入の年金制度です。加入は口数制となっており、1口目は2種類の（ ① ）年金（A型・B型）のうち、いずれかを選択します。掛金の額は、選択した給付の型や口数、加入時の年齢等によって決まり、掛金の拠出限度額は、月額（ ② ）です。また、支払った掛金は、所得税において（ ③ ）の対象となります。

1．①確定　②68,000円　③小規模企業共済等掛金控除
2．①終身　②30,000円　③小規模企業共済等掛金控除
3．①終身　②68,000円　③社会保険料控除

（2023.01　実技・個人・改）

問2 次の文章を読んで、正しいものまたは適切なものには○を、誤っているものまたは不適切なものには×をつけなさい。

「小規模企業共済制度は、個人事業主が廃業等した場合に必要となる資金を準備しておくための制度です。毎月の掛金は、1,000円から70,000円の範囲内（500円単位）で選択することができます」

（2023.01　実技・個人・改）

A 答えと解説　実技（金財個人、金財保険）

答え　問1 [3]　問2 [○]

自営業者等の公的年金は国民年金だけで、企業年金等も利用できず、老後の資金準備が不十分になりがちです。補うための制度を確認します。

◆自営業者等が利用できる制度

▶国民年金基金　よくでる

国民年金第1号被保険者が任意で加入できる。

加入対象	国民年金第1号被保険者、または60歳以上65歳未満の任意加入被保険者 ・**付加保険料と重複利用はできない**（付加保険料はP51参照）
掛金	・上限月額：[6.8] 万円（確定拠出年金個人型との合算枠）(1) ・年齢・性別、加入の型・加入口数によって異なる ・税金：全額が [**社会保険料**] **控除**の対象 (1)
給付	・1口目は2種類の [**終身**] 年金（A型・B型）から1つを選択 (1) ・2口目からは [**終身**] 年金または確定年金から選択 ・支給開始は60歳または65歳 ・障害給付はないが遺族給付はある ・税金：**雑所得（公的年金等）**として公的年金等控除の対象

▶確定拠出年金・個人型（P67参照）

▶小規模企業共済　よくでる

個人事業主や、小規模企業の役員等が任意で加入できる。

加入対象	従業員数が一定以下の個人事業主または役員、共同経営者。事業の廃業等・老齢に備えて加入する
掛金	・月額1,000円～ [7] 万円、500円単位で任意に選択できる (2) ・税金：[**小規模企業共済等掛金**] **控除**の対象
給付	・一時金。一定要件を満たせば、年金、または一時金・年金の併用を選べる ・税金：年金形式の場合、**雑所得（公的年金等）**として公的年金等控除の対象

◆その他の制度　さらっと

中小企業退職金共済	中小企業の退職金制度。**国からの助成がある**（**新規加入時**は加入後4か月目から1年間、掛金の2分の1を助成、**月1.8万円以下の掛金を増額する時**は1年間、増額分の3分の1を助成）。 従業員は原則として全員加入（役員は不可）。掛金は全額事業主負担。

リスク管理

ここで学ぶこと

☐ 生命保険の基本
☐ 契約者の保護と法律
☐ 生命保険
☐ 生命保険と税金
☐ 法人の保険
☐ 損害保険

「リスク管理」では、発生確率は低いけれど発生すると経済的損失が大きいできごとに対して備えるための、民間の保険の理解に必要な事項を学習します。

生命保険の種類は、学科では一般的な商品性、実技では保険金や給付金の計算問題等でほぼ毎回出題され、医療保険等は学科・実技とも頻出です。生命保険の契約や契約者保護、税金関連は定期的に出題があります。損害保険では、地震保険、自動車保険、傷害保険の特徴がよく出題されます。金財の実技「保険顧客資産相談業務」では、法人契約の経理処理は頻出です。

❶ 生命保険の基本

■民間保険の分類

・生命保険（第一分野）：人の生死に関して一定額の保険金を支払う。
・損害保険（第二分野）：一定の偶然な事故によって生ずることのある損害を補塡する。
・第三分野の保険：第一分野、第二分野のどちらにも属さない保険（医療保険、がん保険、傷害保険など）。

❶生命保険料の仕組み

▶ 3つの予定基礎率

予定死亡率	過去のデータをもとに性別・年齢別の死亡者数を予測して算出
予定利率	保険会社が資産運用に見込んだ利率
予定事業費率	保険事業の運営でかかる必要経費の見込から算出

▶生命保険料の構成

保険料	内容	予定基礎率との関係
純保険料	保険会社が将来の保険金・給付金等を支払う財源になる	**予定死亡率・予定利率**をもとに計算
付加保険料	保険会社が保険契約を維持・管理していくための経費等の財源になる	**予定事業費率**をもとに計算

❷ 契約者の保護と法律

❶契約者の保護

▶生命保険契約者保護機構

保険会社が破綻した場合、生命保険契約は**責任準備金の90%が補償**される。

▶クーリング・オフ制度

一定の要件を満たせば、保険契約の申込みの撤回等をできる制度。

期限	「**申込日**」または「**クーリング・オフについて記載された書面を受け取った日**」のいずれか**遅い**日から起算して**8日以内**
方法	申込みの撤回・契約解除を**書面**等で通知

❷法律

保険法、保険業法はどちらも契約者を保護するための規定がある。

保険法	保険契約の当事者（保険会社・契約者）間におけるルールを定める法律。 ・**契約者保護**の規定が整備されている ・生命保険契約、損害保険契約、第三分野の保険契約とともに**共済**契約も対象
保険業法	保険会社や保険募集人が守るべきルールを定める法律。 ・契約締結・保険募集に関する禁止行為が定められている ・**保険募集人**に関する規定

❸ 生命保険

❶生命保険の種類

定期保険	被保険者が**一定期間内**に死亡・高度障害状態になった場合を保障する。保障を重視。保険料は**掛捨て**、満期保険金は**ない**。 ・保険期間の経過とともに死亡保険金がどのように変化するかによって平準定期保険、逓減定期保険、逓増定期保険がある ・収入保障保険：死亡保険金等を年金形式で支給する
終身保険	保険料払込満了後も一生涯保障が続く。**満期**はなく、いつ死亡しても保険金が支払われる。必ず保険金を受け取れるので**相続対策に活用**できる。 ・定期保険特約付終身保険：終身保険を主契約、定期保険を特約として上乗せして一定期間の保障を厚くする

養老保険	被保険者が一定期間内に死亡・高度障害状態になった場合に死亡保険金、満期まで生存した場合は**満期保険金**が支払われる。
こども保険（学資保険）	教育資金準備のための保険で、子の入学・進学に合わせて祝金や満期保険金が支払われる。親が契約者となり、**契約者が死亡・高度障害**になった場合、それ以降の**保険料は免除**されるが契約は継続し、祝金や満期保険金を受け取れる。
個人年金保険	個人が加入、保険料払込期間に年金原資を積み上げていき契約で定めた年齢に達すると契約で定めた期間に年金を受け取れる保険。受取り方で３種類ある。 ・終身年金：被保険者が**生きている**限り年金が支払われる ・確定年金：被保険者の**生死に関係なく**支払われる ・有期年金：被保険者が生きている間、支払われる。受取り期間中に死亡した場合、年金は**終了**する
変額個人年金保険、変額終身保険	保険会社の運用実績によって年金額や解約返戻金が変動する、投資性のある保険。変額個人年金や変額保険の保険料は**特別勘定**（株式や債券等）で運用する。

▶医療保険等

病気やケガで入院・手術したとき給付金が支払われる。

▶がん保険

責任開始日前に**90日程度の免責期間**があり、その期間中にがんと診断されても給付金は**支払われない**。

▶各種特約

特約は、主契約を解約すると同時に解約される。

先進医療特約：療養を受けた**日**において、厚生労働大臣により定められている先進医療を受けたとき給付金が支払われる
リビング・ニーズ特約：**余命６か月**以内と判断された場合、死亡保険金の一部または全部（最大**3,000万円**）を生前に受け取れる。特約料なし

▶その他の保険

特定（三大）疾病保障保険：**がん・急性心筋梗塞・脳卒中**と診断され**所定の条件を満たした場合**に支払われる。一度支払われた場合または受け取ることなく死亡または高度障害状態になった場合は、死亡保険金・高度障害保険金が支払われ、契約は消滅する
団体信用生命保険：住宅ローン利用者（＝債務者）を被保険者とする保険。住宅ローン利用者が死亡・高度障害状態となったとき、保険会社が住宅ローン残債分を保険金として債権者（銀行）に支払う

❷生命保険の契約

▶責任開始期

一般的には**「告知（または診査）」・「第１回保険料払込み」の遅い日から**となる。

▶告知義務

契約者または被保険者は**生命保険会社が告知を求めた事項**（傷病歴や現在の健康状態、職業など）について保険会社に対して事実をありのままに告知する義務がある。

▶契約者貸付制度

契約者は**解約返戻金額**の範囲内で、保険会社から貸付を受けられる。

❸払済保険と延長（定期）保険

払済保険：現在加入中の保険の保険料払込みを中止、その時点の解約返戻金をもとに元の契約と**保険期間の変わらない同じ種類の一時払い保険（または終身保険等）**に変更する。元契約に付加していた**特約は消滅**するが、**リビング・ニーズ特約**等、一部の特約は**継続**する

延長（定期）保険：現在加入中の保険の保険料払込みを中止して、その時点の解約返戻金をもとに元の契約と**保険金額の変わらない一時払い定期保険**に変更する。元契約に付加していた**特約は消滅**する

❹必要保障額

必要保障額＝遺族の生涯生活費（総支出）－遺族の生涯収入（総収入）

住宅費用：住宅ローン利用者が団体信用生命保険（団信）を利用している場合、住宅ローンの残債務は支出に**含めない**（ローン利用者死亡時は団信が一括返済する）。

4 生命保険と税金

❶生命保険料控除

2012年1月1日以降契約は新契約として、限度額は下記のとおり。

契約時期		2012年1月1日以後：新契約の生命保険料控除
区分：3種類		一般生命保険料控除、**介護医療**保険料控除、**個人年金**保険料控除
限度額	区分ごと	所得税4万円、住民税2.8万円
	合計	所得税12万円、住民税7万円

❷保険金と税金

▶死亡保険金と税金

死亡保険金は、契約者、被保険者、保険金受取人の関係で所得税・相続税・贈与税のどれになるかが決まる。

契約者（保険料負担者）	被保険者	受取人	税の種類
A	A	B	相続税
A	B	A	所得税・住民税
A	B	C	贈与税

▶金融類似商品

「金融類似商品」とみなされた満期保険金等は利益部分に**20.315%**（所得税・復興特別所得税15.315%、住民税5%）が**源泉分離課税**される。

・保険期間5年以下の**一時払い**養老保険の**満期保険金**
・契約日から5年以内に解約した**一時払い**養老保険の**解約返戻金**

5 法人の保険

❶法人が契約する保険

▶従業員に対する保険

総合福祉団体定期保険、養老保険（ハーフタックスプラン、条件を満たせば保険料の半額を損金算入できる）などがある。

❷法人契約の保険料の経理処理：実技（金財・保険顧客資産相談業務）対策

▶受取人＝法人の場合

終身保険・養老保険	全額が資産計上（項目：**保険料積立金**）
定期保険および医療保険等の保険料	保険期間中の最高解約返戻率**に応じて**、保険料のうち資産計上する割合や期間が定められている。損金算入する場合「**定期保険料**」で計上

▶法人が受け取る生命保険金・満期保険金・解約返戻金の経理処理

・**資産計上額＜受取保険金等**の場合…差額は雑収入で計上
・資産計上額＞受取保険金等の場合…差額は雑損失で計上

6 損害保険

❶火災保険

地震、噴火、津波による損害は**補償対象外**。

▶失火責任法：自らの軽過失による失火で隣家が全焼してしまった場合でも、隣家に対して**損害賠償責任を**負わない。

❷地震保険

火災保険に付帯させて加入する。

保険金額：火災保険（主契約）の30～50%**の範囲内**
　　　　　上限金額は**建物**5,000**万円**、**家財**1,000**万円**
保険料：どの保険会社も同じ
　　　　・建物の所在地の**都道府県と建物の構造**で決まる
　　　　・**割引制度**が4つあるが**重複利用は**できない

❸自動車保険

▶自賠責保険：すべての車（原付含む）に加入が義務付けられている。

保険金は、対人**賠償事故**に限る。

保険金額の限度額	・死亡：最高3,000万円 ・後遺障害：最高**4,000**万円 ・傷害：最高**120**万円 ※被害者1人ごとの額。1事故当たりの限度額は**無い**

▶任意保険（抜粋）：自賠責保険でカバーできない部分を補う。

人身傷害補償保険	自動車事故（単独事故含む）で死傷した場合、**過失の有無に**関係なく、**示談交渉前に**保険金額の範囲内で保険金が支払われる
車両保険	対象の車が、衝突、火災、盗難、爆発、台風、**洪水**等偶然な事故に遭った場合に支払われる。**地震・噴火・津波による損額は補償**対象外だが、特約を付加すれば補償対象となる

❹傷害保険

急激かつ偶然な外来の事故による傷害が補償対象。

	細菌性・ウイルス性食中毒	地震・噴火・津波
普通傷害保険	対象外	対象外
国内旅行傷害保険	対象	対象外
海外旅行傷害保険	対象	対象

❺賠償責任保険

▶個人賠償責任保険

偶然の事故によって他人の身体や財物に損害を与えてしまい、損害賠償責任を負ったときに補償。

補償対象外	・業務中（職務遂行中）の賠償事故 ・自動車**運転**中の事故

▶企業を対象とする保険

生産物賠償責任保険（PL保険）	製造・販売・提供した製品の欠陥や、仕事の結果が原因で生じた事故に対する損害賠償責任を補償
施設所有（管理）者賠償責任保険	施設の所有・使用・管理または施設における業務の遂行による事故に対する損害賠償責任を補償
企業費用・利益総合保険	火災や爆発等によって事務所・店舗の建物や設備、什器、商品等の物的損害が生じて、事業活動を休止した場合の休業の利益損失を補償

❻損害保険と税金

▶地震保険料控除

個人が契約する地震保険の保険料は、地震保険料控除の対象となる。

所得税	その1年間に支払った地震保険料の**全額**（最高**50,000**円）
住民税	その1年間に支払った地震保険料の2分の1（最高25,000円）

生命保険の基本

□生命保険の仕組み

問 1 次の文章の（　　）内にあてはまる最も適切な語句の組合せを1～3のなかから選び、その番号を記しなさい。

(1)生命保険の保険料は、（　①　）および収支相等の原則に基づき、予定死亡率、（　②　）、予定事業費率の3つの予定基礎率を用いて計算される。

1．①大数の法則　　②予定利率
2．①適合性の原則　②予定利率
3．①適合性の原則　②予定損害率

(2022.01)

(2)生命保険の保険料は、将来の保険金・給付金等の支払の財源となる（　①　）と、保険会社が保険契約を維持・管理していくために必要な経費等の財源となる（　②　）で構成されている。

1．①終身保険料　②定期保険料
2．①純保険料　　②付加保険料
3．①定額保険料　②変額保険料

(2021.01)

〈保険の基本用語〉

保険者	保険事業を運営、保険契約の当事者の一方として保険事故が発生した場合に保険金を支払う（民間保険の場合は保険会社等）
契約者	保険契約の当事者の一方として、契約の権利と義務をもつ。保険料を支払う義務がある
被保険者	保険の対象になっている人
保険事故	発生したときに保険者が保険金等を支払うと約束したできごと
保険期間	保険事故が発生したとき保険者が保険金を支払う義務を負う期間

A 答えと解説

答え 問1 (1)[1](2)[2]

多数の人々がそれぞれのリスクに応じて負担金（保険料）を出しあって自分のリスクに備えるものが保険。生命保険料は数理的手法により決まります。

◆生命保険料の仕組み

生命保険料の算出は「[大数《たいすう》]の法則」と[収支相等]の原則」に基づいて、３つの予定基礎率（予定死亡率、[予定利率]、予定事業費率）を用いて行われる（1(1)）。

▶大数の法則：死亡率・生存率・事故率などは、少数でみれば不確定だが、多数でみると確率に基づいた一定の法則があること。

▶収支相等の原則：契約者が支払う保険料の総額と、保険会社が支払う保険金の総額が等しくなるように計算すること。

▶３つの予定基礎率　よくでる

予定死亡率	過去のデータをもとに性別・年齢別の死亡者数を予測して算出 ➡低く（死亡する人が少ないと）見込めば、死亡保険料は[安く]なる
予定利率	保険会社が資産運用に見込んだ利率 ➡高く（運用がうまくいくと）見込めば、保険料は[安く]なる
予定事業費率	保険事業の運営でかかる必要経費の見込から算出 ➡低く（経費がかからないと）見込めば、保険料は[安く]なる

◆生命保険料の構成　よくでる

契約者が支払う生命保険料は、次の２つで構成されている（1(2)）。

保険料	内容	予定基礎率との関係
[純]保険料	保険会社が将来の保険金・給付金等を支払う財源になる	予定[死亡]率・予定[利]率をもとに計算
[付加]保険料	保険会社が保険契約を維持・管理していくための経費等の財源になる	予定[事業費]率をもとに計算

ポイント　**予定基礎率は保険料との関係、純保険料と付加保険料は何の財源なのかを整理しておさえましょう。**

□契約者の保護と法律

問1 次の文章を読んで、正しいものまたは適切なものには○を、誤っているものまたは不適切なものには×をつけなさい。

⑴国内銀行の支店において加入した一時払終身保険は、生命保険契約者保護機構による補償の対象である。

(2020.09)

⑵生命保険は、契約にあたって保険会社指定の医師による診査を受けた場合などを除き、保険業法に定める保険契約の申込みの撤回等（クーリング・オフ）の対象となり、所定の期間内であれば、書面等により申込みの撤回等をすることができる。

(2021.01　実技・保険・改)

問2 次の文章の（　　）内にあてはまる最も適切な語句、または語句の組合せを１～３のなかから選び、その番号を記しなさい。

国内で事業を行う生命保険会社が破綻した場合、生命保険契約者保護機構による補償の対象となる保険契約については、高予定利率契約を除き、（　①　）の（　②　）まで補償される。

１．①既払込保険料相当額　　②70％
２．①死亡保険金額　　②80％
３．①責任準備金等　　②90％

(2022.09)

A 答えと解説

答え 問1 (1)[○](2)[○] 問2 [3]

◆保険契約者保護機構

保険会社が経営破綻した場合、各保険契約は「**保険契約者保護機構**」により、所定の金額が補償される。生命保険は**生命保険契約者保護機構**、損害保険は**損害保険契約者保護機構**による補償。日本で事業を行う保険会社は外国の保険会社も含め加入義務があるが、**共済**や**少額短期保険業者**は加入[対象外]。銀行の窓口での加入保険は補償の対象と[なる](1(1))。

	対象	補償割合
生命保険 よくでる	生命保険契約	[責任準備金]の[90]%(2) ※高予定利率の契約の扱いは別
損害保険 さらっと	自賠責保険・家計地震保険	100%
	自動車保険、火災保険、賠償責任保険等、短期傷害保険	破綻後3か月以内は100% ※それ以降は80%
	短期傷害保険を除く医療・介護保険、年金払型積立傷害保険	90%

▶**責任準備金**:保険会社が、将来の保険金等の支払に備えて保険料や運用の収益等を積み立てている資金。

◆クーリング・オフ制度(1(2))

一定の要件を満たせば、保険契約の申込みの撤回等をできる制度。

期限	「申込日」または「クーリング・オフについて記載された書面を受け取った日」のいずれか[遅い]日から起算して[8]日以内
方法	申込みの撤回・契約解除を[書面]または電磁的方法で通知

▶**医師の診査**を受けた後や保険期間**1年以内**の契約はクーリング・オフできない。

◆ソルベンシー・マージン比率

保険会社の保険金を支払う「**支払余力**」を示す指標。高い数値のほうが保険会社の健全性が高いと判断される。[200]%を下回る場合、金融庁が早期是正措置をとることになっている。

生命保険

□ 生命保険の種類

問 1 次の文章を読んで、正しいものまたは適切なものには○を、誤っているものまたは不適切なものには×をつけなさい。

(1)逓増定期保険は、保険期間の経過に伴い死亡保険金額が所定の割合で増額するが、保険料は保険期間を通じて一定である。

(2021.09)

(2)収入保障保険の死亡保険金を一時金で受け取る場合の受取額は、一般に、年金形式で受け取る場合の受取総額よりも少なくなる。

(2023.05)

(3)一時払終身保険は、早期に解約した場合であっても、解約返戻金額が一時払保険料相当額を下回ることはない。

(2021.01)

(4)こども保険（学資保険）において、保険期間中に契約者（保険料負担者）である親が死亡した場合、一般に、既払込保険料相当額の死亡保険金が支払われて契約は消滅する。

(2022.09)

(5)変額個人年金保険は、特別勘定の運用実績によって、将来受け取る年金額や死亡給付金額は変動するが、解約返戻金額は変動しない。

(2023.09)

A 答えと解説　実技（金財保険、協会資産）

答え　問1　(1)［○］(2)［○］(3)［×］(4)［×］(5)［×］

生命保険の商品にはどんな種類があるか、それぞれの一般的な商品性について理解しておきましょう。

◆生命保険の種類

生命保険の基本は、定期保険・終身保険・養老保険の３種類がある。

◆定期保険

被保険者が一定期間内に死亡・高度障害状態になった場合を保障する。保障を重視。保険料は掛捨て、満期保険金はない。

【定期保険（平準定期保険）】

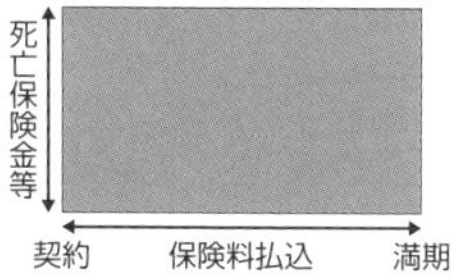

死亡保険金等は保険期間中で一定。
※保険期間を非常に長い期間で設定したものは「長期平準定期保険」として各種取扱いが区別される。

【逓減定期保険】

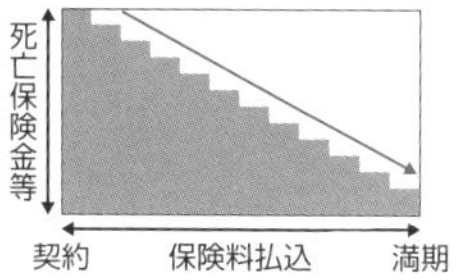

・死亡保険金等は保険期間の経過に伴い一定割合で減少していく。
・保険料は一定。

【逓増定期保険】

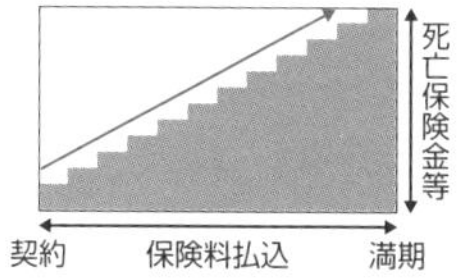

・死亡保険金等は保険期間の経過に伴い一定割合で増加していく。
・保険料は一定（1(1)）。

【収入保障保険】 よくでる

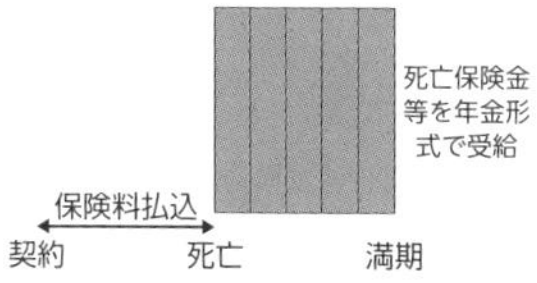

・逓減定期保険または平準定期保険の死亡保険金等を年金形式で支払う。
・一時金で一括受取りもできるが、受取り総額は年金形式で受け取る場合より少なくなる（1(2)）。
・契約時の保険金額が同額の定期保険と比べて、保険料は割安になる。

（次ページにつづく）

◆終身保険

よくでる

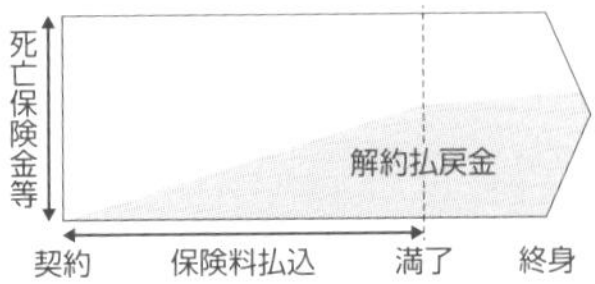

- 保険料払込満了後も一生涯保障が続く。
- **満期はなく**、いつ死亡しても保険金が支払われる。必ず保険金を受け取れるので**相続対策に活用**できる。
- 中途解約すると解約返戻金が受け取れるので老後資金の準備にも利用できる。
- 早期に解約すると払込保険料相当額を［下回る］ことがある（1(3)）。

▶定期保険特約付終身保険

主契約（主たる契約の部分）を終身保険、**特約**（主契約に付加して契約するもの）として定期保険を上乗せして一定期間の保障を厚くする。

【全期型】

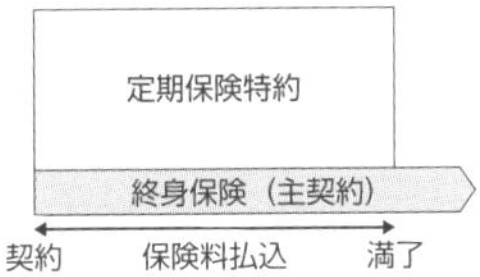

- 終身保険の保険料払込期間と、定期保険の特約期間を同じにしたもの。
- 保険料は払込満了時まで［一定］。

【更新型】

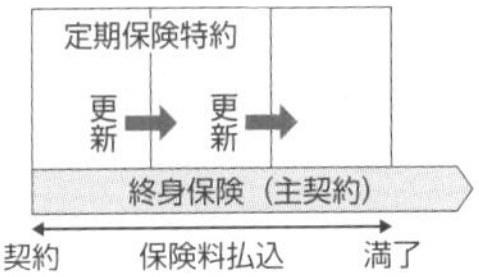

- 定期保険の特約期間を短くしたもの。
- 自動更新される（更新時に告知不要）。
- 定期保険特約部分の保険料は更新時の年齢で再計算されるため更新前より［高く］なる。

◆養老保険

さらっと

被保険者が一定期間内に死亡・高度障害状態になった場合に死亡保険金、満期まで生存した場合は満期保険金が支払われる。

- 貯蓄性が高い。
- 保険料は、定期保険と比べて高くなる。

◆こども保険（学資保険）

よくでる

教育資金準備のための保険で、子の入学・進学に合わせて祝金や満期保険金が支払われる。一般的には親が契約者（＝保険料負担者）、子が被保険者となる。**契約者が死亡・高度障害**になった場合、それ以降の**保険料は免除**されるが契約は［継続］し、祝金や満期保険金を受け取ることが［できる］（死亡保険金［ではない］（1(4)））。

◆個人年金保険

個人が加入、保険料払込期間に年金原資を積み上げていき、一定の年齢に達すると契約で定めた期間に年金を受け取れる保険。受取り方について大きく分けると次の３種類がある。

【終身年金】

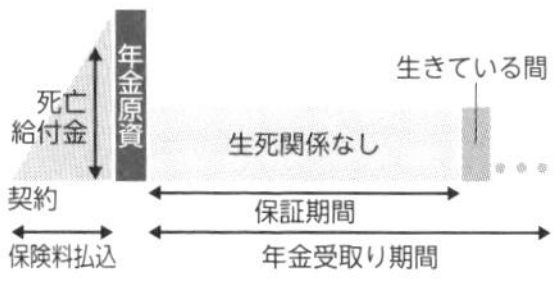

・被保険者が生きている限り年金が支払われる。被保険者死亡により年金は終了。
・「保証期間付」であれば、その保証期間については生死に関係なく支払われる（被保険者死亡後は遺族が受け取る）。

【確定年金】

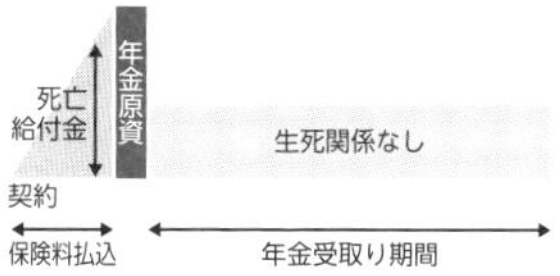

・契約時に定めた年金受取り期間について、被保険者の生死に関係なく支払われる。被保険者死亡後は遺族が受け取る。

【有期年金】

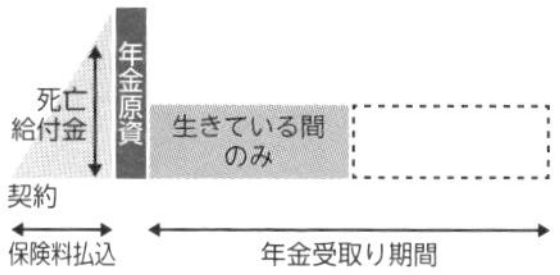

・契約時に定めた年金受取り期間について、被保険者が生きている間、支払われる。
・受取り期間中に死亡した場合、年金はそこまでで終了する。
・「保証期間付」であれば、その保証期間については生死に関係なく支払われる（被保険者死亡後は遺族が受け取る）。

年金受取り前（保険料払込期間中等）に死亡した場合は、[既払込保険料相当額]を死亡保険金として受け取れる。

◆変額個人年金保険、変額終身保険の特徴　よくでる

保険会社の運用実績によって年金額や解約返戻金が変動する、投資性のある保険（1(5)）。変額個人年金や変額保険の保険料は[特別勘定]（株式や債券等）で運用する。

共通	**解約返戻金**	通常、**最低保証**[なし]
変額個人年金	死亡給付金額	通常、最低保証**あり**
変額終身保険	保険金額（基本保険金額）	契約時に定めた額が最低保証される

ポイント
収入保障保険（年金受取りと一括受取りの比較）と変額個人年金（特別勘定、最低保証の有無）が頻出です。基本をおさえたうえで学びましょう。

□ 医療保険・がん保険と特約

問 1 次の文章を読んで、正しいものまたは適切なものには○を、誤っているものまたは不適切なものには×をつけなさい。

⑴がん保険では、一般に、責任開始日前に90日程度の免責期間が設けられており、その期間中にがんと診断されたとしても、がん診断給付金は支払われない。

(2022.05)

⑵がん保険において、がんの治療を目的とする入院により被保険者が受け取る入院給付金は、１回の入院での支払限度日数が180日とされている。

(2023.01)

問 2 次の文章の（　　　）内にあてはまる最も適切な語句を１～３のなかから選び、その番号を記しなさい。

医療保険等に付加される先進医療特約では、（　　　）時点において厚生労働大臣により定められている先進医療が給付の対象となる。

1．申込日
2．責任開始日
3．療養を受けた日

(2021.09)

A 答えと解説　実技（金財保険、協会資産）

答え 問1 (1)［○］(2)［×］ 問2［3］

医療保険やがん保険は、「第三分野保険」ともいわれます。本体（主契約）の上乗せである「特約」として付加するケースもあります。

◆主契約（本体）として加入する医療保険等

医療保険	病気やケガで入院・手術をしたときに給付金が支払われる 入院給付金：支払日数に**上限あり**（1入院での支払限度日数と、通算支払限度日数がある） 手術給付金：入院給付金日額の〜倍とする場合と一律の場合がある
がん保険 よくでる	がんと診断されたとき（診断給付金）、治療・入院・手術・通院・退院後の各療養等について給付金が支払われる ・一般に責任開始日前に［90］日程度の免責期間があり、その期間中にがんと診断されても給付金は［**支払われない**］（1 (1)） ・一般に入院給付金は初日から支払われ、支払日数は［**限度なし**］（1 (2)）

◆主契約（終身保険等）に付加する特約

特約は、主契約を**解約すると同時に解約される。**

病気やケガで入院・手術等をしたときに給付金が支払われる特約
災害入院特約：**不慮の事故**でケガをして180日以内に入院したとき入院給付金が支払われる
疾病入院特約：病気で入院したとき入院給付金が支払われる
総合医療特約：災害入院特約と疾病入院特約を組合せたもの
がん入院特約：がんを原因として入院したとき、入院給付金が支払われる
生活習慣病入院特約（成人病入院特約）：がん・心疾患・脳血管疾患・高血圧性疾患・糖尿病で入院したとき、入院給付金が支払われる
通院特約：入院給付金対象の入院から退院後、通院したとき支払われる
先進医療特約：［**療養を受けた**］日※において、厚生労働大臣により定められている先進医療を受けたとき給付金が支払われる（2） ※契約日（または申込日、責任開始日）ではない　よくでる

〈保険の基本用語〉

保険金	死亡・高度障害・満期に支払われるもの
給付金	主として人の生死以外の理由で支払われるもの
解約返戻金	保険契約を解約したときに戻るお金

□ 各種特約とその他保険

問 1 次の文章を読んで、正しいものまたは適切なものには○を、誤っているものまたは不適切なものには×をつけなさい。

リビング・ニーズ特約は、被保険者の余命が6か月以内と判断された場合に、所定の範囲内で死亡保険金の一部または全部を生前に受け取ることができる特約である。

(2021.09)

問 2 次の設例に基づいて、下記の問に答えなさい。

〈設例〉(一部抜粋)
Aさんが提案を受けた生命保険の内容
保険の種類：5年ごと配当付終身保険（60歳払込満了）。
主契約および特約の内容
・終身保険
・特約：重度疾病保障特約（注）、総合医療特約（180日型）、先進医療特約、リビング・ニーズ特約、指定代理請求特約

（注）所定のがん（悪性新生物）、急性心筋梗塞、脳卒中、重度の糖尿病、重度の高血圧性疾患、肝硬変、慢性腎不全、慢性すい炎のいずれかを保障する。重度疾病保険金を支払った場合、本契約は消滅する。

ファイナンシャル・プランナーのMさんは、Aさんが提案を受けた生命保険について説明した。MさんのAさんに対する説明として、正しいまたは適切であれば○を、誤りまたは不適切であれば×を記しなさい。

「所定の重度疾病に罹患した場合、重度疾病保障特約により給付金を受け取ることができます。さらに、その後、死亡した場合には、当該特約により死亡保険金が支払われます。」

(2019.05 実技・保険・改)

A 答えと解説　実技（金財保険、協会資産）

答え　問1 [○] 問2 [×]

主契約に付帯したり、ある特定の状態に該当して死亡したとき等に保険金が支払われる保険や特約について内容を確認しておきましょう。

◆主契約（終身保険等）に付加する特約

特約は、主契約を解約すると**同時に解約される**。

	リビング・ニーズ特約：余命［6］か月以内と判断された場合、死亡保険金の一部または全部（**最大3,000万円**）を生前に受け取れる（1） ※特約保険料はかからない　よくでる
	指定代理請求特約：被保険者本人が保険金を請求できない事情があるとき、代わりにあらかじめ指定した指定代理請求人が請求できる
	特定（三大）疾病保障特約：下記「その他の保険」の特定（三大）疾病保障保険を特約として主契約に付帯したもの
	重度疾病保障特約：所定の重度疾病に罹患した場合、保険金を受け取れる。保険金が支払われた場合は、特約は消滅し、死亡保険金は支払われない（2）
不慮の事故等	傷害特約：不慮の事故で180日以内に死亡したとき、または所定の感染症で死亡した場合、災害死亡保険金が上乗せされる
不慮の事故等	災害割増特約：不慮の事故で180日以内に死亡・高度傷害になった場合、災害死亡・高度障害保険金が上乗せされる

◆その他の保険

▶特定（三大）疾病保障保険

がん・急性心筋梗塞・脳卒中と診断され所定の条件を満たした場合に特定疾病保険金が支払われ、死亡または高度障害状態になった場合は、死亡保険金・高度障害保険金が支払われる。いずれかの保険金が支払われた時点で契約は消滅する。

▶**団体信用生命保険**　よくでる

住宅ローン利用者（＝債務者）を被保険者とする保険。住宅ローン利用者が死亡・高度障害状態となったとき、保険会社が住宅ローン残債分を保険金として債権者（銀行）に支払う。

□ 契約（審査・告知）

問1 **次の文章を読んで、正しいものまたは適切なものには○を、誤っているものまたは不適切なものには×をつけなさい。**

⑴生命保険に加入する際には、傷病歴や現在の健康状態などについて、事実をありのままに告知する必要がある。なお、告知受領権は生命保険募集人が有しているので、当該募集人に対して、口頭で告知する。

（2021.01　実技・保険・改）

⑵定期保険特約付終身保険（更新型）は、定期保険特約を同額の保険金額で更新する場合、更新にあたって被保険者の健康状態についての告知や医師の診査は必要ない。

（2023.09）

問2 **次の文章の（　　　）内にあてはまる最も適切な語句を１～３のなかから選び、その番号を記しなさい。**

生命保険契約の契約者は、契約者貸付制度を利用することにより、契約している生命保険の（　　　）の一定の範囲内で保険会社から貸付を受けることができる。

１．既払込保険料総額

２．解約返戻金額

３．死亡保険金額

（2021.01）

A 答えと解説　実技（金財保険）

答え　問1 (1)［×］(2)［○］問2 ［2］

生命保険の契約は、あらかじめ定められた所定の手続きをふんで成立し、原則として保険料の払込みを続けることで継続します。

◆生命保険の契約

▶責任開始期　よくでる

保険会社が保険金・給付金支払等の契約上の責任を負う義務の開始した日のこと。保険会社が契約を承諾した場合、原則として次の３つが完了したときが責任開始期となる。

①**申込書の提出**　②**告知**または**医師の診査**　③**第１回保険料の払込み**

※一般的には②の「告知（または診査）」、③の「第１回保険料払込み」の遅い日から

▶告知義務

保険契約の申込みに際し、契約者または被保険者は、書面等で［生命保険会社］**が告知を求めた事項**（傷病歴や現在の健康状態、職業など）について事実をありのままに告知する義務がある。なお、生命保険募集人に告知受領権（告知を受ける権利）はない（1(1)）。

▶契約更新

定期保険（特約）を更新するときには告知や医師の診査は［不要］（1(2)）。病歴が増えたり受療中であっても自動更新となる。

◆保険料の払込み　さらっと

保険料は、月払い、半年払い、年払いで、払込みは契約日に対応する日（契約応当日）が属する月の初日から末日までの間にする必要がある。ただし、一定の猶予期間が設けられている。

▶自動振替貸付制度

保険料の払込みが困難な場合、保険会社が自動的に保険料を立て替える制度。借りられる限度はその時点での解約返戻金の範囲内。

◆契約者貸付制度　よくでる

契約者が［解約返戻金額］の一定の範囲内で、保険会社から貸付を受けられる制度（2）。

□ 払済保険・延長（定期）保険

問 1 次の文章を読んで、正しいものまたは適切なものには○を、誤っているものまたは不適切なものには×をつけなさい。

⑴払済保険とは、一般に、現在加入している生命保険の保険料の払込みを中止し、その時点での解約返戻金を基に、元契約の保険金額を変えずに一時払いの定期保険に変更する制度である。

(2022.05)

⑵定期保険特約付終身保険の保険料の払込みを中止して、払済終身保険に変更した場合、元契約に付加していた入院特約はそのまま継続する。

(2020.09)

問 2 次の文章の（　　　）内にあてはまる最も適切な語句の組合せを1～3のなかから選び、その番号を記しなさい。

契約転換制度により、現在加入している生命保険契約を新たな契約に転換する場合、転換後契約の保険料は、（　①　）の年齢に応じた保険料率により算出され、転換時において告知等をする必要が（　②　）。

1．①転換前契約の加入時　　②ない
2．①転換時　　②ない
3．①転換時　　②ある

(2022.05)

A 答えと解説　実技（金財保険）

答え　問1 (1)［×］(2)［×］ 問2［3］

保険の見直しや保険料の払込みが困難になったときの選択肢として、払済保険・延長保険への変更や契約転換の制度があります。

◆払済保険と延長（定期）保険　よくでる

▶払済保険

現在加入中の保険の保険料払込みを中止して、その時点の解約返戻金をもとに元の契約と保険［期間］の変わらない同じ種類の一時払い保険（または、終身保険や養老保険等）に変更すること（1(1)）。

元契約に付加していた入院特約等の**特約は**［消滅］する（1(2)）。ただし、リビング・ニーズ特約等、一部の特約は［継続］する。

▶延長（定期）保険

現在加入中の保険の保険料払込みを中止して、その時点の解約返戻金をもとに元の契約と保険［金額］の変わらない一時払い［定期］保険に変更すること。元契約に付加していた**特約は**［消滅］する。

【払済保険】

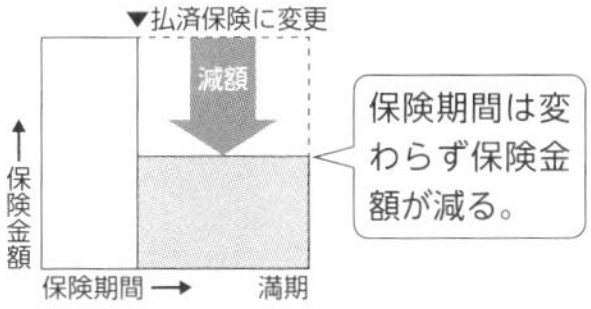

※同じ種類の保険に変更の場合

【延長（定期）保険】

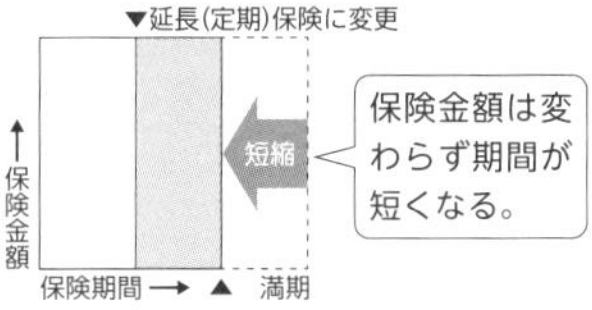

払済保険、延長（定期）保険、どちらも変更後は保険料支払いはない。

◆契約転換制度

現在加入している保険を下取りに出して、同じ保険会社の新しい保険に入り直す。転換時には、告知・医師の診査は［必要］であり、転換後の保険料は［転換時］の年齢に応じた保険料率で算出される（2）。ただし、保険料は下取りがある分、通常の新契約による加入よりも［安く］なる。

！注意　**払済保険について、問1(1)のように延長（定期）保険の説明文となっている問題（またはその逆）は頻出です。契約転換制度は新しい保険契約ですので、手続きは新しい契約時と同じとなります。**

生命保険と税金

□ 生命保険料控除①

問1 次の文章の（　　　）内にあてはまる最も適切な語句を１～３のなかから選び、その番号を記しなさい。

所得税において、個人が2024年中に締結した生命保険契約に基づく支払保険料のうち、（　　　）に係る保険料は、介護医療保険料控除の対象となる。

1．傷害特約
2．定期保険特約
3．先進医療特約

(2023.01)

問2 次の文章を読んで、正しいものまたは適切なものには○を、誤っているものまたは不適切なものには×をつけなさい。

生命保険料控除は、加入した年については勤務先の年末調整で適用を受けることができないので、適用を受けるためには、所得税の確定申告が必要となる。

(2020.01　実技・保険・改)

A 答えと解説　実技（金財保険、協会資産）

答え　問1 [3]　問2 [×]

1年間に支払った生命保険料は、所定の計算で算出した金額を生命保険料控除として所得から差し引くことができます。

◆生命保険料控除

毎年1月～12月に支払った生命保険料は、所定の計算で算出した金額について生命保険料控除の適用を受けられる。保険契約の保障内容によって3種類に区分される。

一般生命保険料控除	終身保険や定期保険特約、養老保険など死亡・生存について給付を行う保険契約
介護医療保険料控除	入院・通院等の医療費、先進医療（1）、介護費、所得補償、就業不能保障等の給付を行う保険契約 ※傷害特約等、身体の傷害だけを保障対象にするものは対象外
個人年金保険料控除	一定要件を満たす年金給付を行う保険契約

- 特約保険料は、その**保障内容に応じたものが適用**される。例えば終身保険に医療保険特約が付加されている場合、終身保険部分は［一般］生命保険料控除、医療保険特約部分は［介護医療］保険料控除が適用される。
- 保険加入した年から年末調整により適用を［受けられる］（2）（P205参照）。

▶「新契約」と「旧契約」

2011年12月31日以前に契約した生命保険契約は「旧契約」とされ、「新契約」とは区分と限度額が異なる。

		新契約の生命保険料控除	旧契約の生命保険料控除
契約時期		**2012年1月1日以後**	2011年12月31日以前
区分		3種類 ・**一般**生命保険料控除 ・**介護医療**保険料控除 ・**個人年金**保険料控除	2種類 ・一般生命保険料控除 ・個人年金保険料控除
限度額 よくでる	**区分ごと**	所得税［4］万円　住民税2.8万円	所得税5万円　住民税3.5万円
	合計	所得税［12］万円　住民税7万円	所得税10万円　住民税7万円

□ 生命保険料控除②

問 1 下記の問について解答しなさい。

牧村健太さんが2023年中に支払った生命保険の保険料は下記〈資料〉のとおりである。この場合の健太さんの2023年分の所得税の計算における生命保険料控除の金額として、正しいものはどれか。なお、〈資料〉の保険について、これまでに契約内容の変更はないものとする。また、2023年分の生命保険料控除額が最も多くなるように計算すること。

〈資料〉(一部抜粋)

[定期保険 (無配当、新生命保険料)]
契約日:2020年5月1日
保険契約者・被保険者:牧村　健太
死亡保険金受取人:牧村　洋子 (妻)
2023年の年間支払保険料:78,240円

[医療保険 (無配当、介護医療保険料)]
契約日:2018年8月10日
保険契約者・被保険者:牧村　健太
死亡保険金受取人:牧村　洋子 (妻)
2023年の年間支払保険料:46,200円

〈所得税の一般の生命保険料控除、介護医療保険料控除および個人年金保険料控除の控除額の速算表〉

[2012年1月1日以降に締結した保険契約 (新契約) 等に係る控除額]

年間の支払保険料の合計		控除額
	20,000円以下	支払保険料の全額
20,000円超	40,000円以下	支払保険料×1/2＋10,000円
40,000円超	80,000円以下	支払保険料×1/4＋20,000円
80,000円超		40,000円

(注) 支払保険料とは、その年に支払った金額から、その年に受けた剰余金や割戻金を差し引いた残りの金額をいう。

1. 39,560円
2. 40,000円
3. 71,110円

(2022.09　実技・資産)

A 答えと解説　実技（金財保険、協会資産）

答え　問1 [3]

生命保険料控除の計算方法も出題されます。計算方法を確認しておきましょう。

▶新契約と旧契約の両方がある場合　よくでる

区分ごとの限度額は、所得税［4］万円（住民税2.8万円）、合計限度額は、所得税［12］万円（住民税7万円）となる。

◆生命保険料の具体的な計算

所定の計算を実施して、１年間に支払った生命保険料の合計額から生命保険料控除の額を算出する（全額が生命保険料控除の対象になるわけではない）。

▶生命保険料控除額の速算表（「新契約」）（1）

年間の支払保険料の合計		控除額
	20,000円以下	支払保険料の全額
20,000円超	40,000円以下	支払保険料×$\frac{1}{2}$＋10,000円
40,000円超	80,000円以下	支払保険料×$\frac{1}{4}$＋20,000円
80,000円超		**40,000円**

一般生命保険料控除、介護医療保険料控除、個人年金保険料控除をそれぞれで計算する。

問1 資料では、契約日はいずれも2012年1月以降なので、「新契約」である。定期保険は「新生命保険料」、医療保険は「介護医療保険料」と記載があるので、それぞれで計算した後、合計する。

「定期保険」の年間支払保険料分の生命保険料控除は、

（78,240円×[$\frac{1}{4}$]）＋[20,000]円＝[39,560]円

「医療保険」の年間支払保険料分の生命保険料控除は、

（46,200円×[$\frac{1}{4}$]）＋[20,000]円＝[31,550]円

合計額は、

[39,560]円＋[31,550]円＝[71,110]円

！注意　**介護医療保険料控除が頻出です。また、実技（金財保険、協会）では計算も出題されるので計算できるようにしておきましょう。**

□ 生命保険金と税金①

問1 次の文章を読んで、正しいものまたは適切なものには○を、誤っているものまたは不適切なものには×をつけなさい。

生命保険の入院特約に基づき、被保険者が病気で入院したことにより被保険者が受け取った入院給付金は、非課税である。

(2020.09)

問2 次の文章の（　　　）内にあてはまる最も適切な語句を1～3のなかから選び、その番号を記しなさい。

⑴生命保険契約において、契約者（保険料負担者）および被保険者が夫、死亡保険金受取人が妻である場合、夫の死亡により妻が受け取る死亡保険金は、（　　　）の課税対象となる。

1．贈与税
2．相続税
3．所得税

(2023.05)

⑵生命保険契約において、契約者（保険料負担者）および死亡保険金受取人がＡさん、被保険者がＡさんの父親である場合、被保険者の死亡によりＡさんが受け取る死亡保険金は、（　　　）の課税対象となる。

1．贈与税
2．相続税
3．所得税

(2022.01)

A 答えと解説　実技(金財保険、協会資産)

答え　問1 [○]　問2 (1) [2] (2) [3]

受け取った保険金の種類や、契約者(保険料負担者)・被保険者・保険金受取人が誰なのかによって課税の有無、税の種類が異なります。

◆保険金と税金

▶非課税になる給付金・保険金

本人(被保険者)、その配偶者、または直系血族等が受け取る場合は次の給付金・保険金は**非課税**。

・ケガや病気によって支払われるもの

[入院] 給付金 (1)、手術給付金、通院給付金、がん診断一時金、介護一時金・年金、就業不能保険金、先進医療給付金等。

・生前に給付される保険金

高度障害保険金、特定疾病保険金、リビング・ニーズ特約保険金等。

▶死亡保険金と税金　よくでる

死亡保険金は、契約者、被保険者、保険金受取人の関係で所得税・相続税・贈与税のどれになるかが決まる(以下の表の(　)内は例)。

	契約者(保険料負担者)	被保険者	受取人	税の種類
①	A (夫)	A (夫)	B (妻)	[相続] 税
②	A (子)	B (父)	A (子)	[所得] 税・[住民] 税
③	A (夫)	B (妻)	C (子)	[贈与] 税

①契約者(保険料負担者)と被保険者が同じで、受取人が異なる

受取人の [相続税] の課税対象 (2(1))。受取人が相続人の場合は死亡保険金の非課税枠を適用できる。

(例) 夫が契約者で自ら被保険者、夫死亡により妻が死亡保険金を受け取る等。

②契約者(保険料負担者)と受取人が同じで、被保険者が異なる

受取人の [所得] 税・[住民] 税の課税対象 (2(2))。[一時] 所得となる。

(例) 子が契約者、父が被保険者で、父死亡により子が死亡保険金を受け取る等。

③契約者、被保険者、受取人がすべて異なる

受取人の [贈与] 税の課税対象。

(例) 夫が契約者、妻が被保険者、妻死亡により子が死亡保険金を受け取る等。

□ 生命保険金と税金②

問 1 下記の問について解答しなさい。

夫の康太さんと妻の由香里さんが加入している生命保険は下表のとおりである。下表の契約A～Bについて、保険金・給付金等が支払われた場合の課税関係に関する次の記述について、正しいものには○を、誤っているものには×をつけなさい。

	保険種類	保険契約者（保険料負担者）	被保険者	死亡保険金受取人	満期保険金受取人	保険期間
契約A	終身保険	康太	康太	由香里	―	終身
契約B	養老保険	康太	由香里	康太	康太	30年間

(1)契約Aについて、康太さんが受け取った解約返戻金は所得税の課税対象となる。

(2)契約Bについて、康太さんが受け取った満期保険金は所得税の課税対象となる。

(2019.05　実技・資産・改)

A 答えと解説　実技（金財保険、協会資産）

答え 問1 (1)［○］(2)［○］

満期保険金・解約返戻金の課税関係、また、「金融類似商品」とみなされる場合の取扱いについて確認しておきましょう。

◆満期保険金・解約返戻金と税金

被保険者に関係なく、契約者と受取人の関係だけで所得税か贈与税かが決まる。

	契約者（保険料負担者）	被保険者	受取人	税の種類
①	A	−	A	［所得］税・［住民］税
②	A	−	B	［贈与］税

①契約者（保険料負担者）と受取人が同じ

受取人の［所得］税・［住民］税の課税対象。［一時］所得となる（1(1)(2)）。

（例）夫が契約者、夫が解約返戻金を受け取る等。

②契約者と受取人が異なる

受取人の［贈与］税の課税対象。

（例）夫が契約者、妻が満期保険金を受け取る等。

※所得税（一時所得）の詳細はP185、贈与税の詳細はP293参照。

▶満期保険金等が「金融類似商品」とみなされる場合　よくでる

- 保険期間［5］年以下の**一時払い**養老保険の**満期保険金**
- 保険期間［5］年超でも、契約日から［5］年以内に解約した**一時払い**養老保険の**解約返戻金**

利益部分に**20.315%**（所得税・復興特別所得税15.315%、住民税5%）が**源泉分離課税**※される。

・利益部分＝満期保険金（解約返戻金）－払込保険料額

※源泉分離課税とは、満期保険金（または解約返戻金）が支払われるとき、税金分はすでに差し引かれていること。納税はこれで完結する。一般的な預金の利息に対する税の扱いと同じ。

ポイント

P97の死亡保険金の課税関係が頻出です。死亡保険金の場合の、3者の関係で税金の種類がどれになるのか、確実に覚えておきましょう。

法人の保険

□ 法人契約

問1 次の文章の（　　　）内にあてはまる最も適切な語句を1～3のなかから選び、その番号を記しなさい。

団体を契約者（保険料負担者）とし、その所属員を被保険者とする1年更新の定期保険であり、福利厚生規程等による保障の支払財源の確保を目的とした保険は、（　　　）である。

1．団体定期保険（Bグループ保険）
2．団体信用生命保険
3．総合福祉団体定期保険

（2020.01）

問2 次の文章を読んで、正しいものまたは適切なものには○を、誤っているものまたは不適切なものには×をつけなさい。

養老保険の福利厚生プランでは、契約者（保険料負担者）を法人、被保険者を従業員全員、死亡保険金受取人を被保険者の遺族、満期保険金受取人を法人とすることにより、支払保険料の全額を福利厚生費として損金の額に算入することができる。

（2019.05）

問3 次の設例に基づいて、下記の文章が適切であれば○を、不適切であれば×を記しなさい。

〈設例〉（一部抜粋）
X社が加入している生命保険に関する資料
保険の種類：長期平準定期保険（特約付加なし）
契約者（保険料負担者）：X社
被保険者：Aさん（X社の創業社長　65歳）
死亡保険金受取人：X社

当該生命保険を払済終身保険に変更し、契約者をAさん、死亡保険金受取人をAさんの相続人に名義を変更することで、当該払済終身保険を役員退職金の一部としてAさんに現物支給することができる。

（2023.09　実技・保険・改）

A　答えと解説　実技（金財保険）

答え　問1［3］問2［×］問3［○］

法人が生命保険を利用する目的は主に「経営者のリスクマネジメント」と「従業員の福利厚生」です。

◆法人が契約する保険

▶従業員に対する保険

従業員の死亡による遺族への保障準備や従業員の退職金準備方法として生命保険を活用するときに利用できる。

総合福祉団体定期保険（1）
・保険期間1年（更新）の定期保険、保険料は全額法人が負担 ・目的は主に死亡退職金等の準備。契約者を法人、加入は役員・従業員［全員］。従業員死亡時の保険金受取りは被保険者の遺族または法人とする
養老保険（ハーフタックスプラン）（2）
・目的は従業員の定年等退職金準備・死亡退職金準備 ・保険料は全額法人が負担。条件を満たせば保険料の［半額］を損金算入（福利厚生費）できる（残り半分は「保険料積立金（資産計上）」） ・条件：契約者を法人、加入は役員・従業員［全員］。従業員死亡時の保険金受取人は［従業員の遺族］。満期保険金受取りは法人とする

・団体定期保険（Bグループ保険）：法人が契約するが、加入は個々の従業員の［任意］。保険期間1年（更新）の定期保険、保険料は割安で、［従業員本人］が負担する。

▶経営者（および役員）向け保険　さらっと

経営者の死亡による経営上の損失への備えや、経営者の引退（勇退）時の退職金準備方法として生命保険を活用できる。

〈活用例〉

終身保険
満期がないため、予測できない経営者の死亡の備えに適している ・［解約返戻金相当額］を生存退職金として支給できる ・**契約者・保険金受取人を［法人］から［個人］に名義変更**し、生命保険契約そのものを交付することもできる（3）（経営者個人の相続対策に利用できる）
長期平準定期保険
定期保険だが保険期間が長期のため、終身保険と同様に死亡の備えに適する ・中途解約し、その［解約返戻金相当額］**を生存退職金として支給**できる

※法人契約の保険料・保険金等の経理処理についてはP309、311参照。

！注意　**実技（金財保険）では、法人の保険は重要項目です。**

損害保険

□ 損害保険の仕組み

問 1 次の文章の（　　　）内にあてはまる最も適切な語句を1～3のなかから選び、その番号を記しなさい。

損害保険において、契約者が負担する保険料と事故発生の際に支払われる保険金は、それぞれの事故発生リスクの大きさや発生確率に見合ったものでなければならないとする考え方を、（　　　）という。

1．大数の法則
2．適合性の原則
3．給付・反対給付均等の原則（公平の原則）

(2023.01)

問 2 下記の問について解答しなさい。

損害保険の用語についてFPの青山さんが説明した次の記述のうち、最も適切なものはどれか。

1.「通知義務とは、契約の締結に際し、危険に関する『重要な事項』のうち保険会社が求めた事項について事実を正確に通知する義務のことです。」
2.「一部保険とは、保険金額が保険の対象の価額（保険価額）を超えている保険のことです。」
3.「再調達価額とは、保険の対象と同等のものを新たに建築または購入するのに必要な金額のことです。」

(2023.09　実技・資産)

A 答えと解説 実技（協会資産）

答え 問1 [3] 問2 [3]

損害保険は「一定の偶然な事故によって生ずることのある損害を補填する」ものです。特有の用語をいくつか確認しておきましょう。

◆損害保険の保険料の仕組み さらっと

損害保険料の算出は、生命保険料と同じく「大数の法則」と「収支相等の原則」に合わせて、「給付・反対給付均等の原則」と「利得禁止の原則」に基づいて実施される。

[**給付・反対給付均等**] **の原則**	リスクに対応した公平な保険料を負担しなければならない。高リスクの人には高い保険料を負担してもらう（1）
[**利得禁止**] **の原則**	実害を超える保険金を受け取ることで得をしてはならない

◆損害保険の用語

約款に関する用語	
通知義務	保険期間中に、契約条件を変更しなければならないようなことがあったとき、保険会社に連絡する義務（2）
契約に関する用語	
再調達価額 よくでる	保険の対象と [**同等のもの**] を新たに建築または購入するのに必要な金額（2）
時価（額）	再調達価額から、[**使用による消耗分**] を差し引いて算出した額
保険価額	保険の対象を金銭的に評価した金額、保険事故により被るであろう**損害の最高見積額**
保険金額	保険契約において設定する契約金額。保険会社が支払う最高限度額となる
損害保険のかけ方に関する用語 よくでる	
全部保険	保険金額＝保険価額とした保険 損害が生じたときは損害の全額が支払われる
超過保険	保険金額が保険価額 [**を超えている**] 保険（保険金額の方が多額）。 損害が生じたときは損害の全額が支払われる
一部保険	保険金額が保険価額 [**より少ない**] 保険（保険金額の方が少額（2））。 損害が生じたときは保険金額は削減される（比例払いの対象）

※比例払いについてはP104参照。

ポイント **用語では再調達価額が頻出です。時価（額）との違いをおさえましょう。**

□ 火災保険

問1 **次の文章を読んで、正しいものまたは適切なものには○を、誤っているものまたは不適切なものには×をつけなさい。**

居住用建物および家財を対象とした火災保険では、地震もしくは噴火またはこれらによる津波を原因とする損害は、補償の対象とならない。

(2021.01)

問2 **下記の問について解答しなさい。**

損害保険の種類と事故の内容について記述した次の事例について、契約している保険が補償の対象になれば○を、ならなければ×を記しなさい。なお、特約などは付帯していないものとする。

事故の内容	契約している保険種類
噴火により保険の対象となる建物に噴石が衝突して屋根に穴が開いた。	住宅総合保険

(2023.05　実技・資産・改)

問3 **次の文章の（　　　）内にあてはまる最も適切な語句の組合せを1～3のなかから選び、その番号を記しなさい。**

民法および失火の責任に関する法律（失火責任法）において、借家人が軽過失によって火事を起こし、借家と隣家を焼失させた場合、借家の家主に対して損害賠償責任を（　①　）。また、隣家の所有者に対して損害賠償責任を（　②　）。

1．①負う　　　　②負わない
2．①負う　　　　②負う
3．①負わない　　②負う

(2022.01)

◆損害保険の給付に関する用語

実損払い	実際の損害額の全額を保険金として支払うこと（保険金額を限度）
比例払い	保険金額が保険の対象となっていたものの価額に不足している「一部保険」の場合、保険金は不足する割合に応じて削減して支払うこと
てん補	保険事故による損害に対して保険会社が保険金を支払うこと

A 答えと解説 実技（協会資産）

答え 問1 [○] 問2 [×] 問3 [1]

火災保険は火災による建物や家財の損額を補償する保険です。火災以外による損害でも補償対象になるものはありますが、地震は対象外です。

◆火災保険の種類と補償範囲

▶火災保険は、「建物」と「家財」を別々に契約する。

▶従来型の火災保険の種類は住宅火災保険と住宅総合保険。

	住宅火災保険	住宅総合保険
火災、落雷、破裂、爆発、風災、ひょう災、雪災	○	○
外部からの物体の落下・飛来	×	○
水災	×	○
給排水設備からの水漏れ	×	○
盗難、持出し家財の損害	×	○
地震、噴火、津波（1 2） よくでる	[×]	[×]

※なお、現在各社で取り扱う住宅火災保険は、必要な補償内容を任意で選べる（地震・噴火・津波を除く）

地震による損害には地震保険に加入して備える（P107参照）。

◆失火責任法（失火ノ責任ニ関スル法律）

失火の場合には民法の不法行為※による損害賠償責任を適用しない、ただし、故意や重過失があった場合は除くと規定されている。

※不法行為：他人の権利または法律上保護される利益を侵害すること

▶自らの軽過失により火災発生した

隣家が全焼してしまっても、損害賠償責任を［負わない］（3）。それぞれ自ら火災保険に加入し損害に備える必要がある。

▶借家で自らの失火により火災発生した

自分が借りている建物での失火については、軽過失であっても家主（貸主）に対して損害賠償責任を［負う］（3）（債務不履行による損害賠償責任）。借家人賠償責任担保特約で対応する。

□ 地震保険

問 1　下記の問について解答しなさい。

地震保険に関する次の説明のうち、最も不適切なものはどれか。

1.「地震保険は、住宅総合保険や火災保険などとセットで契約するため、単独で契約することはできません。」

2.「地震保険の保険料は、建物の構造が同じであれば、所在地にかかわらず同一です。」

3.「地震保険で支払われる保険金は、実際の損害額ではなく、損害の程度に応じて支払われ、生活再建の一助として役立てるものです。」

(2022.05　実技・資産・改)

問 2　次の文章の（　　　）内にあてはまる最も適切な語句の組合せを1～3のなかから選び、その番号を記しなさい。

地震保険の保険金額は、火災保険の保険金額の（　①　）の範囲内で設定することになるが、居住用建物については（　②　）、生活用動産（家財）については1,000万円が上限となる。

1. ①30%から50%まで　　②3,000万円
2. ①30%から50%まで　　②5,000万円
3. ①50%から80%まで　　②5,000万円

(2022.09)

問 3　次の文章を読んで、正しいものまたは適切なものには○を、誤っているものまたは不適切なものには×をつけなさい。

(1)地震保険の保険料の割引制度には、「建築年割引」「耐震等級割引」「免震建築物割引」「耐震診断割引」があり、それぞれの割引制度の重複適用はできる。

(2019.01　改)

(2)地震保険では、保険の対象である居住用建物または家財の損害の程度が「全損」「大半損」「小半損」「一部損」のいずれかに該当した場合に、保険金が支払われる。

(2021.09)

A 答えと解説 実技（協会資産）

答え 問1［2］問2［2］問3 (1)［×］(2)［○］

地震、噴火、津波に備えるには地震保険に加入します。火災保険との関係、保険料の決まり方など、地震保険特有の特徴をおさえてください。

◆地震保険

地震、噴火、津波による火災・損壊・埋没・流失に備えるには、火災保険に付帯させて地震保険に加入する。地震保険単独での加入はできない（1）。

▶保険の対象：**居住用建物**および**家財**

※家財は1個または1組が30万円を超える貴金属等は対象外

▶保険金額（2） よくでる

- 火災保険（主契約）の［30］～［50］％の範囲内
- 上限金額は建物［5,000］万円、家財［1,000］万円

▶保険料：どの保険会社も同じ

- 建物の**所在地の都道府県**と、**建物の構造**で決まる（1）
- 割引制度は次の4つあるが重複利用は［できない］（3(1)）

①建築年割引　②耐震等級割引　③免震建築物割引　④耐震診断割引

※地震保険料控除についてはP115参照

▶保険金：損害の程度を［4］区分し、そのいずれかに該当した場合、その区分に応じて支払われる（1 3(2)）。

全損	保険金額の100％
大半損	60％
小半損	30％
一部損	5％

◆地震保険もう少し詳しく さらっと

日本は地震多発国だが、地震リスクには大数の法則が働かず、損害も巨大になる可能性があって、民間損害保険会社だけで担うことは困難だった。そのため、地震保険は政府が再保険※を引き受ける官民共同の保険として創設された。1回の地震等による地震保険の総支払限度額が定められている。

※再保険制度：保険会社が保険責任の全部または一部を他に転化する方法

ポイント **地震保険の保険金額について、主契約の30～50%、上限は建物5,000万円、家財1,000万円、は頻出です。**

□ 自動車保険

問1 次の文章の（　　　）内にあてはまる最も適切な語句の組合せを1～3のなかから選び、その番号を記しなさい。

⑴自動車損害賠償責任保険（自賠責保険）において、被害者1人当たりの保険金の支払限度額は、加害車両が1台の場合、死亡による損害については（　①　）、傷害による損害については（　②　）である。

1．①3,000万円　　②120万円
2．①3,000万円　　②150万円
3．①4,000万円　　②150万円

(2023.09)

⑵自動車を運行中にハンドル操作を誤ってガードレールに衝突し、被保険者である運転者がケガをした場合、（　　　）による補償の対象となる。

1．対人賠償保険
2．人身傷害補償保険
3．自動車損害賠償責任保険

(2023.01)

問2 次の文章を読んで、正しいものまたは適切なものには○を、誤っているものまたは不適切なものには×をつけなさい。

⑴自動車保険の人身傷害保険では、被保険者が被保険自動車を運転中、自動車事故により負傷した場合、損害額から自己の過失割合に相当する部分を差し引いた金額が補償の対象となる。

(2023.05)

⑵自動車保険の車両保険では、一般に、被保険自動車が洪水により水没したことによって被る損害は、補償の対象となる。

(2023.09)

A 答えと解説　実技(協会資産)

答え　問1 (1)[1](2)[2]　問2 (1)[×](2)[○]

自動車保険は、強制保険と任意保険があります。違いに注意しながら、カバーする範囲を確認してください。

◆自動車損害賠償責任保険(自賠責保険)

すべての車(原付含む)に加入が義務付けられている**強制保険**。保険金は、**対人賠償事故**に限る。被害者に対して支払われる。

保険金額の限度額 よくでる (1(1))	・死亡:最高[3,000]万円 ・後遺障害:最高[4,000]万円 ・傷害:最高[120]万円 ※被害者1人ごとの額。1事故当たりの限度額は無い
保険金支払	・保険金は加害者からだけでなく被害者からの請求でも支払われる ・飲酒運転・無免許運転の場合も支払われる(被害者救済)

◆自動車保険(任意加入)

自賠責保険でカバーできない部分を任意加入の保険で補う。

保険	対象	補償・保険金支払の内容
対人賠償保険※	人	自動車事故で他人を死傷させた場合、自賠責保険の支払額を超える部分について保険金が支払われる
人身傷害補償保険 よくでる	人	自動車事故(単独事故含む(1(2)))で死傷した場合、過失の有無に[関係なく](2(1))、示談交渉前に保険金額の範囲内で保険金が支払われる
搭乗者傷害保険 さらっと	人	自動車事故で搭乗者(運転者・同乗者)が死傷した場合に支払われる
無保険車傷害保険 さらっと	人	対人賠償保険が十分でない自動車との事故で、被保険者が死亡・後遺障害等を負った場合に支払われる
自損事故保険 さらっと	人	自賠責保険で補償されない単独等の自動車事故で、自動車の保有者・運転者・同乗者が死傷した場合に支払われる
対物賠償保険※	物	自動車事故で他人の財物を壊すなどして損害賠償責任を負った場合に支払われる
車両保険	車	対象の車が、衝突、火災、盗難、爆発、台風、[洪水]等偶然な事故に遭った場合に支払われる(2(2)) 地震・噴火・津波による損害額は補償対象[外]だが、特約を付加すれば補償対象[となる]

※被害者救済のため、無免許運転・飲酒運転の場合も支払われるが、被保険者本人・父母・配偶者・子の場合は支払対象外となる。

ポイント　**まずは自賠責保険と人身傷害補償保険、車両保険を確認。**

問1 次の文章を読んで、正しいものまたは適切なものには○を、誤っているものまたは不適切なものには×をつけなさい。

(1)普通傷害保険では、特約を付帯していない場合、細菌性食中毒は補償の対象とならない。

(2023.05)

(2)家族傷害保険の被保険者の範囲には、被保険者本人と生計を共にする別居の未婚の子も含まれる。

(2021.05)

(3)国内旅行傷害保険では、一般に、国内旅行中にかかった細菌性食中毒は補償の対象とならない。

(2022.05)

問2 次の文章の（　　　）内にあてはまる最も適切な語句の組合せを1～3のなかから選び、その番号を記しなさい。

海外旅行保険では、海外旅行中に発生した地震によるケガは（　①　）、海外旅行から帰宅途中の日本国内で起きた事故によるケガ（　②　）。

1. ①補償の対象となり　②も補償の対象となる
2. ①補償の対象となるが　②は補償の対象とならない
3. ①補償の対象とならないが　②は補償の対象となる

(2019.05)

A 答えと解説 実技(協会資産)

答え 問1 (1) [○] (2) [○] (3) [×] 問2 [1]

傷害保険は、普通傷害保険、国内旅行傷害保険、海外旅行傷害保険の内容と補償対象をおさえましょう。

◆傷害保険

▶普通傷害保険

「急激かつ偶然な外来の事故」、つまり突発的で予知できない、身体の外からの作用で生じたことによる傷害が補償対象。国内外を問わず、日常生活、就業中、通勤中、旅行中も対象となる。保険料は性別・年齢は問わず同一だが、職業(職務の危険度)により異なる。

補償対象	国内外を問わず、日常生活、就業中、通勤中、旅行中
補償対象外 よくでる	・**地震、噴火、津波**等による傷害 ・[細菌性食中毒]、ウイルス性食中毒 (1(1)) ※いずれも補償対象にするには特約を付帯する必要がある

▶家族傷害保険

家族全員について、普通傷害保険の補償対象とする保険。

家族の範囲	[傷害発生] 時に以下の範囲の家族 ・被保険者本人、配偶者、同一生計の同居親族、同一生計の [別] 居の [未婚] の子 (1(2))

▶国内旅行傷害保険、海外旅行傷害保険 よくでる

	補償対象	食中毒	地震・噴火・津波
国内旅行傷害保険	国内旅行中の傷害	対象に [なる] (1(3))	対象に [ならない]
海外旅行傷害保険	海外旅行中の傷害	対象に [なる]	対象に [なる] (2)

どちらも、その旅行のために家を出発してから家に帰宅するまでの間を補償する (2)。

ポイント 食中毒と、地震・噴火・津波が特約なしで補償対象となるかどうかを整理して覚えましょう。

□ 賠償責任保険

問1 次の文章の（　　　）内にあてはまる最も適切な文章を１～３のなかから選び、その番号を記しなさい。

(1)個人賠償責任保険（特約）では、被保険者が、（　　　）、法律上の損害賠償責任を負うことによって被る損害は、補償の対象とならない。

1．自宅のベランダから誤って植木鉢を落として駐車中の自動車を傷付けてしまい
2．買い物中に誤って商品を落として破損させてしまい
3．業務中に自転車で歩行者に衝突してケガをさせてしまい

(2022.05)

(2)スーパーマーケットを経営する企業が、火災により店舗が全焼し、休業した場合の利益損失を補償する保険として、（　　　）がある。

1．請負業者賠償責任保険
2．企業費用・利益総合保険
3．施設所有（管理）者賠償責任保険

(2023.09)

問2 次の文章を読んで、正しいものまたは適切なものには○を、誤っているものまたは不適切なものには×をつけなさい。

(1)製造した食品が原因で食中毒を発生させ、顧客の身体に損害を与えたことにより、法律上の損害賠償責任を負うことによって被る損害を補償する保険として、生産物賠償責任保険（PL保険）がある。

(2022.01)

(2)スーパーマーケットを経営する企業が、店舗内に積み上げられていた商品が倒れ、顧客の頭にぶつかってケガをさせ、顧客に対して法律上の損害賠償責任を負うことによって被る損害は、施設所有（管理）者賠償責任保険の補償の対象となる。

(2022.09)

A 答えと解説 実技（協会資産）

答え 問1 (1)［3］(2)［2］ 問2 (1)［○］(2)［○］

賠償責任保険は、偶然の事故によって他人に対して法律上の損害賠償責任を負ったときに補償する保険です。個人向けと企業向けを確認します。

◆個人賠償責任保険（個人賠償責任保険特約）

日常生活において、偶然の事故によって他人の身体や財物に損害を与えてしまい、損害賠償責任を負ったときに保険金が支払われる。傷害保険等に特約として付帯することもできる。

補償対象者	1つの契約で家族全員が補償対象となる。 ・被保険者本人、配偶者、同一生計の同居親族、同一生計の別居の未婚の子
補償対象外 よくでる	・［業務］中（職務遂行中）の賠償事故（1(1)） ・［自動］車運転中の事故
補償対象の具体例	・散歩中、飼い犬が他人を噛んでケガをさせた ・［自転］車で走行中、歩行者にぶつかりケガをさせた ・買い物中に誤って商品を破損、ベランダから植木鉢を落として他人の財物を破損（1(1)） 等

◆企業を対象とする保険

賠償責任保険	**生産物賠償責任保険（PL保険）** よくでる	製造・販売・提供した製品の欠陥や、仕事の結果が原因で生じた事故に対する損害賠償責任を補償（2(1)） （例）提供した料理・食品が原因で食中毒が発生した
	施設所有（管理）者賠償責任保険 よくでる	施設の所有・使用・管理または施設における業務の遂行による事故に対する損害賠償責任を補償（2(2)） （例）店舗の床が濡れていて顧客が転倒、ケガをした
	受託者賠償責任保険	他人から預かった物の盗難や紛失による損害賠償責任を補償 （例）クロークで預かった顧客のコートを紛失した
	請負業者賠償責任保険	建築・土木等工事の請負業者が業務の遂行に伴って生じた事故による損害賠償責任を補償
その他	**企業費用・利益総合保険**	火災や爆発等によって事務所・店舗の建物や設備、什器、商品等の物的損害が生じて、事業活動を休止した場合の休業の利益損失を補償（1(2)）

ポイント **個人賠償責任保険は業務中や自動車運転中は対象外です。**

□ 損害保険金と税金、地震保険料控除

問 1 次の文章の（　　）内にあてはまる最も適切な語句または語句の組合せを１～３のなかから選び、その番号を記しなさい。

(1)歩行中に交通事故でケガをし、加害車両の運転者が加入していた自動車保険の対人賠償保険から受け取った保険金は、所得税において、（　　）とされる。

１．一時所得

２．雑所得

３．非課税所得

(2022.09)

(2)所得税において、個人が支払う地震保険の保険料に係る地震保険料控除は、原則として、（　①　）を限度として年間支払保険料の（　②　）が控除額となる。

１．①　５万円　　②全額

２．①　５万円　　②２分の１相当額

３．①10万円　　②２分の１相当額

(2022.05)

A 答えと解説

答え 問1 (1) [3] (2) [1]

損害保険金の税金は原則非課税ですが、一部課税対象のものがあります。地震保険料控除は地震保険料のみが対象です。

◆損害保険金の税金

▶非課税となるもの

個人が受け取る損害保険金は、原則非課税（1(1)）。

▶課税となるもの

傷害保険の死亡保険金	生命保険の死亡保険金と同様。契約者（保険料負担者）・被保険者・受取人の関係性で相続税・所得税・贈与税の対象となる ※満期保険金（返戻金）、年金、解約返戻金も生命保険と同様
自動車保険の死亡保険金	一部を除き、生命保険の死亡保険金と同様

※生命保険の保険金についてはP97参照

◆地震保険料控除 よくでる

個人が契約する地震保険の保険料は、地震保険料控除の対象となる。

所得税（1(2)）	**その1年間に支払った地震保険料の[全額]（最高[50,000]円）**
住民税	その1年間に支払った地震保険料の2分の1（最高25,000円）

主契約の火災保険の保険料部分は対象にならない。

◆個人事業主、法人契約の損害保険料の取扱い さらっと

個人事業主が事業・業務に関連して支払った損害保険料（掛捨てのもの）は全額必要経費として処理できる。

法人が支払った損害保険料は、当該年度に係る部分は原則として損金算入できる（満期返戻金のない契約の場合）。

ポイント 地震保険料控除の「全額」と「最高50,000円」は頻出です。

金融資産運用

ここで学ぶこと

- □ 経済指標、金融市場
- □ 預金と金利
- □ 債券
- □ 株式
- □ 投資信託
- □ 外貨建て商品
- □ ポートフォリオ運用・デリバティブ
- □ 保護制度と法律
- □ 非課税制度

ライフプランにおいて資産形成は重要なテーマです。金融商品を活用するには、商品の知識に加えて経済や金融の知識も欠かせません。

試験では、経済指標・金融市場に関してはGDPや景気動向指数、為替の変動要因が頻出です。預金では複利の計算、債券では格付と利回り、株式では売買時のルールや投資指標、投資信託では運用手法やコスト、分配金、外貨建て商品では両替時の為替レート（TTS、TTB）をおさえておきましょう。ポートフォリオの相関係数、デリバティブのオプション料も出題されています。保護制度では預金保険制度、非課税制度ではNISAは必須事項です。

❶ 経済指標、金融市場

❶景気をみる指標

	管轄	公表
GDP（国内総生産）	内閣府	4半期ごと
景気動向指数	内閣府	毎月
日銀短観	日本銀行	4半期ごと
マネーストック統計	日本銀行	毎月

❷金融市場

・公開市場操作：買いオペレーションで市中の通貨量は**増加**。

・海外の市場金利が上昇して日本と金利差拡大。➡**円安・外貨高**になる。

❷ 預金と金利

▶金利

複利計算：**元利合計額＝元本×（1＋利率）**^{預入年数}

❸ 債券

❶債券価格の変動要因

一般に**金利が上昇**すると**債券価格は**下がり、**金利が下落**すると**債券価格は**上がる。

❷債券の信用リスクと格付

一般にBBB（トリプルB）**格**以上が投資適格債とされる。一般に格付の高い債券ほど利回りは**低く**なる。

格付	AAA	AA	A	**BBB**	BB	B	CCC	CC	C	…
分類	**投資適格債**				**投機的格付債**（投資不適格債）					
リスク	低い ◀――― 信用リスク ―――▶ 高い									
利回り	低い ◀――― 債券の利回り ―――▶ 高い									

❸債券の種類

▶個人向け国債

固定3年、固定5年、変動10年の3種類がある。

償還期限	10年	5年	3年
金利の種類	変動金利	固定金利	固定金利
発行頻度	毎月（年12回）		
購入単位	**1万円単位**		
利払い	半年ごと年2回		
金利の下限	0.05%		
中途換金	発行から1**年経過していれば換金できる**		

❹債券の利回り

表面利率ではなく、購入金額に対する利回りを計算する。

▶最終利回り（単利）

$$\text{最終利回り（\%）}=\frac{\left(\text{表面利率}+\dfrac{\text{額面金額（100円）}-\text{購入価格}}{\text{残存期間}}\right)}{\text{購入価格}}\times 100$$

▶所有期間利回り

$$\text{所有期間利回り（\%）}=\frac{\left(\text{表面利率}+\dfrac{\text{売却価格}-\text{購入価格}}{\text{所有期間}}\right)}{\text{購入価格}}\times 100$$

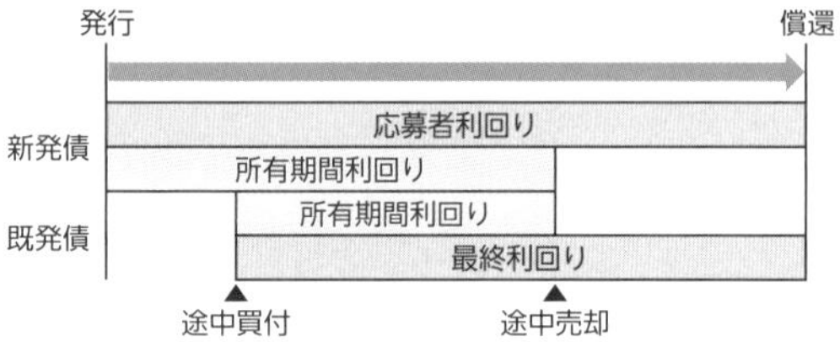

応募者利回り	新しく発行された債券を購入し満期まで保有した場合の利回り
所有期間利回り	購入した債券を満期まで保有せず途中で売却した場合の利回り
最終利回り	既に発行の債券を途中で購入し満期まで保有した場合の利回り

4 株式

❶株式市場の指標

日経平均株価（日経225）：東証プライム市場に上場する**225銘柄**を対象に、連続性が保たれるように調整された修正平均株価。値がさ株（株価が高い銘柄）の値動きに影響を受けやすい

東証株価指数（TOPIX）：東証プライム市場を中心に流通株式**時価総額の大きい銘柄**を対象として、基準時を100として算出する加重平均株価指数。時価総額が大きい株式の値動きに影響を受けやすい

❷株式の売買のルール

▶注文優先の原則

価格優先	売り価格が最も低い注文、買い価格が最も高い注文を優先
時間優先	同一価格の注文は早く注文を出した方を優先
成行注文優先	指値注文より**成行注文を優先**

▶約定から受渡まで

約定日を含めて3営業日目の日に株式名義が購入者に変わる。この名義が変わる日を「**決済日**」または「**受渡《うけわたし》日**」という。

❸株式と税金

▶証券会社の取引口座

口座の種類		**特徴**
一般口座		確定申告は**必要**
特定口座	源泉徴収**なし**	確定申告は**必要**
	源泉徴収**あり**	**源泉徴収**され、原則、確定申告は不要
NISA口座		**非課税**（確定申告は不要）

▶株式（上場株式）の課税

配当金と譲渡益に所得税・復興特別所得税・住民税が課税される。

配当金	**配当所得**	源泉徴収され、申告不要。総合課税、申告分離課税も選択可
譲渡益	譲渡所得	原則、申告分離課税

税率20.315％（所得税＋復興特別所得税15.315％、住民税５％）

❹投資指標

▶PER（株価収益率）

株価が１株当たり純利益の何倍かを計算。

$$\text{PER（倍）} = \frac{\text{株価}}{\text{1株当たり当期純利益}}$$

▶PBR（株価純資産倍率）

株価が１株当たり純資産の何倍かを計算。

$$\text{PBR（倍）} = \frac{\text{株価}}{\text{1株当たり純資産}}$$

▶配当利回り

株価に対する年間配当金の割合をみる指標。

$$\text{配当利回り（％）} = \frac{\text{1株当たり年間配当金}}{\text{株価}} \times 100$$

5 投資信託

❶投資信託の分類

▶投資対象による分類

公社債投資信託	公社債で運用される。株式の組み入れが一切できない
株式投資信託	株式の組み入れができる

▶運用手法による分類

パッシブ運用	ベンチマークに連動する運用成果を目標にする手法
アクティブ運用	ベンチマークを上回る運用成果を目標にする手法

・アクティブ運用における組入れ銘柄の決定方針による分類

バリュー投資	企業の資産や利益水準からみた理論上の株価より割安の銘柄（割安株）に投資する
グロース投資	将来の成長性に期待できる銘柄（成長株）に投資する

▶市場に上場している投資信託

ETF（上場投資信託）	一般に特定の相場指標に連動する運用成果を目指す 日経平均株価、TOPIX等
J-REIT（上場不動産投資信託）	投資家の資金を複数の不動産に分散投資する。賃料収入や売買益から分配金（配当）を受け取る

❷投資信託のコスト

投資信託のコスト（費用）は購入時、保有中、売却時のものがある。

	費用の種類	主な内容
購入時	購入時手数料（販売手数料）	購入時、販売会社に払う手数料 ・かからない「**ノーロードファンド**」もある
保有中	運用管理費用（信託報酬）	運用のための費用や情報開示に対する費用 ・信託財産の残高から、**毎日差し引かれる**
売却時（換金時）	信託財産留保額	換金の際に徴収される費用 ・差し引かれた金額は、解約分の売却時にかかる手数料分として解約した投資家が負担し**信託財産に残す** ・信託財産留保額がない投資信託もある

❸投資信託の収益分配金

投資信託の分配金には次の２種類がある。

普通分配金	・投資信託の値上がり部分から分配されたもの ・収益として所得税・住民税が**課税される**
元本払戻金（特別分配金）	・元本の払戻し部分 ・元本の一部払い戻しの性質のため**非課税**

6 外貨建て商品

▶為替レート（為替相場）：３種類がある

TTS（対顧客電信売相場）	**円を外貨に**換えるときの為替レート
TTM（仲値）	為替取引の基準となる為替レート
TTB（対顧客電信買相場）	**外貨を円に**換えるときの為替レート

7 ポートフォリオ運用・デリバティブ

❶ポートフォリオとポートフォリオ運用

▶ポートフォリオの期待収益率

各資産の期待収益率をその構成割合による加重平均で計算する。

（２資産の場合）A資産の期待収益率×A資産の投資比率
＋B資産の期待収益率×B資産の投資比率

▶相関係数

リスクの低減効果は相関係数「－１（まったく逆の動きをする）」のときが**最も大きい**。

❷デリバティブ

▶オプション取引とオプション料

オプション取引では、「買う権利」を**コール・オプション**、「売る権利」を**プット・オプション**という。この「買う権利」と「売る権利」を売買するとき、買い手は売り手に**プレミアム**（オプション料）を支払う。

8 保護制度と法律

▶預金保険制度：預金者等の保護をする制度。

保護の範囲	・一般の預貯金：１人１金融機関につき元本1,000**万円までとその利息** ・決済用預金：**全額保護**（決済用預金は無利子（利子なし）、要求払い（いつでも引き出せる）、決済サービス（口座引落し可）の３条件を満たすもの）
保護の対象外	外貨預金、譲渡性預金　等

9 非課税制度

▶NISA

NISA口座内で売買して得た配当所得・譲渡所得については**非課税**になる制度。

〈NISAの概要〉

	つみたて投資枠	**成長投資枠**
対象者	日本に居住している**18歳**以上	
非課税の対象	投資対象の金融商品から生じる配当金、分配金、譲渡益	
非課税期間	無期限	
非課税枠	1,800**万円**　※非課税枠は翌年以降再利用できる	
		うち**1,200万円**
年間投資枠	120**万円**	240**万円**
投資対象商品	**長期・積立・分散投資**に適した一定の株式投資信託、ETF	**上場株式**（国内、海外）、株式投資信託、ETF（国内、海外）、**J-REIT**、海外REIT　等
その他	・特定口座や一般口座で生じた配当金・分配金・譲渡損益と損益通算できない ・特定口座・一般口座の金融商品をNISA口座に移管できない	

■財形貯蓄制度

勤務先が制度を設けた勤労者のみ利用可。財形住宅と財形年金は利子が非課税。

	財形住宅貯蓄	**財形年金貯蓄**	**一般財形貯蓄**
申込可能者	55**歳未満**の勤労者		勤労者
契約数	それぞれ１人１契約のみ		制限なし
目的	住宅の新築・取得資金	老後資金づくり	制限なし
積立期間	**５年以上** （住宅資金は５年未満も可）	５年以上	原則３年以上
非課税範囲	貯蓄型の場合、合算して **元利合計550万円までの利子等**		なし

経済指標・金融市場

□経済指標

問1 次の文章の（　　　）内にあてはまる最も適切な語句または語句の組合せを1～3のなかから選び、その番号を記しなさい。

(1)わが国の経済指標において、一定期間内に国内で生産された財やサービスの付加価値の合計額を（　①　）といい、その統計は（　②　）が作成し、公表している。

1．①マネーストック　②日本銀行
2．①国内総生産（GDP）　②日本銀行
3．①国内総生産（GDP）　②内閣府　(2022.05)

(2)一定期間内に国内で生産された財やサービスの付加価値の合計額から物価変動の影響を取り除いた指標を、（　　　）という。

1．実質GDP
2．名目GDP
3．GDPデフレーター　(2021.01)

(3)景気動向指数において、有効求人倍率（除学卒）は、（　　　）に採用されている。

1．先行系列
2．一致系列
3．遅行系列　(2022.09)

問2 次の文章を読んで、正しいものまたは適切なものには○を、誤っているものまたは不適切なものには×をつけなさい。

(1)景気動向指数において、コンポジット・インデックス（CI）は、景気拡張の動きの各経済部門への波及度合いを測定することを主な目的とした指標である。　(2023.09)

(2)全国企業短期経済観測調査（日銀短観）は、企業間で取引されている財に関する物価の変動を測定した指標である。　(2021.01)

(3)マネーストック統計は、一般法人、個人、地方公共団体などの通貨保有主体が保有する通貨量の残高を集計したものである。(2021.09)

A 答えと解説

答え 問1 (1)[3](2)[1](3)[2] 問2 (1)[×](2)[×](3)[○]

景気をみる指標としてGDP、景気動向指数、日銀短観、マネーストック統計を、物価をみる指標として消費者物価指数を確認します。

◆景気をみる指標

▶GDP（国内総生産） よくでる

一定期間内に国内でつくり出されたモノ・サービス等の付加価値の合計額。[内閣府]が4半期ごとに公表する（1(1)）。物価変動を反映した[名目] GDPと物価変動の影響を取り除いた[実質] GDPがある（1(2)）。

▶景気動向指数 よくでる

景気の現状把握と将来予測のために、景気に敏感な30の指標を統合したもの。2種類あるが現在はCIが中心。[内閣府] が毎月公表する。

CI（コンポジット・インデックス）（2(1)）	**景気変動の大きさやテンポ（量感）を測定**することを目的とする
DI（ディフュージョン・インデックス）	景気の各経済部門への**波及度合い**を測定することを目的とする

30の指標はそれぞれ3つの系列に分類される。

系列	動き	主な指標
先行系列	景気の動きに先行	新規求人数（除学卒）、東証株価指数
一致系列	景気の動きに一致	[有効求人倍率（除学卒）]（1(3)）
遅行系列	景気の動きに遅れる	完全失業率、消費者物価指数

▶日銀短観（全国企業短期経済観測調査） よくでる

全国の企業経営者に企業の現状や将来の見通しについてアンケート方式で実施する調査（2(2)）。**業況判断DI**が最も注目される。[日本銀行]が3か月に1度公表する。

業況判断DI = [業況が「よい」と答えた企業の割合]
− [業況が「悪い」と答えた企業の割合]

▶マネーストック統計

個人や一般法人、地方公共団体などが保有する通貨量の残高を集計したもの（金融機関と中央政府は除く）（2(3)）。[日本銀行]が毎月公表する。

◆物価をみる指標

消費者物価指数は、全国の世帯が購入する財・サービスの価格変動を指数化したもの。[総務省] が毎月公表する。「企業物価指数」もある。

□ 金融市場と変動要因

問 1 次の文章の（　　）内にあてはまる最も適切な語句の組合せを1～3のなかから選び、その番号を記しなさい。

日本銀行の金融政策の1つである（　①　）により、日本銀行が長期国債（利付国債）を買い入れた場合、市中に出回る資金量が（　②　）する。

1．①預金準備率操作　②増加
2．①公開市場操作　②増加
3．①公開市場操作　②減少

(2023.01)

問 2 次の文章を読んで、正しいものまたは適切なものには○を、誤っているものまたは不適切なものには×をつけなさい。

米国の市場金利が上昇し、日本と米国の金利差が拡大することは、一般に、米ドルと円の為替相場において米ドル安、円高の要因となる。

(2023.01)

A 答えと解説

答え 問1 [2] 問2 [×]

金融市場のうち短期金融市場、日銀の金融政策のうち公開市場操作、為替の変動要因をおさえましょう。

◆金融市場

取引期間**1年**を基準に、**短期**（1年より短い）と**長期**（1年より長い）に分けられる。短期金融市場は、参加者が**金融機関限定**の［インターバンク］市場と、一般企業も参加できるオープン市場に分けられる。

短期金融市場（取引期間**1年より短い**）	［インターバンク］市場	金融機関関係者のみが参加する。代表はコール市場（短期資金を取引する市場）
	オープン市場	一般企業も参加できる

◆日本銀行の金融政策

日本銀行が、物価の安定や持続的な経済成長等を目的として行う。

▶公開市場操作　よくでる

日本銀行が短期金融市場で債券等を売買することで金融市場の通貨量（マネタリーベース）を調整する。現在の主流。

	内容	市中の通貨量	効果	目的
買いオペレーション	日銀が金融機関等から債券等を買う	［増加］（1）	金利低下	景気低迷時の経済テコ入れ
売りオペレーション	日銀が金融機関等に債券等を売る	［減少］	金利上昇	インフレ等による景気過熱の抑制

▶預金準備率操作　さらっと

金融機関が日本銀行に無利子で預け入れる預金の一定割合（法定準備率）を上下させることにより通貨量を調整する。

◆金利の変動要因

	景気	物価	為替	通貨量
金利上昇の要因	回復	上昇	円安	減少
金利下降の要因	後退	下落	円高	増加

◆為替の変動要因　よくでる

海外の市場金利が上昇して日本との金利差が拡大する➡円を売り、外貨を購入するので円［安］・外貨［高］になる（2）。

預金と金利

□金利

問1 次の文章を読んで、正しいものまたは適切なものには○を、誤っているものまたは不適切なものには×をつけなさい。

元金1,250,000円を、年利2％（1年複利）で3年間運用した場合の元利合計金額は、税金や手数料等を考慮しない場合、1,326,510円である。

(2023.01)

問2 下記の問について解答しなさい。

FPの井上さんが行った単利と複利に関する次の説明の空欄（ア）、（イ）にあてはまる語句の組み合わせとして、最も適切なものはどれか。なお、問題作成の都合上、一部を空欄（＊＊＊）としている。

> 単利とは、当初の元金に対してのみ利息を計算する方式のことで、算出式は「＊＊＊」です。一方、複利とは一定期間ごとに支払われる利息を元本に含めて、これを新しい元金として利息を計算する方式のことをいいます。再投資される期間によって、1か月複利、半年複利、1年複利という種類があり、利率や期間など他の条件が同じであれば、利息の再投資期間が（　ア　）方が満期時の元利合計は多くなります。1年複利の元利合計額（税引前）の算出式は「(　イ　)」です。

1．（ア）長い
　（イ）元利合計額（税引前）＝元本×（1＋利率）×預入年数
2．（ア）短い
　（イ）元利合計額（税引前）＝元本×（1＋利率）^{預入年数}
3．（ア）短い
　（イ）元利合計額（税引前）＝元本×（1＋利率×預入年数）

(2023.01　実技・資産)

A 答えと解説

答え 問1［○］ 問2［2］

預金の金利の「単利型」「複利型」について、計算方法と違いを確認します。特に「複利型」での元利合計額を計算できるようにしましょう。

◆金利

▶単利と複利

単利	当初預け入れた元本に対してのみ利息が計算される **元利合計額（税引前）＝元本×｛1＋（利率×預入年数）｝**
複利 （1 2） よくでる	一定期間ごとに支払われる利息を自動的に元本に組み込み、これを新しい元本として利息が計算される **元利合計額（税引前）＝元本×（1＋利率）^{預入年数}**

問1 複利2%で3年間運用すると、
1,250,000円×(1+2%)^{3年}=1,250,000円×**1.02**×**1.02**×**1.02**=**1,326,510**円

単利と複利の比較	他の条件（預入元本、利率、満期等）が同じであれば、［**複利**］のほうが［**単利**］よりも元利合計額が多くなる
複利の再投資期間の比較	他の条件が同じであれば、利息の再投資期間が［**短い**］ほうが満期時の元利合計額が多くなる（2）

▶固定金利と変動金利

固定金利	預入れ時の金利が満期まで変わらない
変動金利	預入期間の途中でも市場金利の変動に応じて変動する

◆銀行等で扱われる金融商品 さらっと

種類	金利	預入期間	特徴
普通預金	変動	無期限	いつでも引出可。引落し用決済口座として利用可
貯蓄預金			基準残高より多いと金利が高くなる。決済用口座としては利用できない
スーパー定期預金	固定	1か月以上10年以内	預入期間1か月以上3年未満：［**単利型**］のみ 預入期間3年以上：単利型と半年複利型から選択 預入金額300万円以上：「スーパー定期預金300」
大口定期預金			預入金額1,000万円以上：「**単利型**」
期日指定定期預金		3年以内が一般的	預入れから1年経過後は任意の満期日を1か月以上前に指定できる

▶ゆうちょ銀行の預入限度 さらっと

合計2,600万円（通常貯金1,300万円＋定期性貯金1,300万円）。

債券

□債券の基礎

問1 次の文章を読んで、正しいものまたは適切なものには○を、誤っているものまたは不適切なものには×をつけなさい。

(1)一般に、市場金利が上昇すると債券価格は上昇し、市場金利が低下すると債券価格は下落する。

(2021.09)

(2)一般に、残存期間や表面利率（クーポンレート）が同一であれば、格付の高い債券ほど利回りが低く、格付の低い債券ほど利回りが高くなる。

(2023.05)

問2 次の設例に基づいて、下記の問に答えなさい。

〈設例〉（一部抜粋）
Y社債（特定公社債）に関する資料
・発行会社：国内の大手企業
・格付　　：A

ファイナンシャル・プランナーのMさんは、Y社債に投資する場合の留意点等について説明した。次の文章が適切であれば○を、不適切であれば×を記しなさい。

(1)「債券投資において、債券の格付は重要な投資指標です。一般に、BBB（トリプルB）格相当以上の格付が付与されている債券は、投資適格とされます。」

(2)「発行会社の財務状況の悪化等により、利子の支払や償還に懸念が生じるリスクを、一般に、金利リスクといいます。債券投資においては、金利リスクだけでなく、そのほかのリスクについても検討したうえで投資判断をすることが重要です。」

(2023.01　実技・個人・改)

A 答えと解説　実技（金財個人）

答え　問1 (1)［×］(2)［○］ 問2 (1)［○］(2)［×］

債券は国や企業等といった債券発行体が、投資家からお金を調達するために発行する有価証券でいわば「借用証書」。基礎事項を確認します。

◆債券の仕組み

①投資家が資金を貸す。
②債券発行体が債券を発行。
③毎年利子を支払う。
④満期が来たら元本（額面金額）を返す。
※満期まで保有せず、途中で市場価格で売却することもできる。

◆債券価格の主な変動要因

変動要因					債券価格	債券の最終利回り
金利	物価	景気	為替	⇒		
上昇	上昇	好景気	円安		［下がる］	［上がる］
下落	下落	不景気	円高		［上がる］	［下がる］

◆債券の主なリスク

金利変動リスク（価格変動リスク）	上表のとおり。金利が上がると債券価格は［下がる］（1(1)）など、債券価格は金利変動に影響を受ける
信用リスク（デフォルトリスク）	債券の発行体が元本や利息の支払遅延・支払不能に陥る可能性（2(2)）

◆債券の格付　よくでる

信用リスクを判断するものとして、第三者機関が債券を評価する。

一般に［BBB（トリプルB）］格以上が投資適格債とされる（2(1)）。一般に格付の高い債券ほど、信用リスクは低い（＝支払遅延や不能に陥る可能性が低く安全性が高い）ため、利回りは［低く］なる（1(2)）。

格付	AAA	AA	A	BBB	BB	B	CCC	CC	C	…
分類	［投資適格］債				［投機的格付］債（投資不適格債）					
リスク	低い ← 信用リスク → 高い									
利回り	低い ← 債券の利回り → 高い									

解答のヒント　問２（２）のように、金利変動リスクと信用リスクの説明が逆で出題されることもあるので要注意。金利の変動と債券価格の関係、投資適格債の格付も頻出です。

□ 債券の種類

問1 次の文章の（　　　）内にあてはまる最も適切な語句の組合せを1～3のなかから選び、その番号を記しなさい。

個人向け国債は、適用利率の下限が年（　①　）とされ、購入単価は最低（　②　）から（　②　）単位である。

1．①0.03%　　②1万円
2．①0.05%　　②1万円
3．①0.05%　　②5万円

（2021.01）

問2 下記は、個人向け国債についてまとめた表である。下表の（ア）～（ウ）に入る語句として、正しいものはどれか。

償還期限	10年	5年	3年
金利	変動金利	固定金利	固定金利
発行月（発行頻度）	毎月（年12回）		
購入単位	（　ア　）単位		
利払い	（　イ　）ごと		
金利設定方法	基準金利×0.66	基準金利－0.05%	基準金利－0.03%
金利の下限	0.05%		
中途換金	原則として、発行から（　ウ　）経過しなければ換金できない。		

1．空欄（ア）：「1万円」
2．空欄（イ）：「1年」
3．空欄（ウ）：「2年」

（2019.05　実技・資産）

A 答えと解説　実技（協会資産）

答え　問1 [2]　問2 [1]

債券の種類は、分類ごとにそれぞれの内容をさっと確認し、その後は、重点的に個人向け国債を確認しておいてください。

◆債券の種類

▶発行体による分類

国債・地方債	国や地方公共団体が発行する債券
社債	企業が発行する債券
金融債	特定の金融機関が発行する債券

▶利払い方法による分類

利付債《りつき》	定期的に一定の利子が支払われる
割引債	額面（100円）から利子相当分を差し引いた低い価格で発行され、満期には額面で償還される。利子は支払われない

◆個人向け国債　よくでる

固定3年、固定5年、変動10年の3種類がある。毎月発行され、購入単位は1万円。個人のみ購入できる。

償還期限	10年	5年	3年
金利の種類	変動金利	固定金利	固定金利
発行頻度	毎月（年12回）		
購入単位	[1万] 円単位（❶ ❷）		
利払い	[半年] ごと年2回（❷）		
金利設定方法	基準金利×0.66	基準金利－0.05%	基準金利－0.03%
金利の下限	[0.05] %（❶）		
中途換金	・発行から [1] 年経過していれば換金できる（❷） ・中途換金時は、**直前2回分の利子相当額が差し引かれる**		

※基準金利は、市場実勢利回り等を基に決定される

▶債券に関する用語

額面（額面金額）	・債券の最低購入単位のこと。債券によって異なる ・新規に債券を発行するときの価格を「**発行価格**」という。発行価格は額面100円当たりで表示される。必ずしも額面金額で発行されるわけではなく、発行価格が100円の場合**パー発行**、100円超を**オーバーパー発行**、100円未満をアンダーパー発行という
償還《しょうかん》期限	債券の保有者に、額面金額が払い戻される満期日のこと
表面利率	額面金額に対する利率のこと。「クーポンレート」ともいう

□利回り①

問 1 **次の文章の（　　　）内にあてはまる最も適切な語句を1～3のなかから選び、その番号を記しなさい。**

表面利率（クーポンレート）3％、残存期間2年の固定利付債券を、額面100円当たり105円で購入した場合の最終利回り（年率・単利）は、（　　　）である。なお、税金等は考慮しないものとし、計算結果は表示単位の小数点以下第3位を四捨五入している。

1．0.48％
2．0.50％
3．0.53％

(2023.09)

A 答えと解説　実技（金財個人）

答え　問1 [1]

債券の収益は、額面に対する「表面利率」だけでは判断できません。投資判断においては、購入金額に対する利回りが重要です。

◆債券の利回り

債券の利回りは、ある一定期間で得られる利益を1年当たりに換算し、購入金額で割って計算したもの。購入タイミング（発行時か途中買付か）と、満期（償還期限）まで保有したか、途中で売却したかで名称が変わる。

▶債券の利回りの主な種類

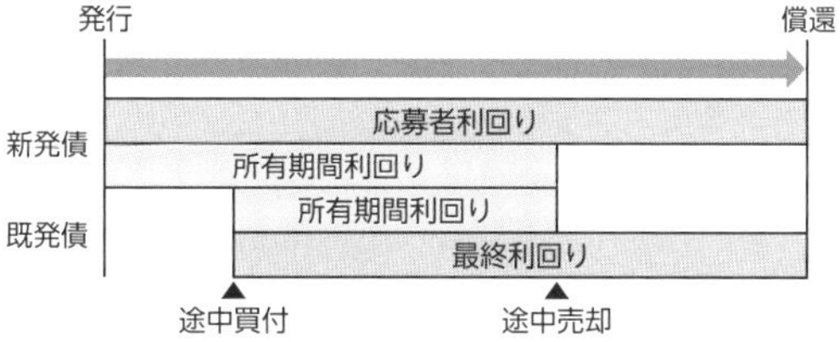

応募者利回り	新しく発行された債券を購入し満期まで保有した場合の利回り
所有期間利回り	購入した債券を満期まで保有せず途中で売却した場合の利回り
最終利回り	既に発行の債券を途中で購入し満期まで保有した場合の利回り

▶応募者利回り（単利）

$$\text{応募者利回り（\%）}=\frac{\left(\text{表面利率}+\dfrac{\text{額面金額（100円）}-\text{[発行] 価格}}{\text{償還期限}}\right)}{\text{[発行] 価格}}\times 100$$

▶最終利回り（単利）（1）　よくでる

$$\text{最終利回り（\%）}=\frac{\left(\text{表面利率}+\dfrac{\text{額面金額（100円）}-\text{[購入] 価格}}{\text{残存期間}}\right)}{\text{[購入] 価格}}\times 100$$

問1 最終利回りの計算

最終利回り＝[{表面利率3%＋（額面金額100円－購入価格105円）÷残存期間2年}÷購入価格105円]×100

＝[{3%＋(－5円÷2年)}÷105円]×100

＝[(3－2.5)÷105]×100＝0.476…→0.48%

□ 利回り②

問 1 次の文章の（　　　）内にあてはまる最も適切な語句を１～３のなかから選び、その番号を記しなさい。

表面利率（クーポンレート）２％、残存期間５年の固定利付債券を、額面100円当たり104円で購入し、２年後に額面100円当たり102円で売却した場合の所有期間利回り（年率・単利）は、（　　　）である。なお、税金や手数料等は考慮しないものとし、計算結果は表示単位の小数点以下第３位を四捨五入している。

1．0.96％
2．1.54％
3．2.88％

(2023.05)

A 答えと解説　実技（金財個人）

答え　問1 ［1］

発行時に買ったか途中で買ったかにかかわらず、買った債券を満期まで待たずに途中で売った場合の利回りが所有期間利回りです。

▶所有期間利回り（1）　よくでる

$$\text{所有期間利回り（\%）} = \frac{\left(\text{表面利率} + \dfrac{[\text{売却}]\text{価格} - [\text{購入}]\text{価格}}{\text{所有期間}}\right)}{[\text{購入}]\text{価格}} \times 100$$

問1 所有期間利回りの計算

所有期間利回り＝［｛表面利率2％＋（売却価格102円－購入価格104円）÷所有期間2年｝÷購入価格104円］×100
＝［｛2％＋（－2円÷2年）｝÷104円］×100
＝［（2－1）÷104］×100＝0.961…→0.96％

▶3つの利回り（応募者・所有期間・最終）計算のまとめ

用語は異なるが計算式の構造は同じ。3つとも次の手順で計算を行う。

❶：「売却した金額または満期で得た金額」から「購入した金額」を引く。
❷：❶の値をその債券の所有期間で割る（残存期間、償還期限は結局所有期間ということ）。　※マイナス（－）値のこともある。
❸：表面利率に❷の値を加える。
❹：❸の値を「購入金額」で割り、100を乗じる。

▶直接利回り　さらっと

購入金額に対して毎年いくらの利息収入があるかをみる場合の利回り。

$$\text{直接利回り（\%）} = \frac{\text{表面利率}}{\text{購入価格}} \times 100$$

ポイント　所有期間利回りとP133の最終利回りが頻出です。「3つの利回り計算のまとめ」で、計算の手順を確認しておきましょう。

株式

□ 株式の基本と株価指標

問 1 次の文章を読んで、正しいものまたは適切なものには○を、誤っているものまたは不適切なものには×をつけなさい。

⑴日経平均株価は、東京証券取引所プライム市場に上場する代表的な225銘柄を対象として算出される株価指標である。

(2023.01)

⑵東証株価指数（TOPIX）とは、東京証券取引所プライム市場を中心に流通株式時価総額の大きい銘柄を対象とする株価指数である。

(2020.09・改)

A 答えと解説

答え 問 1 (1) [○] (2) [○]

株式は証券取引所を通じて売買され、価格変動のある有価証券のため値上がり・値下がりします。株式市場と指標を確認しましょう。

◆株式の仕組み

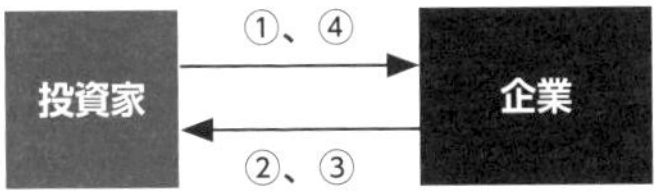

①投資家が資金を出資（株を買う）。
②株式を発行。
③配当金を支払う・株主優待を提供。
④経営に参加する（株主総会の議決権）。

◆一般的に考えられる株価の変動要素 さらっと

変動要因				株価
金利	景気	業績	⇒	
低下	好景気	回復		[上がる]
上昇	不景気	後退		[下がる]

◆株式の流通市場

日本の証券取引所は、**東京証券取引所**、名古屋証券取引所、札幌証券取引所、福岡証券取引所がある。

▶東京証券取引所の市場

プライム市場、スタンダード市場、グロース市場の３市場がある。

◆株式市場の指標 よくでる

株式市場全体の動きを知るため、指標を活用する。

日経平均株価（日経225）
東証［プライム］市場に上場する［225］銘柄を対象（1(1)）に、連続性が保たれるように調整された修正平均株価。値がさ株（株価が高い銘柄）の値動きに影響を受けやすい
東証株価指数（TOPIX）
東証［プライム］市場を中心に［流通株式時価総額］の大きい銘柄を対象として（1(2)）、基準時を100として算出する加重平均株価指数。時価総額が大きい株式の値動きに影響を受けやすい

▶株式市場に関する用語

出来高	売買取引が成立した株数。売買高。
時価総額	上場銘柄の終値に発行済株式数を掛けて合計する（各銘柄の時価総額によって企業の規模を、また、全銘柄の時価総額を合計することにより株式市場全体の規模を知ることができる）。

ポイント **日経平均株価、TOPIXは必須項目です。**

□ 株式売買

問1 次の文章を読んで、正しいものまたは適切なものには○を、誤っているものまたは不適切なものには×をつけなさい。

証券取引所における株式の売買において、成行注文は指値注文に優先して売買が成立する。

(2021.05)

問2 下記の問について解答しなさい。

東京証券取引所に上場されている国内株式の買い付け等に関する次の記述のうち、最も適切なものはどれか。なお、解答に当たっては、下記のカレンダーを使用すること。

2024年3月／4月						
日	月	火	水	木	金	土
3/24	25	26	27	28	29	30
31	4/1	2	3	4	5	6

※網掛け部分は、市場休業日。

1. 3月29日に国内上場株式を買い付けた場合、受渡日は4月2日である。
2. 配当金の権利確定日が3月29日である国内上場株式を3月28日に買い付けた場合、配当金を受け取ることができる。
3. 権利確定日が3月29日である国内上場株式の権利落ち日は、4月1日である。

(2023.09 実技・資産・改)

解答のヒント

問2 1. 約定日(売買成立日3/29)➡3営業日目を確認しましょう。 2. 権利確定日(3/29)から3営業日遡った日に約定している必要があります。3. 権利確定日(3/29)から3営業日遡った日が「権利付き最終日」、その翌営業日が権利落ち日、であれば…?
それぞれ、土日・祝日は含まない点と、『3営業日』は当日も含めて数える点に注意してカレンダーを確認しましょう。

A 答えと解説　実技(金財個人、協会資産)

答え 問1 [○] 問2 [1]

株式（上場株式）は、買った当日に権利が得られるわけではありません。用語の意味とルールをきちんと理解しておきましょう。

◆株式の売買のルール

▶売買単位：100株単位

▶株式の注文：注文方法は2種類ある。

・成行《なりゆき》注文：売買価格を指定せず、銘柄と数量だけを指定する方法

・指値注文：売買価格を指定する方法

証券取引所では、次の注文優先の原則で取引を成立させている。

価格優先	売り価格が最も低い注文、買い価格が最も高い注文を優先
時間優先	同一価格の注文は早く注文を出した方が優先
[成行] 注文優先	[指値] 注文より [成行] 注文を優先 (1)

▶約定から受渡まで　よくでる

売買が成立することを約定《やくじょう》という（約定日＝株式売買成立日）。

約定日を含めて [3] 営業日目※の日に株式名義が購入者に変わる。この名義が変わる日を「**決済日**」や「**受渡日**《うけわたし》」ともいう（2）。

※数えるのは営業日のみで土日や祝日は含まない

〈約定日と決済日の例〉

木	金	土	日	月
約定日	(営業日)	休み	休み	決済日

◆配当の「権利確定日」と「権利落ち日」（2）

企業が配当を行う場合「**権利確定日**」を定め、その日の株主名簿に載っている株主に配当金を付与する。株主名簿に載るには「権利確定日」から遡って[3]営業日前までに約定する必要がある。3営業日前の日を「**権利付き最終日**」という。権利付き最終日の翌営業日は配当金を受け取る権利がなくなることから「**権利落ち日**」と呼ばれる。

〈権利確定日、権利付き最終日、権利落ち日の例〉

木	金	土	日	月
権利付き最終日	権利落ち日	休み	休み	権利確定日

□ 株式と債券の税金

問1 次の設例に基づいて、下記の問に答えなさい。

〈設例〉（一部抜粋）
X社株式（東京証券取引所プライム市場上場銘柄）
決算期：2024年9月30日（月）（配当の権利が確定する決算期末）

ファイナンシャル・プランナーのMさんは、X社株式の購入についてAさんにアドバイスをした。MさんのAさんに対するアドバイスとして、次のうち最も適切なものはどれか。

1.「上場株式を証券取引所の普通取引で売買したときの受渡しは、原則として、約定日（売買成立日）から起算して4営業日目に行われます。」
2.「Aさんは、権利付き最終日である2024年9月30日（月）までにX社株式を買付約定すれば、X社株式の次回の期末配当を受け取ることができます。」
3.「Aさんが特定口座（源泉徴収あり）でX社株式を株価2,500円で100株購入し、同年中に株価3,000円で全株売却した場合、その他の取引や手数料等を考慮しなければ、譲渡益5万円に対して20.315％相当額が源泉徴収等されます。」

（2023.05　実技・個人・改）

解答のヒント

問1 選択肢1と2は、P139のテーマの問題です。

1. 約定日（売買成立日）➡受渡日は約定日を含めて何営業日目でしたか？
2. 設例からX社の決算期（＝権利確定日）は2024/9/30です。すると、「権利付き最終日」は…？

A 答えと解説　実技（金財個人）

答え　問1［3］

株式売買時に利用する証券会社の取引口座4種類のうち、一般口座と特定口座についてと、株式の課税関係を確認します。

◆証券会社の取引口座

口座の種類		特徴	
一般口座		株式等の売買について自分で売買の記録と損益を計算する。確定申告が［必要］	
特定口座	源泉徴収**なし**	証券会社等が特定口座内での年間の売買の記録と損益の計算を実施、「年間取引報告書」が作成される	確定申告［必要］
	源泉徴収**あり**		**源泉徴収され**、原則、確定申告［不要］
NISA口座		［**非課税**］（申告不要）　※P163参照	

◆株式（上場株式）の課税　よくでる

配当金と譲渡益に所得税・復興特別所得税・住民税が課税される。

	配当金	譲渡益
税区分	**配当所得** 源泉徴収され、申告不要。または総合課税や、申告分離課税を選択することもできる	**譲渡所得** 原則、申告分離課税。源泉徴収ありの特定口座内では申告［不要］も選択可（1）
税率（1）	［20.315］％（所得税＋復興特別所得税［15.315］％、住民税5%）	

問1 選択肢3. 購入時の株価2,500円、売却時の株価3,000円なので、譲渡益は（**3,000**円－**2,500**円）×100株＝**5**万円。税については上表を参照。

◆債券（特定公社債）の課税

▶特定公社債：国債、地方債、公募公社債、上場公社債など

	利子	譲渡益・償還差益
税区分	**利子所得** 源泉徴収され、申告不要。確定申告する場合は申告分離課税	**譲渡所得** 申告分離課税。源泉徴収ありの特定口座内では申告不要も選択可
税率	［20.315］％（所得税＋復興特別所得税［15.315］％、住民税5%）	

※特定公社債の利子・譲渡益・償還差益は、上場株式等の譲渡所得および上場株式等の配当所得と損益通算できる

□ 投資指標（PER、PBR）

問1 次の文章の（　　　）内にあてはまる最も適切な語句を1～3のなかから選び、その番号を記しなさい。

⑴株式の投資指標である（　　　）は、株価を1株当たり当期純利益で除して算出される。

1．PBR
2．PER
3．ROE

(2022.01)

⑵株式の投資指標のうち、PBRは（　①　）を（　②　）で除して算出される。

1．①株価　②1株当たり純利益
2．①株価　②1株当たり純資産
3．①1株当たり純利益　②1株当たり純資産

(2021.09)

⑶上場企業X社の下記の〈資料〉に基づいて計算したX社株式の株価収益率（PER）は（　①　）、株価純資産倍率（PBR）は（　②　）である。

〈資料〉

株価	1,200円
1株当たり純利益	80円
1株当たり純資産	800円

1．①1.5倍　②15倍
2．①10倍　②1.5倍
3．①15倍　②1.5倍

(2021.01)

A 答えと解説　実技（金財個人、協会資産）

答え　問1　(1) [2] (2) [2] (3) [3]

株式投資にあたっては、市場全体の動向を株価指標で確認し、また個別銘柄は投資指標を利用して分析したうえで判断します。

◆株式の投資指標1

▶PER（Price Earnings Ratio：株価収益率）　よくでる

企業の収益力に着目した指標。株価が1株当たり純利益の何倍かを計算する。PERが高いほど株価は割高、低いほど割安と判断される。

$$\text{PER（倍）} = \frac{\text{[株価]}}{\text{1株当たり [当期純利益]}^{※}}$$

（1(1)　1(3)）

※1株当たり当期純利益（EPS）は、当期純利益を発行済株式数で割って求める。

$$\text{EPS} = \frac{\text{当期純利益}}{\text{発行済み株式数}}$$

▶PBR（Price Book-value Ratio：株価純資産倍率）　よくでる

企業の純資産の価値に着目した指標。株価が1株当たり純資産の何倍かを計算する。高いほど株価は割高、低いほど割安と判断される。

$$\text{PBR（倍）} = \frac{\text{[株価]}}{\text{1株当たり [純資産]}}$$

（1(2)　1(3)）

問1(3)　PERは、株価1,200円、1株当たり純利益80円なので

$$\text{PER} = \frac{\text{[1,200] 円}}{\text{[80] 円}} = \text{[15]（倍）}$$

PBRは、株価1,200円、1株当たり純資産800円なので

$$\text{PBR} = \frac{\text{[1,200] 円}}{\text{[800] 円}} = \text{[1.5]（倍）}$$

▶PER・PBRの割高・割安判断

どちらも高いほど割高と判断されるが、何倍程度が妥当か検討する際は同業他社の数値や業界平均値と比べた**相対的な数値**としてとらえる。

ポイント　PER・PBRは最重点事項です。計算できるようになりましょう。

□ 投資指標（ROE、配当利回り、配当性向）

問 1 次の文章の（　　　）内にあてはまる最も適切な語句の組合せを１～３のなかから選び、その番号を記しなさい。

株式の投資指標として利用されるROEは、（　①　）を（　②　）で除して算出される。

1．①当期純利益　　②自己資本
2．①当期純利益　　②総資産
3．①営業利益　　　②総資産

(2023.09)

問 2 次の文章を読んで、正しいものまたは適切なものには〇を、誤っているものまたは不適切なものには×をつけなさい。

配当性向とは、当期純利益に占める配当金総額の割合を示す指標である。

(2022.05)

A 答えと解説　実技（金財個人、協会資産）

答え　問1［1］問2［○］

投資の際は、企業の収益力や配当への考え方、配当の利回りなどの分析も重要です。

◆株式の投資指標２

▶ROE（Return On Equity：自己資本利益率）　よくでる

企業が、株主の出資金（≒自己資本）を利用してどれくらいの当期純利益を得たかをみる指標。高いほど効率的に利益をあげている、収益力が高いと判断される。

$$\text{ROE}\,(\%) = \frac{[\text{当期純利益}]}{[\text{自己資本}]} \times 100 \quad (1)$$

▶配当利回り　よくでる

株価に対する配当金の割合をみる指標。

$$\text{配当利回り}\,(\%) = \frac{\text{1株当たり}\,[\text{年間配当金}]}{[\text{株価}]} \times 100$$

▶配当性向　よくでる

企業が当期の純利益に対してどのくらいの配当を行ったかをみる指標。

$$\text{配当性向}\,(\%) = \frac{[\text{配当金総額}]}{[\text{当期純利益}]} \times 100 \quad (2)$$

$$= \frac{\text{1株当たり}\,[\text{年間配当金}]}{\text{1株当たり}\,[\text{当期純利益}]} \times 100$$

！注意　ROE、配当利回り、配当性向も重要事項です。配当利回りと配当性向は違いを区別しておさえましょう。

投資信託

□ 投資信託の分類①

問 1 次の文章を読んで、正しいものまたは適切なものには○を、誤っているものまたは不適切なものには×をつけなさい。

(1)公社債投資信託は、投資対象に株式をいっさい組み入れることができない。

(2021.05)

(2)投資信託のパッシブ運用は、日経平均株価や東証株価指数（TOPIX）などのベンチマークに連動した運用成果を目指す運用手法である。

(2023.05)

問 2 次の文章の（　　　）内にあてはまる最も適切な語句の組合せを１～３のなかから選び、その番号を記しなさい。

投資信託の運用において、企業の成長性が市場平均よりも高いと見込まれる銘柄に投資する手法を（　①　）、株価が企業の財務状況や利益水準からみて、割安と評価される銘柄に投資する手法を（　②　）という。

1．①パッシブ運用　　②グロース運用
2．②バリュー運用　　②パッシブ運用
3．③グロース運用　　②バリュー運用

(2023.01, 2023.09・改)

A 答えと解説　実技（金財個人）

答え　問1 (1)［○］(2)［○］ 問2 ［3］

投資信託は少額の投資で、さまざまな資産に分散投資できる商品です。仕組みを理解して、運用手法による分類をおさえましょう。

◆投資信託の投資の仕組み

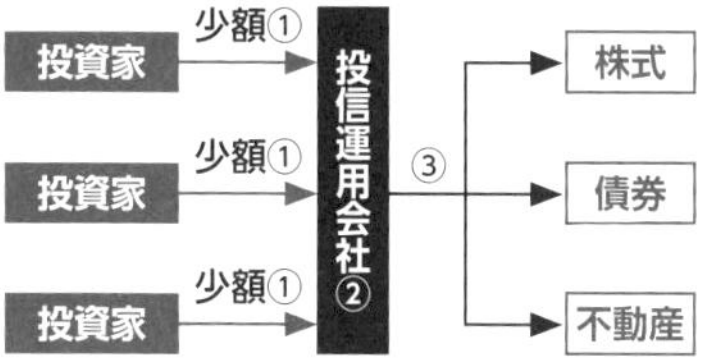

①投資家が少額の資金を投資。
②投信運用会社で資金をまとめる。
③運用方針に沿って株式や債券等に分散投資。
※収益は運用会社を通じて投資家に分配。

投資信託は「ファンド」と呼ばれることもある。

◆投資信託の分類1

公社債投資信託	公社債で運用される。株式の組み入れが［一切できない］（1(1)）
株式投資信託	株式の組み入れが［できる］ ※株式を組み入れず公社債のみの株式投資信託もある

▶運用手法による分類　よくでる

パッシブ運用	**ベンチマーク**［に連動する］運用成果を目標にする手法（1(2)）。パッシブは「受け身」を意味し、インデックス運用ということもある。組成した投資信託は「インデックスファンド」と呼ばれる
アクティブ運用	**ベンチマーク**［を上回る］運用成果を目標にする手法。組成した投資信託は「アクティブファンド」と呼ばれる

※ベンチマーク：日経平均株価、TOPIXなどの投資指標のこと

・アクティブ運用（積極運用）における運用スタイル等の分類

トップダウン・アプローチ	経済環境などのマクロ的な分析によって組入れ銘柄を決める方法
ボトムアップ・アプローチ	個別銘柄について調査・分析して組入れ銘柄を決める方法

・ボトムアップ・アプローチにおける組入れ銘柄の決定方針　よくでる

バリュー投資（2）	企業の資産や利益水準からみた理論上の株価より［割安］の銘柄（［割安］株）に投資する。PERやPBRが相対的に低い（割安）銘柄が多い傾向がある
グロース投資（2）	将来の［成長性］に期待できる銘柄（［成長］株）に投資する

□ 投資信託の分類②

問 1 下記の問に答えなさい。

上場不動産投資信託（J-REIT）についての説明として、次のうち最も不適切なものはどれか。

1. 「上場不動産投資信託（J-REIT）は、投資家から集めた資金を不動産投資法人が不動産等に投資し、その賃貸収入や売買益を投資家に分配する投資信託です。」
2. 「上場不動産投資信託（J-REIT）の分配金は、配当所得となり、確定申告をすることで配当控除の適用を受けることができます。」
3. 「上場不動産投資信託（J-REIT）は、上場株式と同様に指値注文や成行注文により売買することができます。」

（2023.05　実技・個人・改）

問 2 次の文章を読んで、正しいものまたは適切なものには○を、誤っているものまたは不適切なものには×をつけなさい。

ベンチマークとなる指数の上昇局面において、先物やオプションを利用し、上昇幅の2倍、3倍等の投資成果を目指すファンドは、ベア型ファンドに分類される。

（2023.01）

A 答えと解説 実技（金財個人）

答え 問1 [2] 問2 [×]

投資信託の中には、市場に上場して株式と同じように取引されるETFやJ-REIT（ジェイ・リート）があります。その特徴をおさえましょう。

◆投資信託の分類2

▶追加購入の有無による分類 さらっと

追加型投資信託	いつでも追加で購入できる。オープン型ともいう
単位型投資信託	新規に募集する期間のみ購入できる。ユニット型ともいう

▶設立形態による分類

契約型投資信託	運用会社（投資信託委託会社）と信託銀行の間で、投資家の資金を財産として信託されて運営される。（例）ETF（上場投資信託） ・国内で販売されている投資信託のほとんどが契約型
会社型投資信託	有価証券や不動産等への投資を目的とした投資法人を設立し、投資家はその法人の投資証券を購入。（例）J-REIT

▶市場に上場している投資信託 よくでる

投資家が投資信託を売買するとき、一般的には販売会社を通じて行うが、投資信託によっては証券取引所に上場しているものもある。

ETF（上場投資信託）	一般に特定の相場指標に連動する運用成果を目指す。株式指数（日経平均株価、TOPIXなど）や不動産投資信託の指数、商品指数（金など）に連動するものもある
J-REIT（上場不動産投資信託）（1）	投資家の資金を複数の不動産に分散投資する。賃料収入や売買益から分配金（配当）を受け取る

・上場投資信託の特徴

証券取引所の立会い時間中なら、いつでも時価（市場価格）で売買でき、株式同様、指値注文・成行注文ができる（1）。

・J-REITの課税の注意点

「配当」を分配金として受け取るが、配当控除の適用は受けられない（1）。

◆運用スタイルの特殊な投資信託

ブル型ファンド（2）	相場が［上昇］したときに利益が出るように設定されている。 ブル（雄牛）が角を下から上に突き上げるイメージから命名
ベア型ファンド	相場が［下落］したときに利益が出るように設定されている。 ベア（熊）が腕を上から下に振り下ろすイメージから命名

□ 投資信託のコストと情報開示（ディスクロージャー）

問 1 次の設例に基づいて、下記の問に答えなさい。

〈設例〉（一部抜粋）
Y投資信託（公募株式投資信託）に関する資料
銘柄名：TOPIXインデックス
購入時手数料：なし
運用管理費用（信託報酬）：0.187％（税込）
信託財産留保額：なし

Y投資信託の購入に係る費用についての説明として、次のうち最も不適切なものはどれか。

1.「Y投資信託の購入時に手数料はかかりません。」
2.「運用管理費用（信託報酬）は、投資信託を保有する投資家が間接的に負担する費用です。一般に、Y投資信託のようなインデックス型投資信託は、アクティブ型投資信託よりも運用管理費用（信託報酬）が高い傾向があります。」
3.「信託財産留保額は、投資信託の組入資産を売却する際に発生する手数料等を、投資信託を換金する投資家に負担してもらうことを目的として設けられているものですが、Y投資信託では、この費用はかかりません。」

（2022.05　実技・個人・改）

答え 問1 [2]

投資信託は上場株式と異なり、保有中は日々費用がかかり、基準価額から差し引かれます。3種類のコストについて確認しましょう。

◆投資信託のコスト（費用） よくでる

購入時、保有中、売却時のものがある。

	費用の種類	主な内容
購入時	購入時手数料（販売手数料）	購入時、販売会社に払う手数料 ・投資信託の種類などにより費用は異なる ・同一の投資信託であっても、販売会社が異なれば購入時手数料は[異なる] ・購入時手数料がかからない「**ノーロードファンド**」もある（1）
保有中	運用管理費用（**信託報酬**）	運用のための費用や情報開示に対する費用 ・信託財産の残高から、[毎日]差し引かれる。毎日公表される基準価額は信託報酬を差し引いた後の額 ・販売会社、運用会社、管理会社に配分される ・一般に、アクティブ投信はインデックス投信よりも高い傾向にある（1）
売却時（換金時）	**信託財産留保額**	換金の際に徴収される費用 ・差し引かれた金額は、投資家間の公平性を保つため、解約分の売却時にかかる手数料分として解約した投資家が負担し[**信託財産に残す**]（1） ・信託財産留保額がない投資信託もある

◆投資信託の情報開示（ディスクロージャー） さらっと

投資信託の募集にあたって運用会社には目論見書《もくろみしょ》（投資信託説明書）の作成・交付が義務付けられている。決算時には運用報告書を発行する。

目論見書	販売前（または同時）に、投資家に交付する ファンド名、投資の方針、費用（販売手数料、信託報酬等）、管理運営の仕組みなどが記載される
運用報告書	決算期ごとに発行され、運用実績や運用状況が記載される
月次報告書	毎月発行され、運用実績や運用状況が記載される

！注意 **保有中は「信託報酬」、換金時は「信託財産留保額」です。**

□ 投資信託の運用と課税

問 1 次の文章を読んで、正しいものまたは適切なものには○を、誤っているものまたは不適切なものには×をつけなさい。

追加型の国内公募株式投資信託において、収益分配金支払後の基準価額が受益者の個別元本を下回る場合、当該受益者に対する収益分配金は、その全額が普通分配金となる。

(2022.05)

問 2 次の設例に基づいて、下記の問に答えなさい。

〈設例〉(一部抜粋)
Y投資信託（公募株式投資信託）に関する資料
決算期：年1回（10月20日）

Y投資信託を購入する場合の留意点についての説明として、次の文章が正しいまたは適切であれば○を、誤りまたは不適切であれば×を記しなさい。

「仮に、Y投資信託を基準価額13,000円（1万口当たり）で1万口購入した後、最初の決算時に1万口当たり200円の収益分配金が支払われ、分配落ち後の基準価額が13,200円（1万口当たり）となる場合、その収益分配金は、全額が元本払戻金（特別分配金）として非課税となります」

(2022.09　実技・個人・改)

問 3 次の文章の（　　　）内にあてはまる最も適切な語句の組合せを1～3のなかから選び、その番号を記しなさい。

追加型株式投資信託を基準価額1万3,000円（1万口当たり）で1万口購入した後、最初の決算時に1万口当たり400円の収益分配金が支払われ、分配落ち後の基準価額が1万2,700円（1万口当たり）となった場合、その収益分配金のうち、普通分配金は（　①　）であり、元本払戻金（特別分配金）は（　②　）である。

1. ①　0円　　②400円
2. ①100円　　②300円
3. ①300円　　②100円

(2023.05)

A 答えと解説　実技（金財個人、協会資産）

答え　問1［×］問2［×］問3［2］

投資信託の分配金には2種類あり、税金の取扱いが異なります。その分配金がどちらなのか（または両方なのか）考え方を理解しましょう。

◆投資信託に関する基本用語

一口《ひとくち》	投資信託の購入・解約時の単位。投資信託は口数《くちすう》で数える 投資信託の運用開始時は一口1円（通常1万口単位で示される）
基準価額	投資信託の価格。毎日、組入れ資産（株式、債券、不動産等）の価格を集計し、その時価総額を口数で割って計算する
個別元本	投資家の購入した元本。追加型投資信託は購入日によって取得価額が変わるため、購入するごとに投資家個人の平均取得価額が変わる
分配落ち	投資家へ分配金を支払った分、基準価額が下がること

◆収益分配金　よくでる

投資信託の分配金には次の2種類がある。

普通分配金	投資信託の値上がり部分から分配されたもの 収益として所得税・住民税が［**課税される**］
元本払戻金（特別分配金）	元本の払戻し部分。個別元本より分配落ち後の基準価額が少ない（下回る）場合、その差額（1） 元本の一部払い戻しの性質のため［**非課税**］

▶計算の例　よくでる

	個別元本	決算時の収益分配金	分配落ち後の基準価額
（2）	13,000円	200円	13,200円
（3）	13,000円	400円	12,700円

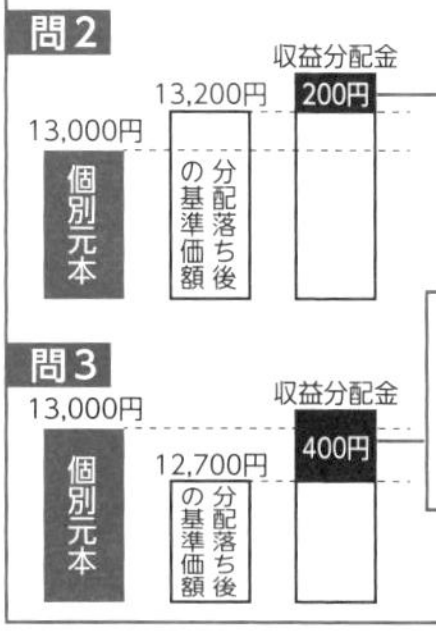

問2：分配落ち後の基準価額は個別元本より多いので、収益分配金はすべて**普通分配金**。

問3：「分配落ち後の基準価額＋収益分配金」と個別元本との差額は**普通分配金**。
（12,700円＋400円）－13,000円＝100円

個別元本と分配落ち後の基準価額との差額は**元本払戻金（特別分配金）**。
13,000円－12,700円＝300円

外貨建て商品

□ 外貨建て商品と課税

問1 次の文章の（　　）内にあてはまる最も適切な語句または語句の組合せを1～3のなかから選び、その番号を記しなさい。

⑴外貨預金の預入時において、預入金融機関が提示する（　　）は、預金者が円貨を外貨に換える際に適用される為替レートである。

1．TTB
2．TTM
3．TTS　(2023.09)

⑵為替予約を締結していない外貨定期預金において、満期時の為替レートが預入時の為替レートに比べて（　①　）になれば、当該外貨定期預金の円換算の利回りは（　②　）なる。

1．①円高　②高く
2．①円安　②高く
3．①円安　②低く　(2022.09)

問2 下記の問に答えなさい。

米ドル建定期預金に係る課税関係について説明した以下の文章の空欄①～③に入る語句の組合せとして、次のうち最も適切なものはどれか。

ｉ）「X銀行の米ドル建定期預金に預け入れをした場合、当該預金の利子に係る利子所得は、所得税および復興特別所得税と住民税を合わせて20.315％の税率による（　①　）の対象となります」
ⅱ）「外貨預金による運用では、外国為替相場の変動により、為替差損益が生じることがあります。為替差益は（　②　）として、所得税および復興特別所得税と住民税の課税対象となります。なお、為替差損による損失の金額は、外貨預金の利子に係る利子所得の金額と損益通算することが（　③　）」

1．①源泉分離課税　②雑所得　③できません
2．①源泉分離課税　②一時所得　③できます
3．①申告分離課税　②雑所得　③できます

(2023.09　実技・個人・改)

A 答えと解説 実技（金財個人、協会資産）

答え 問1 (1) [3] (2) [2] 問2 [1]

外貨建て商品は、外貨（米ドル、ユーロ等）で取引価格が提示されます。為替の値動きによって収益が左右される商品です。

◆外貨建て商品の特徴

外貨建て商品には外貨預金、外国債券等がある。例えば外貨定期預金に預け入れるときは円を外貨に交換し、その後満期金を円で受け取りたい場合は外貨を円に交換（円転）する必要がある。

▶為替レート（為替相場） よくでる

TTS（対顧客電信売相場）（1(1)）	[円] を [外貨] に換えるときの為替レート
TTM（仲値）	為替取引の基準となる為替レート
TTB（対顧客電信買相場）	[外貨] を [円] に換えるときの為替レート

▶為替レートと収益の関係 よくでる

預入時と満期時の為替が変動した場合、収益に影響を受ける。

預入時の為替レート		換金時の為替レート	円に交換
1米ドル＝130円	⇒	1米ドル＝100円 [円高]	30円の為替 [差損]
		1米ドル＝130円（変化なし）	変化なし
		1米ドル＝150円 [円安]	20円の為替 [差益]

預入時よりも満期時のレートが円高になれば、円換算の利回りは [低く] なり、円安になれば、円換算の利回りは [高く] なる（1(2)）。

◆外貨預金の課税関係（2）

	所得の種類	課税の方法	特記事項
預金の利子	利子所得	[源泉分離] 課税	税率20.315％（所得税＋復興特別所得税15.315％、住民税５％）
元本部分の為替差益	[雑] 所得	総合課税	預入時に為替予約していた場合は利子と為替差益を合わせて税率20.315％が源泉分離課税される
元本部分の為替差損	–	–	損益通算 [できない]

! 注意 **TTSは金融機関が顧客に外貨を売る（Selling）、TTBは金融機関が顧客から外貨を買う（Buying）。金融機関の立場での用語ということに注意して覚えましょう。**

ポートフォリオ運用・デリバティブ

□ ポートフォリオ理論、相関係数

問1 次の文章の（　　）内にあてはまる最も適切な語句を１～３のなかから選び、その番号を記しなさい。

(1) A資産の期待収益率が3.0%、B資産の期待収益率が5.0%の場合に、A資産を40%、B資産を60%の割合で組み入れたポートフォリオの期待収益率は、（　　）となる。

1. 1.8%
2. 4.0%
3. 4.2%

(2023.05)

(2) 異なる２資産からなるポートフォリオにおいて、２資産間の相関係数が（　　）である場合、分散投資によるリスクの低減効果は得られない。

1. ＋1
2. 0
3. －1

(2023.01)

A 答えと解説

答え 問1 (1) [3] (2) [1]

資産運用におけるポートフォリオとは、資産の組合せのことです。ポートフォリオ理論に基づいて分散投資する際の基本事項を確認します。

◆ポートフォリオとポートフォリオ運用

複数の資産に分散投資することで、価格変動リスクを低減しながら一定の収益を期待できるというポートフォリオ理論に基づいて、分散投資することをポートフォリオ運用という。

◆期待収益率

期待収益率とは、ある投資対象について将来にわたる運用によって得られる収益率の期待値のこと。さらに「**ポートフォリオの期待収益率**」は、各資産の期待収益率をその構成割合による加重平均で計算する。

ポートフォリオの期待収益率（2資産の場合） よくでる
＝A資産の期待収益率×A資産の投資比率 (1(1))
＋B資産の期待収益率×B資産の投資比率

問1(1) A資産の期待収益率は3.0%で投資比率は40%、B資産の期待収益率は5.0%で投資比率は60%の場合のポートフォリオの期待収益率は、
A資産の期待収益率 [3.0] %×A資産の投資比率 [40] %
＋B資産の期待収益率 [5.0] %×B資産の投資比率 [60] %
＝A資産 [1.2] %＋B資産 [3.0] %＝ [4.2] %

◆ポートフォリオの相関係数とリスクの低減効果 よくでる

相関係数とは、2つの資産等の各値動きが似ているか似ていないか相関関係の強さを表したもので、**－1から＋1までの数値**で示される。リスクの低減効果は相関係数 [－1] のときが最も大きく、[＋1] のときは効果は得られない (1(2))。

相関係数が－1	まったく [逆の] 動きをする
相関係数が＋1	まったく [同じ] 動きをする
相関係数が0	2つの資産の値動きには関連性がない

ポイント

ポートフォリオの期待収益率は計算式を覚えて計算できるようにしておきましょう。

□ オプション取引

問1 次の文章を読んで、正しいものまたは適切なものには○を、誤っているものまたは不適切なものには×をつけなさい。

(1)オプション取引において、特定の商品を将来の一定期日に、あらかじめ決められた価格（権利行使価格）で買う権利のことをプット・オプションという。

(2020.01)

(2)オプション取引において、他の条件が同一であれば、満期までの残存期間が長いほど、プレミアム（オプション料）は高くなる。

(2023.09)

A 答えと解説

答え 問1 (1)［×］(2)［○］

オプション取引は、特定の商品について、将来売買する権利をあらかじめ売買する取引です。

◆デリバティブ

デリバティブは金融派生商品とも呼ばれ、株式、債券、為替等の金融商品（原資産）から派生したもの。先物取引、オプション取引等がある。

◆オプションとオプション取引　よくでる

▶オプション：株式や債券等の、ある特定の商品（原資産）をあらかじめ定めた期日までにあらかじめ定めた価格（権利行使価格）で「買う権利」や「売る権利」のこと。「買う権利」を［コール］・オプション（1(1)）、「売る権利」を［プット］・オプションという。

▶オプション取引：このオプション（**「買う権利」「売る権利」）を売買すること**。

買う権利・売る権利を売買するとき、買い手は売り手に**プレミアム**（オプション料）を支払う。

プレミアム（オプション料）は、他の条件が同じであれば、一般に、満期までの残存期間が長いほど［高く］なる（1(2)）。(満期日までの期間が長い方が「時間価値」が大きくなるので)

◆オプション取引、もう少し詳しく　さらっと

オプションの買い手は、買った権利を行使するかどうか選択できる。

> 例えば、買う権利（コール・オプション）の買い手は、期日までに原資産価格が権利行使価格より値上がりしている場合、権利行使すれば、権利行使価格（値上がり前の額）で買うことができて利益を得られる。逆に、原資産が権利行使価格より値下がりしている場合、権利行使すると現在の原資産価格より高い金額で買うことになり損をするので、権利行使しないこともできる。この場合、プレミアム（オプション料）は損になるが、損はそれのみに限定される。
>
> なお、オプションの売り手は、相手が権利行使する場合は必ず応じなければならない。例えば、買う権利を売った場合（相手が買う権利を持っている）、相手が権利行使するのであれば、必ず売らなければならない。

ポイント　**「買う権利=コール」なので「買います!」と呼び（call）、「売る権利=プット」なので「売ります」と商品を置く(put)という連想で覚えましょう。**

保護制度と法律

□ 金融機関の破綻とセーフティネット

問 1 次の文章を読んで、正しいものまたは適切なものには○を、誤っているものまたは不適切なものには×をつけなさい。

外貨預金は、預金保険制度による保護の対象とならない。

(2021.09)

問 2 次の文章の（　　）内にあてはまる最も適切な語句を１～３のなかから選び、その番号を記しなさい。

(1)預金保険制度の対象金融機関に預け入れた（　　）は、預入金額の多寡にかかわらず、その全額が預金保険制度による保護の対象となる。

1．定期積金
2．決済用預金
3．譲渡性預金

(2023.05)

(2)日本投資者保護基金は、会員である金融商品取引業者が破綻し、分別管理の義務に違反したことによって、一般顧客から預託を受けていた有価証券・金銭を返還することができない場合、一定の範囲の取引を対象に一般顧客１人につき（　　）を上限に金銭による補償を行う。

1．1,000万円
2．1,300万円
3．2,000万円

(2022.05)

A 答えと解説 実技（金財個人、協会資産）

答え 問1［○］問2 (1)［2］(2)［1］

万が一金融機関が破綻した場合のセーフティネットと、投資家や消費者を保護する法律を確認しましょう。

◆セーフティネット

▶預金保険制度 よくでる

万が一金融機関が破綻等した場合に預金者等の保護をする制度。

保護の範囲	一般の預貯金	**1人1金融機関**につき**元本**［1,000］万円までと［その利息］
	［決済用］預金（2(1)）	**全額保護**される
保護の対象外	［外貨］預金（1）、譲渡性預金など	
制度の対象	日本国内に本店がある銀行、信託銀行、信用金庫、信用組合、労働金庫、ゆうちょ銀行等	

・一般の預貯金：普通預金、定期預金、定期積金など
・決済用預金：「**無利子**（利子なし）」、「**要求払い**（いつでも引き出せる）」、「**決済サービス**（口座引落し可）」の3条件を満たすもの

▶投資者保護基金

金融商品取引業者（証券会社）が破綻し、顧客の資産の分別管理を怠っていたために有価証券や金銭等を返還できないときに補償するための基金。

保護の範囲	一般の顧客1人当たり［1,000］万円まで（2(2)）
保護の対象外	**証券会社以外（銀行等）で購入**した投資信託など
制度の対象	金融商品取引業者（証券会社）

◆投資家・消費者を保護する法律

金融商品取引法
金融商品等の取引等を公正にし、投資家の保護を目的とする。金融商品取引業者に対するルールを設けている。規制対象は国債、社債、株式、投資信託、デリバティブ取引 など ・適合性の原則：金融商品取引行為において、顧客の知識、経験、財産の状況、取引契約締結の目的に照らして、不適当な勧誘を行ってはならない
金融サービスの提供に関する法律（金融サービス提供法）
株式・債券等、金融商品の販売に関する契約に関して投資家（個人およびプロを除く事業者）の保護を目的とする ▶適用ケース：**重要事項の説明義務違反**（重要事項：元本欠損を生じるおそれのあることおよびその原因、権利行使期間の制限 など）、**断定的判断の提供に基づく契約** 等 ▶法の効果：**損害賠償請求**（該当すれば消費者契約法と両方の適用可）
消費者契約法
消費者と事業者の間で交わされる契約全般が対象。個人の保護を目的とする（事業者としての契約は除く） ▶適用ケース：事実と異なることを告げる、不確実な事項について断定的な判断を提供、不利益な事実を故意・重大な過失により告げない、困惑させる行為があった 等 ▶法の効果：**契約の取消し**（該当すれば金融サービス提供法と両方の適用可）

非課税制度

□ NISA

問 1 次の設例に基づいて、下記の問に答えなさい。

〈設例〉（一部抜粋）
Y投資信託（公募株式投資信託）に関する資料
銘柄名：TOPIXインデックス（NISAつみたて投資枠対象商品）
購入時手数料：なし
運用管理費用（信託報酬）：0.187％（税込）
信託財産留保額：なし

「NISAつみたて投資枠」についてのアドバイスとして、次のうち最も適切なものはどれか。

1. 「NISAつみたて投資枠の対象となる金融商品は、長期の積立・分散投資に適した一定の商品性を有する公募株式投資信託やETFとされ、上場株式は対象となっていません。」
2. 「NISAつみたて投資枠の年間の非課税投資枠は120万円です。購入は累積投資契約に基づく定期かつ継続的な買付けを行う方法に限られており、非課税期間は20年間です。」
3. 「NISAつみたて投資枠を利用して購入した公募株式投資信託を解約した際に損失が生じた場合、その損失の金額は、特定口座で保有する上場株式等の譲渡益と通算することができます。」

（2022.05　実技・個人・改）

問 2 次の文章を読んで、正しいものまたは適切なものには○を、誤っているものまたは不適切なものには×をつけなさい。

特定口座を開設している金融機関に、NISA口座（少額投資非課税制度における非課税口座）を開設した場合、特定口座内の株式投資信託をNISA口座に移管することができる。

（2022.01）

A 答えと解説　実技（金財個人、協会資産）

答え　問1 [1] 問2 [×]

金融商品の収益や配当に税がかからない等、優遇のある制度が設けられています。特に、NISAについてしっかり内容をおさえましょう。

◆非課税制度

▶NISA（少額投資非課税制度）　よくでる

通常の口座とは別にNISA口座を開設し、その口座内で上場株式等を売買して得た配当所得・譲渡所得等については非課税となる制度。

〈NISAの概要〉

	つみたて投資枠	成長投資枠
対象者	日本に居住している[18]歳以上	
非課税の対象	投資対象の金融商品から生じる配当金、分配金、譲渡益	
非課税期間	[無期限]（1）	
非課税枠	[1,800]万円 ※非課税枠は商品売却後、翌年以降に再利用できる	
		うち[1,200]万円
年間投資枠	[120]万円（1）	[240]万円
投資対象商品	**長期・積立・分散投資**に適した一定の株式投資信託、ETF（1）	**上場株式**（国内、海外）、株式投資信託、ETF（国内、海外）、**J-REIT**、海外REITなど
その他	・配当金や分配金を非課税とするためには、証券口座で受領する「株式数比例配分方式」を選ぶことが必要 ・NISA口座以外の、特定口座や一般口座※で生じた配当金・分配金・譲渡損益と損益通算[できない]（1） ・特定口座・一般口座の金融商品をNISA口座に移管することは[できない]（2）	

※特定口座、一般口座についてはP141参照

▶旧制度：2023年までは期間限定で成年対象の一般NISA、つみたてNISAおよび未成年対象のジュニアNISAの3種類が設けられていた。一般NISAとつみたてNISAは併用できなかったが、2024年1月から成年向けに設けられたNISA制度ではつみたて投資枠と成長投資枠が併用できることとなった。

ポイント　NISAは頻出です。非課税枠や対象商品のほか、特定口座・一般口座から移管できない、損益通算できない等も覚えておきましょう。

タックスプランニング

ここで学ぶこと

- □ 所得税の全体像
- □ 所得の種類
- □ 損益通算
- □ 所得控除
- □ 総所得金額と所得税の計算
- □ 税額控除
- □ 確定申告
- □ 青色申告

※復興特別所得税は、原則として考慮して解説しています。

「タックスプランニング」は、全科目に関わる重要な科目です。収入・支出、運用、資産の売却等々、お金が動くときには税金が関わります。他の科目でも税金に関する項目がありますので、関連を考えながら学習しましょう。

試験には、所得では不動産所得、退職所得、一時所得は知識と計算問題が出題されています。所得控除は、配偶者控除・扶養控除は必須です。損益通算、税額控除の住宅ローン控除も頻出です。確定申告、青色申告は期間や要件など知識問題が頻出です。実技では総所得金額の計算が最もよく出ます。また、退職所得の計算、医療費控除の計算等もよく出ています。

1 所得税の全体像

❶日本の税金

国が課税する税金を国税、地方公共団体が課税する税金を地方税という。国税は**所得税**、法人税、相続税、贈与税、登録免許税、消費税など。

❷所得税の基本事項

▶暦年単位課税：**1年間**（1月1日～12月31日）**の所得に対して課税**。

▶課税方法とその他の特徴

総合課税	各所得を計算し、それを合計して税額を算出。**確定申告**により納税
分離課税	各所得を計算した後、他の所得とは別に（分離して）税額を算出する ➡課税方法は２種類：「申告分離課税」と「源泉分離課税」

申告納税方式	所得税は、納税者が自分で税金を計算し、自分で納める
確定申告	1年間の所得金額と税額を翌年**2月16日〜3月15日**の間に確定申告により納税する
超《ちょう》過《か》累進《るいしん》税率	所得税率は**5％〜 45％の7段階**

▶非課税所得

①**遺族年金、障害年金**、②通勤手当（15**万円が月額上限**）、③健康保険の給付、雇用保険の給付、④**生命保険や損害保険の契約による給付金**（手術給付金、入院給付金等）など

■個人の納税義務者

居住者	居住者（下記以外）	全ての所得が課税対象
	非永住者	国内源泉所得、国外源泉所得で国内で支払われるか国外から送金されたものが課税対象
非居住者	国内源泉所得のみが課税対象	

■所得税計算の流れ（総合課税の所得のイメージ図）

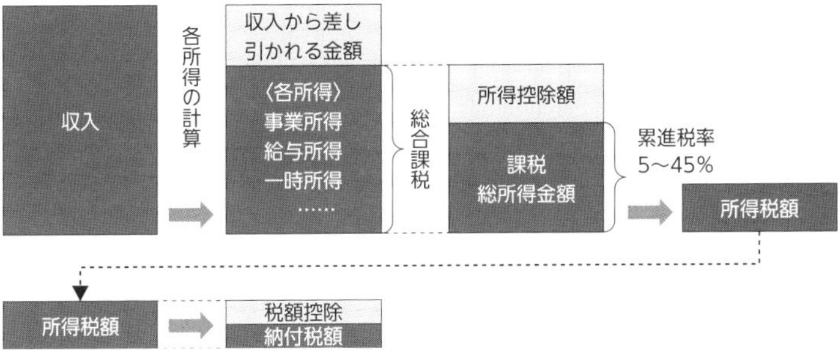

② 所得の種類

所得の種類は10種類。そのうち9種類を以下で確認（山林所得は除く）。

所得の種類	課税	対象／所得金額の計算方法／税率／ポイント
利子所得	**原則、**源泉分離課税	預貯金の利子、公社債の利子、公社債投資信託の**収益分配金**など ▶税率**20.315％**（所得税15％、復興特別所得税0.315％、住民税5％）
配当所得	**原則、**総合課税	個人の株主が支払を受ける剰余金の分配（株式配当金）、公社債投資信託以外の証券投資信託の収益分配金、**不動産投資信託**の収益分配金など ▶上場株式等から受ける配当は、税率20.315％（所得税15％、復興特別所得税0.315％、住民税5％）が源泉徴収され、次のいずれかを選択できる①**申告不要**、②**総合課税**を選択し他の所得と合算して**確定申告**、③**申告分離課税**を選択し上場株式等の譲渡損と損益通算して**確定申告**

<table>
<tr><td>不動産所得</td><td>総合課税</td><td>不動産（土地・建物）の貸付による所得
▶不動産所得の金額＝総収入金額－必要経費
※敷金・保証金のうち返還を要するものは総収入金額に算入しない（返還を要しないものは算入する）
・必要経費：賃貸不動産の固定資産税、減価償却費、賃貸不動産購入の負債の利子など</td></tr>
<tr><td>事業所得</td><td>総合課税</td><td>▶事業所得の金額＝総収入金額－必要経費
・必要経費：商品の売上原価、光熱費、減価償却費など</td></tr>
<tr><td>給与所得</td><td>総合課税</td><td>▶給与所得の金額＝収入金額－給与所得控除額
※給与所得控除額の下限は55万円、上限は195万円</td></tr>
<tr><td>退職所得</td><td>分離課税</td><td>退職によって勤務先から受ける退職手当、確定拠出年金（企業型・個人型）の老齢給付金の一時金受取りなど
▶退職所得の金額＝（収入金額－退職所得控除額）× $\frac{1}{2}$
▶退職所得控除額
<table><tr><th>勤続年数</th><th>退職所得控除額</th></tr><tr><td>20年以下</td><td>40万円×勤続年数（最低80万円）</td></tr><tr><td>20年超</td><td>800万円＋70万円×（勤続年数－20年）</td></tr></table>・「退職所得の受給に関する申告書」を提出しなかった場合は退職手当等に対して一律20.42％の所得税が源泉徴収され、確定申告をする必要がある（提出した場合は、課税関係は終了し確定申告は必要ない）</td></tr>
<tr><td>一時所得</td><td>総合課税</td><td>生命保険・損害保険の満期金・解約返戻金など
▶一時所得の金額＝総収入金額－その収入を得るために支出した金額－特別控除額50万円
▶（総所得金額に算入する一時所得の金額）＝一時所得の金額× $\frac{1}{2}$
▶金融類似商品：契約後5年以内に受け取った一時払保険の満期保険金・解約返戻金は、一時所得ではなく金融類似商品として利益部分に対し20.315％（所得税等15.315％、住民税5％）が源泉分離課税</td></tr>
<tr><td>譲渡所得</td><td>分離課税または総合課税</td><td>譲渡した資産の種類と所有期間によって区分される
ⅰ）土地等・建物（分離課税）…譲渡した年の1月1日における所有期間が5年以下を短期、5年超を長期と区別
▶譲渡所得の金額＝総収入金額－（取得費＋譲渡費用）－特別控除
ⅱ）上場株式等（分離課税）…所有期間による区別なし
▶譲渡所得の金額＝総収入金額－（取得費＋譲渡費用＋購入のための借入金の譲渡年分の利子）
ⅲ）その他の資産（総合課税）…取得日から譲渡日までの所有期間が5年以下を短期、5年超を長期と区別する
▶譲渡所得の金額＝総収入金額－（取得費＋譲渡費用）－特別控除（最高50万円）</td></tr>
<tr><td>雑所得</td><td>総合課税</td><td>公的年金等と公的年金等以外に分ける
・公的年金等：老齢基礎年金、老齢厚生年金、確定拠出年金（企業型・個人型）の老齢給付金の年金など
・公的年金等以外：個人年金から受け取る年金、プロの著述業でない者が受け取る原稿料、為替予約をしていない外貨預金の為替差益など
▶公的年金等の雑所得＝公的年金等の収入金額－公的年金等控除額
▶公的年金等控除額：12月31日時点での受給者の年齢（65歳以上か65歳未満か）と公的年金等の収入金額により計算される</td></tr>
</table>

〈所得の計算の際に必要となるもの〉

減価償却費	
	不動産所得や事業所得の計算において、「必要経費」とすることができる ・対象となる資産の例：有形固定資産…建物、機械装置、備品、車両など 無形固定資産…**特許権**、ソフトウェア、**商標権**など **・対象にならない資産**：土地（価値が減少しない資産） ・届出をしなかった場合は**定額法、新たに取得した建物は必ず定額法** ▶減価償却費（定額法）＝取得価額×定額法の償却率×使用月数÷12か月
取得費	
	譲渡所得の計算において収入から差し引くことができる。取得費が不明な場合は**譲渡収入金額の5％相当額**を取得費とすることができる（概算取得費）

❸ 損益通算

不動産所得、**事業所得**、**山林所得**、**譲渡所得**の損失は、他の所得の黒字と損益通算できる。

損益通算できないもの
・不動産所得の損失のうち**土地等を取得するために借りた負債の利子** ・譲渡所得のうち土地等・建物の譲渡損失、株式等の譲渡損失、生活に通常必要でない資産の譲渡損失

❹ 所得控除

▶所得控除の一覧

所得控除	内容	控除額
基礎控除	納税者の合計所得金額**2,400**万円以下の場合**48**万円。2,400万円超で漸減、2,500万円超は適用なし	最高**48**万円
配偶者控除	納税者の合計所得金額が**1,000万円以下**、かつ配偶者の合計所得金額が**48万円以下**の場合	最高**38**万円。70歳以上の老人控除対象配偶者は最高48万円
配偶者特別控除	納税者の合計所得金額が**1,000万円以下**、かつ配偶者の合計所得金額が**48万円超133万円以下**の場合	最高**38**万円。配偶者控除と重複しての適用**はできない**
扶養控除	生計を一にする扶養親族で、合計所得金額が**48万円以下**の場合に適用。一般の扶養親族（16歳～18歳および23歳～69歳）、**特定扶養親族（19歳～22歳）**、老人扶養親族（**70**歳以上）など	一般：**38**万円 特定：**63**万円 **70**歳以上：48万円 同居老親等：58万円
障害者控除	本人または配偶者、扶養親族が障害者	原則27万円
ひとり親控除	合計所得金額500万円以下のひとり親	35万円
寡婦控除	合計所得金額500万円以下の寡婦	27万円

勤労学生控除	本人が勤労学生であること	27万円
社会保険料控除	支払った社会保険料	全額
小規模企業共済等掛金控除	支払った掛金	全額
生命保険料控除	支払った生命保険料	最高12万円
地震保険料控除	支払った地震保険料	最高５万円
医療費控除	治療、療養のために支払った医療費	最高200万円
寄附金控除	国・地方公共団体や一定の団体に寄附した場合、「特定寄附金」または「総所得金額等×40%」のいずれか少ない方 (A)	左欄Aの額－2,000円
雑損控除	災害、盗難、横領により損害を受けた場合、「損失額－総所得金額×10%」または「損害関連支出の金額－５万円」(B)	左欄Bのいずれか多い方

❺ 総所得金額と所得税

▶総所得金額：総合課税される所得を合計したもの

総所得金額から所得控除額を差し引いて「課税総所得金額」を算出する。

▶所得税額の算出

速算表による所得税額＝課税所得金額×税率－控除額

※所得税の速算表はP199参照

❻ 税額控除

❶配当控除

配当控除を受けるには、配当所得の課税方法３種類のうち、**総合課税**を選択し、**確定申告**をすることが必要。

▶配当控除を受けられないもの

- 配当所得で、申告不要を選択したもの
- 配当所得で、申告分離課税を選択したもの
- **上場不動産投資信託（J-REIT）の分配金**　など

❷住宅ローン控除（住宅借入金等特別控除）

▶適用要件

住宅ローン	償還期間が**10年**以上
住宅用家屋	床面積が**原則50㎡以上**あること※ 中古住宅の場合、一定の耐震基準に該当すること ※控除を受ける年分の合計所得金額が1,000万円以下で一定要件を満たす場合は40㎡以上50㎡以下も対象
対象者の所得	原則、控除を受ける年分の合計所得金額**2,000万円以下**

居住開始	住宅取得から6か月以内に入居し、控除を受ける年の12月31日まで引き続き居住する
手続き	控除を受けるには、**毎年確定申告**が必要。給与所得者は**2年目以降は年末調整で控除**可能

▶控除額の計算

その年の控除額＝住宅借入金等の年末残高※×控除率 ※上限あり

控除率は一律**0.7%**。控除期間は**13年**、または**10年**。

❼ 確定申告

1年間に生じた所得について、**翌年2月16日から3月15日まで**の間に確定申告書を提出する。

▶給与所得者で確定申告が必要な者

確定申告の義務がある	・その年に受けた給与収入の金額が**2,000万円を超える** ・給与は1か所から受け取っていて、**給与所得および退職所得以外の所得金額が合計20万円を超えている**　など
確定申告により還付がある	・**医療費控除**、雑損控除、寄附金控除の適用を受ける ・住宅ローン控除の適用を受ける**最初の年**

❽ 青色申告

▶青色申告できる人

不動産所得、事業所得または山林所得のいずれかがある人。

▶承認手続き

1月16日以後に新規開業する場合は、業務開始した日から**2か月以内**に「青色申告承認申請書」を所轄税務署長に提出。

▶青色申告の特典

・青色申告特別控除：最高**65**万円または55万円もしくは**10**万円を所得から控除できる

・純損失の3年間の繰越控除、純損失の3年間の繰戻還付が可能など

❾ 住民税

■個人住民税

地方税で、道府県民税（都民税含む）と市町村民税（特別区民税を含む）の総称を住民税という。**所得割**（前年所得に応じて課され、一律**10%**の比例税率）と**均等割**（一律）がある。

所得税の全体像

□ 所得税の基本事項

問 1 次の文章の（　　　）内にあてはまる最も適切な語句を1～3のなかから選び、その番号を記しなさい。

税金には国税と地方税があるが、（　　　）は地方税に該当する。

1．相続税
2．登録免許税
3．固定資産税

(2021.01)

問 2 次の文章を読んで、正しいものまたは適切なものには○を、誤っているものまたは不適切なものには×をつけなさい。

⑴所得税において源泉分離課税の対象となる所得については、他の所得金額と合計せず、分離して税額を計算し、確定申告によりその税額を納める。 (2021.05)

⑵所得税においては、原則として、超過累進税率が採用されており、課税所得金額が多くなるに従って税率が高くなる。 (2020.01)

⑶電車・バス等の交通機関を利用して通勤している給与所得者が、勤務先から受ける通勤手当は、所得税法上、月額10万円を限度に非課税とされる。 (2023.09)

⑷所得税において、医療保険の被保険者が病気で入院したことにより受け取った入院給付金は、非課税である。 (2022.01)

A 答えと解説

答え 問 1 [3] 問 2 (1) [×] (2) [○] (3) [×] (4) [○]

日本の税金は、その種類について、性質等によっていくつかの分類方法があります。ここでは全体像と所得税の基本事項を確認しましょう。

◆日本の税金の分類方法

課税する者(主体)、納付する者、課税対象等による分類がある。

▶国税と地方税(課税主体による分類)

国が課税する税金を国税、地方公共団体が課税する税金を地方税という。

国税	**所得税**、法人税、[相続] 税、贈与税、[登録免許] 税、消費税　など	
地方税	都道府県税	**道府県民税**、事業税、地方消費税、不動産取得税　など
	市町村税	**市町村民税**、[固定資産] 税　など (1)

▶税の負担者と納付する者が同じかどうかによる分類　さらっと

直接税	**所得税**、法人税、相続税、贈与税　など
間接税	消費税、酒税、たばこ税　など

▶課税対象(課税の目的)による分類　さらっと

財産税	相続税、贈与税　など	資産の所有によりかかる
収得税	**所得税**、**住民税**、法人税　など	収入を得ていることにかかる
消費税	消費税、酒税、たばこ税　など	商品の販売等の取引に対してかかる
流通税	登録免許税、印紙税　など	財産の権利の移転等に対してかかる

※ただし、法人からの贈与により個人が取得した財産は、**贈与**税ではなく**所得**税の課税対象となる。

◆所得税の基本事項

▶暦年単位《れきねんたんい》課税　よくでる

個人ごとに**1年間**([1] 月 [1] 日～ [12] 月 [31] 日) **の所得に対して課税**される。

▶「課税所得」に対して課税される

収入－必要経費＝所得	収入から必要経費を差し引いて「所得」を算出
所得－所得控除＝課税所得	「所得」から所得控除を差し引いた額が「課税所得」

▶10種類の所得　よくでる

個人の所得を収入の性質により10種類に分類しそれぞれ所得を計算。

利子所得、配当所得、不動産所得、事業所得、給与所得、退職所得、山林所得、譲渡所得(3区分)、一時所得、雑所得

(次ページにつづく)

▶所得税の計算の流れ（全体像）

さらっと

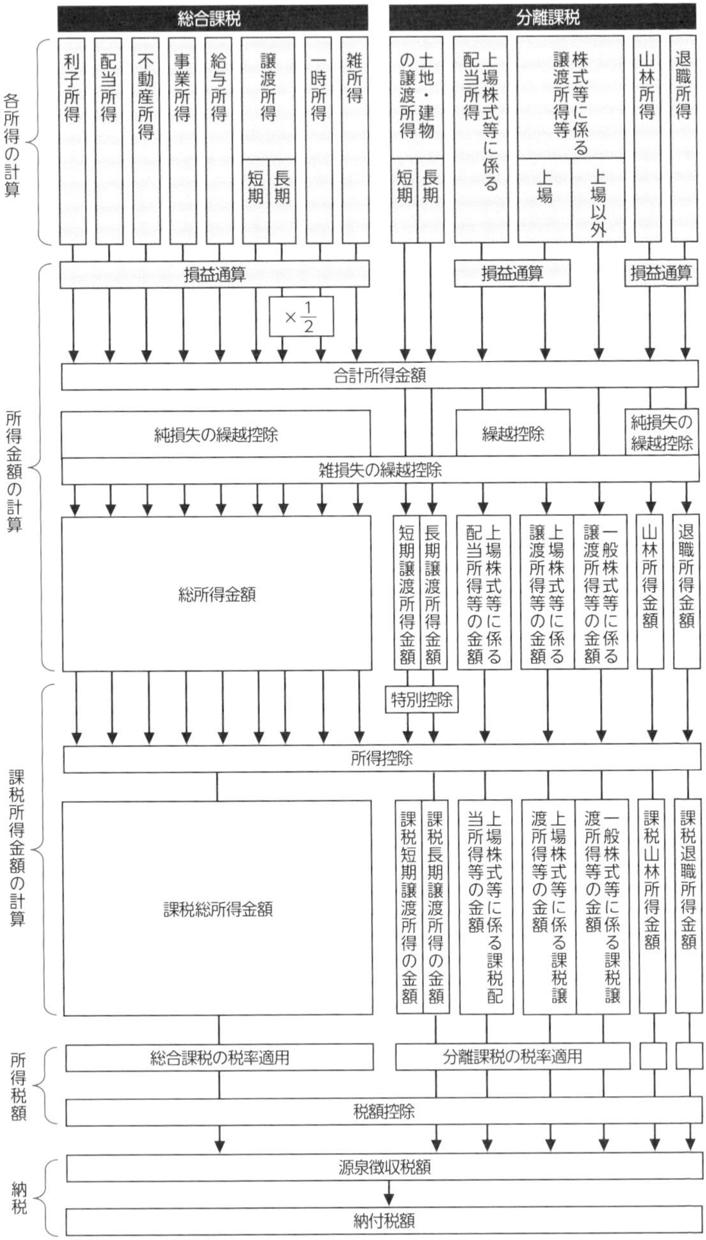

▶総合課税と分離課税

よくでる

総合課税	各所得を計算し、それを合計して税額を算出。[確定申告] により納税	配当所得（分離課税の場合もある）、不動産所得、事業所得、給与所得、譲渡所得（土地・建物等、株式等以外）、一時所得、雑所得
分離課税	各所得を計算した後、他の所得とは別に（分離して）税額を算出する	利子所得（総合課税の場合もある）、譲渡所得（土地・建物等、株式等）、山林所得、退職所得

・分離課税の課税方法には２通りある

申告分離課税	分離して計算した税額を、確定申告により納税
源泉分離課税（2(1)）	税額は源泉徴収により納税が完了 ※源泉徴収：支払いを [する] 者が、所定の所得税を徴収し、納付期限までに納税する方法

▶その他の所得税の特徴

よくでる

特徴	内容	参考
申告納税方式	所得税は、納税者が自分で税金を計算し、自分で納める	⇔賦課課税方式（住民税など）
確定申告	原則として、１年間の所得金額と税額を納税者が**自分で計算**。翌年 [2] 月 [16] 日～ [3] 月 [15] 日の間に、納税者の住所地を管轄する税務署に確定申告により納税する	給与所得者は勤務先で「年末調整」が実施されれば申告は不要
超《ちょう》過《か》累進《るいしん》税率（2(2)）	所得が多くなるほど税負担が増えるように段階的に税率が定められている。所得税率は [5] %～ [45] %の [7] 段階ある	⇔住民税の所得割は [10] %の比例税率

▶復興特別所得税

東日本大震災からの復興に必要な財源を確保するため、2013年から2037年まで、各年分の所得税に**2.1%を上乗せ**する。

▶非課税所得

よくでる

その所得の性質、担税力等から所得税が課税されない所得。

ⅰ）遺族年金（遺族基礎年金、遺族厚生年金）
　　障害年金（障害基礎年金、障害厚生年金）
ⅱ）給与所得者が勤務先から受け取る通勤手当（月額 [15] 万円が上限）（2(3)）
ⅲ）健康保険の給付（傷病手当金、出産手当金、出産育児一時金　など）
　　雇用保険の給付（基本手当、育児休業給付金、介護休業給付金など）
ⅳ）心身に加えられた損害等に基づいて取得する生命保険や損害保険の契約による給付金（手術給付金、[入院給付金] など）（2(4)）
など

所得の種類

□ 利子所得・配当所得

問1 次の文章を読んで、正しいものまたは適切なものには○を、誤っているものまたは不適切なものには×をつけなさい。

(1)個人が国内において支払を受ける預貯金の利子は、原則として、20.315%の税率により所得税および復興特別所得税と住民税が源泉徴収等され、課税関係が終了する。

(2022.09)

(2)所得税において、国債や地方債などの特定公社債の利子は、総合課税の対象となる。

(2023.05)

問2 下記の問について解答しなさい。

佐野さんの2023年分の収入は、下記〈資料〉のとおりである。〈資料〉の空欄（ア）にあてはまる所得として、最も適切なものはどれか。

〈資料〉

所得区分	収入等の内容	備考
（　ア　）	剰余金の分配20万円	上場株式等の利益剰余金に係る分配である。
一時所得	受取保険金100万円	保険期間20年の一時払養老保険の満期保険金（契約者・保険料負担者は佐野さん）。一時金で受け取っている。

1．利子所得
2．譲渡所得
3．配当所得

(2023.01　実技・資産・改)

A 答えと解説

答え 問 1 (1) [○] (2) [×] 問 2 [3]

利子所得になるものと、配当所得になるものについて確認したら、納税者が課税方法を選択できるものについて整理しておきましょう。

◆利子所得

主なものは、**預貯金の利子、公社債の利子、公社債投資信託の収益分配金**等で、[源泉分離] 課税となる。

▶利子所得の金額の計算

利子所得の金額＝収入金額（税込金額）

▶利子所得の課税関係 よくでる

共通事項	税率 [20.315] %（所得税 [15] %、復興特別所得税0.315%、住民税 [5] %）の額が源泉徴収（[源泉分離] 課税）
預貯金の利子	源泉徴収で課税関係が [終了] する（1(1)）
特定公社債の利子	源泉徴収で課税関係を終了するか、[申告分離] 課税を選択して確定申告（上場株式等の譲渡損失と損益通算できる）。総合課税は選択 [できない]（1(2)）

※金融類似商品にかかる所得税についてはP185参照

◆配当所得

主なものは、個人の株主が支払を受ける**剰余金の分配（株式配当金）**（2）、公社債投資信託以外の**証券投資信託の収益分配金**、不動産投資信託の収益分配金等で、原則 [総合課税] の対象（超過累進税率が適用される）。

▶配当所得の金額の計算

配当所得の金額＝収入金額（税込金額） －株式等を取得するための借入金の利子

▶配当所得の課税関係

原則として [総合] 課税の対象だが、上場株式等から受ける配当等は、支払を受けるときに税率 [20.315] %（所得税 [15] %、復興特別所得税0.315%、住民税 [5] %）の額が源泉徴収され、次のいずれかとすることができる。

申告不要	確定申告しない、または確定申告時に当該配当を除外する
総合課税	総合課税を選択して他の所得と合算、確定申告する ➡配当控除の適用を受けることができる（P201参照）
申告分離課税	当該配当所得と上場株式等の譲渡損を損益通算、確定申告する

□ 不動産所得・事業所得

問1 次の文章を読んで、正しいものまたは適切なものには○を、誤っているものまたは不適切なものには×をつけなさい。

⑴所得税において、事業的規模で行われている賃貸マンションの貸付による所得は、事業所得となる。

(2022.05)

⑵不動産の賃貸に伴い受け取った敷金のうち、不動産の貸付期間が終了した際に賃借人に返還を要するものは、受け取った年分の不動産所得の金額の計算上、総収入金額には算入しない。

(2019.05)

⑶物品販売業を営む個人事業主の事業所得の金額の計算において、商品の売上原価は、「年初（期首）棚卸高＋年間仕入高－年末（期末）棚卸高」の算式により求められる。

(2020.09)

問2 下記の問について解答しなさい。

個人事業主として不動産賃貸業を営む山本さんは、FPで税理士でもある倉田さんに2023年分の所得税より確定申告書の作成を依頼することにした。山本さんの2023年分の収入および必要経費が下記〈資料〉のとおりである場合、山本さんの2023年分の不動産所得の金額（青色申告特別控除前の金額）として、正しいものはどれか。

〈資料〉山本さんの2023年分の収入および必要経費
・収入：家賃　380万円（未収家賃・前受家賃は発生していない）。
　　　　礼金　　20万円（全額返還を要しない）。
　　　　敷金　　60万円（退去時に全額返還する予定である）。
・必要経費：210万円
※山本さんは2023年分の所得税から青色申告の承認を受けている。

1．250万円
2．190万円
3．170万円

(2020.01　実技・資産)

A 答えと解説　実技(協会資産)

答え　問1 (1)［×］(2)［○］(3)［○］問2［2］

不動産所得は「事業的規模」の扱いや、不動産所得に該当するかどうか、また返さなくてよい敷金や保証金の取扱いに着目してください。

◆不動産所得　よくでる

不動産（土地・建物）の貸付による所得で、**総合課税**の対象。事業的規模の場合でも、不動産の貸付による所得は［不動産］所得となる（1(1)）。

・**事業的規模**：一戸建てなら5棟以上、アパート等なら10室以上の貸付
　事業的規模であれば青色申告特別控除が最高65万円（P207参照）
〈不動産所得にならないもの〉
・サービスの提供（食事付き等）がある場合：事業所得または雑所得
・不動産の売却で得たもの：譲渡所得

▶不動産所得の金額の計算

不動産所得の金額＝［総収入］金額－［必要経費］

総収入金額 よくでる	家賃、地代、礼金、敷金または保証金（返還を要［**しない**］もの）
必要経費	不動産収入を得るために直接必要となった費用。賃貸不動産の固定資産税、修繕費、火災保険料、仲介手数料、［**減価償却費**］、賃貸不動産を購入するための［**借入金の利子**］など

敷金・保証金のうち返還を要［する］ものは総収入金額に算入しない（1(2)）。

問2 山本さんの2023年分の総収入金額は、
　［**家賃380**］万円＋［**礼金20**］万円＝［400］万円
敷金は退去時に全額返還予定のため［**含めない**］。
したがって、不動産所得の金額（青色申告特別控除前の金額）は、
　［400］万円－［**必要経費210**］万円＝［190］万円

◆事業所得

個人が、農業・漁業、製造業、卸売業、小売業、サービス業等の事業で継続的に得る所得で、**総合課税**の対象。

▶事業所得の金額の計算

事業所得の金額＝［総収入］金額－［必要経費］

総収入金額	商品の売上代金等、事業による収入（その年の売上、収入での未収分も含む）
必要経費	収入を得るために直接必要となった費用 商品の［**売上原価**］、固定資産税、事業税、従業員に払った給与、家賃、通信費・光熱費等、［**減価償却費**］　等

・商品の売上原価＝年初（期首）棚卸高＋年間仕入高－年末（期末）棚卸高（1(3)）

□減価償却

問1 次の文章の（　　　）内にあてはまる最も適切な語句を１～３のなかから選び、その番号を記しなさい。

⑴固定資産のうち、（　　　）は減価償却の対象とされない資産である。

1．特許権
2．ソフトウェア
3．土地

(2023.09)

⑵所得税において、2024年中に取得した建物（鉱業用減価償却資産等を除く）に係る減価償却の方法は、（　　　）である。

1．定額法
2．定率法
3．低価法

(2023.05)

問2 下記の問について解答しなさい。

飲食店を営む個人事業主の天野さんは、2023年11月に器具を購入し、事業の用に供している。天野さんの2023年分の所得税における事業所得の金額の計算上、必要経費に算入すべき減価償却費の金額として、正しいものはどれか。なお、器具の取得価額は90万円、2023年中の事業供用月数は２か月、耐用年数は５年とする。また、天野さんは個人事業を開業して以来、器具についての減価償却方法を選択したことはない。

〈耐用年数表（抜粋）〉

法定耐用年数	定額法の償却率	定率法の償却率
5年	0.200	0.400

〈減価償却費の計算方法〉

取得価額×償却率×事業供用月数÷12か月

1．30,000円
2．60,000円
3．180,000円

(2022.05　実技・資産)

A　答えと解説　実技(協会資産)

答え　問1　(1)［3］(2)［1］　問2　［1］

不動産所得や事業所得で必要経費となる「減価償却費」について、対象となる資産と償却方法をみていきましょう。

◆減価償却とは

建物や機械装置などの資産は、時間経過とともに価値が減少するため、購入年に１度に費用とするのではなく、使用可能期間（資産の耐用年数）に応じて分割し、**複数年にわたって経費とする**。その方法を**減価償却**といい、経費を**減価償却費**という。

▶減価償却の対象となる資産

有形固定資産	**建物**、機械装置、**備品**、車両、建物付属設備、構築物など
無形固定資産	**特許権**、**ソフトウェア**、商標権など

・**土地**は減価償却［できない］（価値が減少しないため）（1(1)）　よくでる

▶減価償却の方法

定額法と定率法がある。新たに取得した建物は必ず［定額］法になる（1(2)）。また、方法の届出をしなかった場合は［定額］法になる（2）。

よくでる

定額法	年定額を減価償却費とする
定率法	未償却残額（取得した金額から、これまで既に減価償却費として計上した額を引いたもの）に、一定の償却率をかけて計算した額を減価償却費とする。年経過ごとに減価償却費は減少する

▶減価償却（定額法）の計算方法（2）

減価償却費＝取得価額×定額法の償却率※×使用月数÷12か月

※法定耐用年数に応じた償却率を使用する。

問2　減価償却方法を選択していない場合は［定額］法になるので、資料の［定額］法の償却率［0.200］を使い、計算する。

器具の減価償却費＝取得価額（［90］万円）×償却率［0.200］×事業供用月数［2か月］÷12か月

＝［30,000］円

解答のヒント　「建物」と、「何も選ばなかった」ときは「定額法」です。

□ 給与所得

問 1 下記の問について解答しなさい。

会社員の大下さんの2023年分の収入は、下記〈資料〉のとおりである。大下さんの2023年分の給与所得の金額として、正しいものはどれか。なお、〈資料〉に記載のない事項については一切考慮しないこととする。

〈資料〉

内容	金額
給料	580万円
賞与	170万円

〈給与所得控除額の速算表〉

給与等の収入金額		給与所得控除額
	162.5万円以下	55万円
162.5万円超	180万円以下	収入金額×40%－ 10万円
180万円超	360万円以下	収入金額×30%＋ 8万円
360万円超	660万円以下	収入金額×20%＋ 44万円
660万円超	850万円以下	収入金額×10%＋110万円
850万円超		195万円

1．750万円
2．565万円
3．410万円

(2019.09　実技・資産・改)

A 答えと解説　実技（金財個人、金財保険、協会資産）

答え　問1 ［2］

会社員やパート・アルバイトの人が勤務先から受け取る給料は、給与所得として課税されます。実技試験では計算が出題されます。

◆給与所得

個人が勤務先から給料や賃金、賞与等として受け取る所得で、**総合課税**の対象。なお、限度額以内の通勤手当は非課税（P173参照）。

▶給与所得の金額の計算　よくでる

給与等の収入金額に応じて、一定の給与所得控除を控除する。

給与所得の金額＝収入金額－［給与所得控除］額

※給与所得控除額は、会社員等のみなし必要経費

〈給与所得控除額の速算表〉　さらっと

給与等の収入金額		給与所得控除額
	162.5万円以下	**55万円**
162.5万円超	180万円以下	収入金額×40%－ 10万円
180万円超	360万円以下	収入金額×30%＋ 8万円
360万円超	660万円以下	収入金額×20%＋ 44万円
660万円超	850万円以下	収入金額×10%＋110万円
850万円超		**195万円（上限）**

▶所得金額調整控除　さらっと

給与収入850万円超の者に、23歳未満の扶養親族がいる場合や、本人・配偶者・扶養親族が特別障害者の場合に所得金額調整控除が適用できる。
計算式＝｛給与等の収入金額（1,000万円超の場合1,000万円）－850万円｝×10%

問1 大下さんの給与所得の金額を求める。
給与等の収入金額＝［給料580］万円＋［賞与170］万円＝［750］万円
給与所得控除額＝収入金額（［750］万円）×［10］%＋［110］万円
＝［185］万円
したがって、給与所得＝［750］万円－［185］万円＝［565］万円

▶給与所得者の納税

給与の支払者（会社等）は、毎月の給与等から**概算の所得税を源泉徴収**しておき、年末に1年間の給与所得に係る所得税額を計算、差額を給与所得者に還付・徴収する。これを**年末調整**という。所得税の納税は給与の支払者が実施し、諸要件を満たしている給与所得者であれば確定申告不要となる。

□ 退職所得

問1 次の文章の（　　　）内にあてはまる最も適切な計算式、語句を1～3のなかから選び、その番号を記しなさい。

⑴確定拠出年金の個人型年金の老齢給付金について、その全額を一時金で受け取った場合、当該老齢給付金は、（　　　）として所得税の課税対象となる。

1．一時所得
2．退職所得
3．雑所得

(2022.09)

⑵給与所得者が35年間勤務した会社を定年退職し、退職金3,000万円の支給を受けた場合、退職所得の金額の計算上、退職所得控除額は（　　　）となる。

1．{800万円＋70万円×（35年－20年)｝×$\frac{1}{2}$＝925万円
2．800万円＋40万円×（35年－20年）＝1,400万円
3．800万円＋70万円×（35年－20年）＝1,850万円

(2023.01)

問2 次の文章を読んで、正しいものまたは適切なものには○を、誤っているものまたは不適切なものには×をつけなさい。

退職手当等の支払を受ける個人がその支払を受ける時までに「退職所得の受給に関する申告書」を提出した場合、その支払われる退職手当等の金額に20.42%の税率を乗じた金額に相当する所得税および復興特別所得税が源泉徴収される。

(2023.05)

答え　問 1 (1)［2］(2)［3］問 2［×］

退職するとき勤務先から受け取る退職金は、退職所得となります。試験では出題頻度が高く、計算・源泉徴収についても要確認です。

◆退職所得

退職によって勤務先から受ける退職手当などは退職所得となり［分離］課税の対象。なお、確定拠出年金（企業型・個人型）の老齢給付金を一時金で受ける場合も［退職］所得として課税対象となる（1(1)）。

▶退職所得の金額の計算　よくでる

退職所得の金額＝（収入金額－退職所得控除額）×［$\frac{1}{2}$］

※勤続５年以下の場合
勤続年数５年以下の役員等の退職所得の計算では「×$\frac{1}{2}$」の適用はしない。役員以外の勤続５年以下の者の退職金の計算では「×$\frac{1}{2}$」する前の金額で300万円以下の部分のみ「×$\frac{1}{2}$」を適用できる。

▶退職所得控除額

勤続年数	退職所得控除額
［20］年以下	40万円×勤続年数（最低80万円）
［20］年超	**800万円＋［70］万円×（勤続年数－［20］年）**（1(2)）　よくでる

※勤続年数の１年未満の端数は切り上げる。（例）34年５か月➡35年

問1(2)　勤続35年、退職金3,000万円を受け取った場合。勤続年数は「20年超」なので、退職所得控除額は、
　800万円＋［70］万円×（［35］年－［20］年）＝［1,850］万円
〈計算例〉なお、この事例の退職所得は、次のように計算できる。
　（［3,000］万円－［1,850］万円）×［$\frac{1}{2}$］＝［575］万円

▶退職所得の源泉徴収　よくでる

退職までに勤務先に「**退職所得の受給に関する申告書**」を提出したかどうかで異なる。

提出した場合（2）	退職手当等に対して［適正な］所得税・住民税を計算、源泉徴収して課税関係は終了する。確定申告は［必要ない］
提出しなかった場合	退職手当等に対して［一律20.42%］の所得税を源泉徴収する。精算するために確定申告をする［必要がある］

解答のヒント　**勤続年数20年超の退職所得控除の計算式は暗記。計算の場合、求めるのは退職所得控除か退職所得か、よく確認してください。**

問1 次の文章の（　　　）内にあてはまる最も適切な語句の組合せを1～3のなかから選び、その番号を記しなさい。

(1)所得税における一時所得の金額は、その年中の一時所得に係る総収入金額から、その収入を得るために支出した金額の合計額を控除し、その残額から最高（ ① ）の特別控除額を控除した金額である。なお、総所得金額に算入する場合は、この金額に（ ② ）を乗じた金額となる。

1．①50万円　②2分の1
2．①50万円　②3分の1
3．①65万円　②2分の1

(2019.05)

(2)所得税における一時所得に係る総収入金額が500万円で、その収入を得るために支出した金額が250万円である場合、総所得金額に算入される一時所得の金額は、（　　　）である。

1．100万円
2．125万円
3．250万円

(2022.09)

問2 次の文章を読んで、正しいものまたは適切なものには〇を、誤っているものまたは不適切なものには×をつけなさい。

一時払変額個人年金保険（10年確定年金）を契約後6年経過後に解約し、受け取った解約返戻金は、源泉分離課税の対象となる。

(2023.05　実技・保険・改)

A　答えと解説　実技（金財個人、金財保険、協会資産）

答え　問 1 (1)［1］(2)［1］問 2 ［×］

一時所得の代表例は、保険の満期金・解約返戻金です。総所得金額に算入するときの計算も注意しましょう。

◆一時所得

一時所得は、個人が一時に受け取った所得で、［総合］課税の対象。主なものは、保険契約者（保険料負担者）が受け取る**生命保険・損害保険の満期金・解約返戻金**、法人からの贈与により取得した資産（雇用関係がある場合は除く）、懸賞の賞金など。

▶一時所得の金額の計算（1 (1)(2)）　よくでる

一時所得の金額＝総収入金額－その収入を得るために支出した金額－特別控除額［50］万円

なお、総所得金額に算入する際には、損益通算した後の一時所得の金額を［2分の1］した額となる。

総所得金額に算入する一時所得の金額＝一時所得の金額×［$\frac{1}{2}$］

問 1 (2)　一時所得の金額＝500万円－250万円－特別控除額50万円＝200万円。総所得金額に算入される額は、一時所得の2分の1なので、
200万円×$\frac{1}{2}$＝100万円。

▶生命保険・損害保険の満期保険金・解約返戻金の注意点

契約後［5］年経過した後に受け取った満期保険金・解約返戻金は一時所得として総合課税の対象となる（2）が、契約後［5］年以内に受け取る一部の一時払保険の満期保険金・解約返戻金は、**金融類似商品**として［源泉分離課税］の対象となる（P99参照）。

◆山林所得　さらっと

山林所得は、個人が保有期間５年超の山林を伐採して譲渡した場合やそのまま譲渡して得た所得。申告分離課税の対象となる。

山林所得の金額＝総収入金額－必要経費－特別控除額（最高50万円）

解答のヒント　問われているのが「一時所得の計算」（50万円の特別控除を差し引いた額）なのか、「総所得金額に算入する額」（２分の１後の額）なのかを見極めて解答しましょう。

□ 譲渡所得

問 1 下記の問について解答しなさい。

長谷川さんは、自宅として所有している土地と建物を2024年中に譲渡する予定である。長谷川さんの土地と建物の譲渡に係る所得税の計算に関する次の記述の空欄（ア）～（ウ）にあてはまる語句の組み合わせとして、正しいものはどれか。

・土地と建物などの譲渡による所得は（　ア　）所得として（　イ　）課税の対象となる。 ・土地と建物などの（　ア　）所得の金額は原則として、「譲渡価額－取得費－（　ウ　）」として計算する。

1．（ア）譲渡　（イ）総合　（ウ）必要経費
2．（ア）不動産　（イ）総合　（ウ）必要経費
3．（ア）譲渡　（イ）分離　（ウ）譲渡費用

（2021.05　実技・資産）

A 答えと解説 実技（金財個人、協会資産）

答え 問 1 ［3］

譲渡所得は、譲渡した資産と所有期間によって、課税の方法や計算方法が異なります。整理しながら確認してください。

◆譲渡所得

資産の譲渡による所得を譲渡所得といい、譲渡した資産の種類と所有期間によって次のように区分される。 よくでる

譲渡した資産の種類	課税の方法	所有期間の区分	所有期間の規定
土地等・建物（1）	［分離］課税	あり	譲渡した年の［1］月［1］日における所有期間が［5］年以下を**短期**、［5］年超を**長期**と区別する
上場株式等	［分離］課税	なし	なし
その他の資産	［総合］課税	あり	**取得日**から［譲渡日］までの所有期間が［5］年以下を**短期**、［5］年超を**長期**と区別する

※その他の資産：金地金、美術品、ゴルフ会員権　など

▶譲渡所得の金額の計算

・土地等・建物（1） よくでる

譲渡所得の金額＝総収入金額－（取得費＋譲渡費用）－特別控除

※「譲渡所得の金額＝総収入金額－取得費－譲渡費用－特別控除」と記載されることもある

・上場株式等

譲渡所得の金額＝総収入金額
－（取得費＋譲渡費用＋購入のための借入金の譲渡年分の利子）

・その他の資産 さらっと

譲渡所得の金額＝総収入金額－（取得費＋譲渡費用）
－特別控除（最高50万円）

※その他の資産の長期譲渡所得の場合、総所得金額に算入する際には、損益通算した後の譲渡所得の金額を**2分の1**した額となる（一時所得と同様）

▶取得費と譲渡費用

取得費	譲渡資産の取得に要した金額（**購入代金**）、**その後の改良費**　など ※概算取得費についてはP241参照
譲渡費用	譲渡するためにかかった費用（仲介手数料、建物取壊し費用　など）

□ 雑所得

問1 **次の文章の（　　　）内にあてはまる最も適切な語句を１～３のなかから選び、その番号を記しなさい。**

⑴所得税において、老齢基礎年金や老齢厚生年金を受け取ったことによる所得は、（　　　）となる。

1．雑所得
2．一時所得
3．非課税所得

（2022.05）

⑵所得税において、為替予約を締結していない外貨定期預金を満期時に円貨で払い戻した結果生じた為替差益は、（　　　）として総合課税の対象となる。

1．利子所得
2．一時所得
3．雑所得

（2022.09）

問2 **下記の問について解答しなさい。**

杉野さん（67歳）の2023年分の公的年金等の収入金額は300万円である。杉野さんの2023年分の公的年金等の雑所得の金額として、正しいものはどれか。なお、杉野さんは公的年金等以外に収入はないものとする。

〈公的年金等控除額の速算表〉（抜粋）

	公的年金等の収入金額（A）	公的年金等控除額 （公的年金等に係る雑所得以外の所得に係る合計所得金額1,000万円以下）
65歳以上	330万円未満	110万円
	330万円以上　410万円未満	（A）×25％＋27.5万円
	410万円以上　770万円未満	（A）×15％＋68.5万円
	770万円以上　1,000万円未満	（A）×5％＋145.5万円
	1,000万円以上	195.5万円

1．110万円
2．190万円
3．197.5万円

（2023.05　実技・資産）

A 答えと解説　実技（金財個人、協会資産）

答え　問1 (1) [1] (2) [3]　問2 [2]

所得の他の9種類に該当しないものは雑所得になります。代表としては公的年金の老齢年金ですが、他に該当するものも確認してください。

◆雑所得

他の所得のどれにも該当しない所得を雑所得といい、[総合] 課税の対象。「公的年金等」と「公的年金等以外」に区分し計算後に合計する。

公的年金等 よくでる	[老齢基礎年金]、[老齢厚生年金]（1(1)）、[確定拠出年金]（企業型・個人型）の老齢給付金の年金、企業年金・国民年金基金・小規模企業共済から受給する年金など
公的年金等以外	**個人年金から受け取る年金**、プロの著述業でない者が受け取る原稿料、為替予約をしていない**外貨預金の** [**為替差益**]（1(2)）など

▶雑所得の金額の計算

- **公的年金等の雑所得＝公的年金等の収入金額－公的年金等控除額**
- 公的年金等以外の雑所得＝公的年金等以外の総収入金額－必要経費

▶公的年金等控除額　よくでる

[12月31日] 時点での受給者の年齢（[65] **歳以上か** [65] **歳未満か**）と公的年金等の収入金額により、公的年金等控除額が計算される。

〈公的年金等控除額の速算表〉

	公的年金等の収入金額（A）	公的年金等控除額
65歳未満	130万円未満	**60万円**
	130万円以上　410万円未満	（A）×25％＋27.5万円
	410万円以上	（65歳以上と同じ）
65歳以上	330万円未満	**110万円**（2）
	330万円以上　410万円未満	（A）×25％＋27.5万円
	410万円以上　770万円未満	（A）×15％＋68.5万円
	770万円以上　1,000万円未満	（A）×5％＋145.5万円
	1,000万円以上	**195.5万円**

※公的年金等に係る雑所得以外の所得にかかる合計所得金額が1,000万円以下の場合

〈計算例〉公的年金等の収入金額が400万円の場合の公的年金等の雑所得
公的年金等控除額＝400万円× [25] ％＋ [27.5] 万円＝ [127.5] 万円
公的年金等の雑所得＝ [400] 万円－ [127.5] 万円＝ [272.5] 万円

問2 杉野さんは67歳、公的年金等の収入金額は300万円なので、公的年金等控除額は速算表から110万円。
公的年金等の雑所得＝300万円－110万円＝190万円。

損益通算

□損益通算できる所得

問1 次の文章の（　　）内にあてはまる最も適切な語句を1～3のなかから選び、その番号を記しなさい。

⑴所得税において、（　　）、事業所得、山林所得、譲渡所得の金額の計算上生じた損失の金額は、一定の場合を除き、他の所得の金額と損益通算することができる。

1．一時所得
2．不動産所得
3．雑所得

(2023.05)

⑵下記の〈資料〉において、所得税における不動産所得の金額の計算上生じた損失の金額のうち、他の所得の金額と損益通算が可能な金額は、（　　）である。

〈資料〉不動産所得に関する資料

総収入金額	200万円
必要経費	400万円 〔不動産所得を生ずべき土地等を取得するために要した負債の利子の額50万円を含む〕

1．150万円
2．200万円
3．400万円

(2023.01)

問2 次の文章を読んで、正しいものまたは適切なものには○を、誤っているものまたは不適切なものには×をつけなさい。

⑴不動産所得の金額の計算上生じた損失の金額のうち、不動産所得を生ずべき業務の用に供する土地を取得するために要した負債の利子の額に相当する部分の金額は、損益通算の対象とならない。

(2022.05)

⑵上場株式を譲渡したことによる譲渡所得の金額の計算上生じた損失の金額は、確定申告をすることにより、不動産所得や事業所得などの他の所得金額と損益通算することができる。(2022.09)

A 答えと解説　実技（金財個人、協会資産）

答え　問1 (1)［2］(2)［1］　問2 (1)［○］(2)［×］

計算した各所得において黒字（利益）と赤字（損失）がある場合、特定の所得の損失については、他の所得の黒字と損益通算できます。

◆損益通算

特定の所得の損失は、他の所得の黒字と相殺することができる。

▶損益通算できる所得の損失は以下の４つのみ

［不動産］所得（1(1)）、［事業］所得、［山林］所得、［譲渡］所得　よくでる

➡「不事山譲（ふじさんじょう：富士山上）」と覚える。

ただし、次のものは損益通算できない。　よくでる

不動産所得の損失のうち土地等を取得するために借りた［負債の利子］（1(2) 2(1)）		
譲渡所得		
	土地等・建物の譲渡損失	（例外）居住用財産の譲渡損失は要件を満たせば損益通算できる
	株式等の譲渡損失（2(2)）	（例外）上場株式等の損失は申告分離課税を選択した配当所得・特定公社債の利子所得と損益通算できる
	生活に通常必要でない資産の譲渡損失（別荘、時価30万円を超える貴金属等、ゴルフ会員権等）	

▶内部通算との違い

内部通算とは、同じ所得同士で黒字と赤字を合算して所得金額を算出することで、どの所得においても可能とされている。

▶不動産所得の損失のうち、損益通算できる金額の計算

> **問1(2)** 不動産所得を計算すると、
> 総収入金額［200］万円−必要経費［400］万円＝［200］万円の損失
> ただし、「不動産所得を生ずべき土地等を取得するために要した負債の利子の額」［50］万円は他の所得と損益通算できないので、差し引く。
> ［200］万円−土地等の負債の利子［50］万円＝［150］万円

ポイント　**損益通算できる所得の種類と、損益通算できる不動産所得の損失の計算は頻出です。計算できるようにしておきましょう。**

所得控除

□ 所得控除の全体および基礎控除

問1 次の文章を読んで、正しいものまたは適切なものには○を、誤っているものまたは不適切なものには×をつけなさい。

⑴夫が生計を一にする妻の負担すべき国民年金の保険料を支払った場合、その支払った金額は、夫に係る所得税の社会保険料控除の対象となる。

(2023.01)

⑵所得税において、国民年金基金の掛金は、社会保険料控除の対象となる。

(2023.05)

⑶「ふるさと納税ワンストップ特例制度」の適用を受けるためには、同一年中の寄附金の額の合計額が５万円以下でなければならない。

(2021.09)

問2 次の文章の（　　）内にあてはまる最も適切な語句を１～３のなかから選び、その番号を記しなさい。

所得税において、確定拠出年金の個人型年金の掛金で、加入者本人が支払ったものは、（　　）の対象となる。

1．生命保険料控除
2．社会保険料控除
3．小規模企業共済等掛金控除

(2023.01)

A 答えと解説　実技（金財個人）

答え　問1 (1)［○］(2)［○］(3)［×］問2［3］

各所得には反映されない個人的な事情や、社会政策上の観点を税に反映させる仕組みとして、所得控除が設けられています。

◆所得控除とは

税額を計算する際に所得金額から控除するもので、15種類ある（概要P167～168の一覧表参照）。

▶基礎控除　よくでる

納税者本人の合計所得金額が［2,400］万円以下の場合、基礎控除の額は［48］万円。2,400万円超2,500万円以下は段階的に減り、2,500万円超では適用なしとなる。

▶社会保険料控除　よくでる

本人、生計を一にする［配偶者］［その他の親族］にかかる社会保険料を支払った場合、その社会保険料の全額が控除額となる（1(1)）。

対象となる社会保険料等	健康保険料、厚生年金保険料、雇用保険料、国民健康保険料、［国民年金］保険料、［国民年金基金］の掛金（1(2)）

▶小規模企業共済等掛金控除　よくでる

本人が［確定拠出年金］の個人が負担する掛金（2）や、小規模企業共済契約の掛金を支払った場合、その全額が控除額となる。

※［確定拠出年金］は、加入者本人の掛金に限る

▶生命保険料控除（P93～95参照）

▶地震保険料控除（P115参照）

▶寄附金控除

納税者本人が国や地方公共団体、一定の法人等へ寄附をした場合、次の額が寄附金控除の控除額となる。原則、確定申告により適用を受ける。

（・その年に支出した特定寄附金の額
・総所得金額等の40%）➡ いずれか少ない額 －［2,000］円

ふるさと納税は特定の地方自治体への寄附のことで、寄附金控除の対象となる。確定申告が不要の給与所得者で、寄附をする地方公共団体が［5］つまでであれば、「ふるさと納税ワンストップ特例制度」を申請することで寄附金控除についての確定申告を不要とすることができる（1(3)）。　さらっと

□ 配偶者控除、扶養控除

問1 次の文章を読んで、正しいものまたは適切なものには○を、誤っているものまたは不適切なものには×をつけなさい。

(1)所得税において、生計を一にする配偶者の合計所得金額が48万円を超える場合、配偶者控除の適用を受けることはできない。

(2023.05)

(2)所得税において、納税者の合計所得金額が1,000万円を超えている場合、配偶者の合計所得金額の多寡にかかわらず、配偶者控除の適用を受けることはできない。

(2022.05)

(3)個人事業主は、青色事業専従者として給与の支払を受けている配偶者について配偶者控除の適用を受けられない。

(2020.09　実技・個人・改)

(4)所得税において、納税者の2024年分の合計所得金額が1,000万円を超えている場合、2024年末時点の年齢が16歳以上の扶養親族を有していても、扶養控除の適用を受けることはできない。

(2022.09)

(5)所得税法上、控除対象扶養親族のうち、その年の12月31日現在の年齢が70歳以上の者は、老人扶養親族に該当する。

(2021.09)

問2 次の文章の（　　）内にあてはまる最も適切な語句を1～3のなかから選び、その番号を記しなさい。

所得税において、控除対象扶養親族のうち、その年の12月31日時点の年齢が19歳以上23歳未満である特定扶養親族に係る扶養控除の額は、1人につき（　　）である。

1．38万円
2．48万円
3．63万円

(2022.05)

A 答えと解説 実技（金財個人、金財保険、協会資産）

答え 問1 (1)［○］(2)［○］(3)［○］(4)［×］(5)［○］ 問2 ［3］

配偶者控除・配偶者特別控除は受けるための条件と控除額、扶養控除は扶養親族の年齢区分と控除額について、しっかりおさえてください。

◆配偶者控除　よくでる

納税者の合計所得金額が［1,000］万円以下で、納税者と生計を一にする配偶者の合計所得金額が［48］万円以下の場合に受けられる（1(1)(2)）。配偶者控除の額は納税者の合計所得金額により異なり、最高は［38］万円。

納税者の合計所得金額		控除対象配偶者	老人控除対象配偶者（12/31現在［70］歳以上）
	900万円以下	［38］万円	48万円
900万円超	950万円以下	26万円	32万円
950万円超	1,000万円以下	13万円	16万円

配偶者が青色事業専従者となっている場合、配偶者控除は適用不可（1(3)）。

◆配偶者特別控除

納税者の合計所得金額が［1,000］万円以下で、納税者と生計を一にする配偶者の合計所得金額が［48］万円超133万円以下の場合に受けられる。配偶者特別控除の額は、納税者と配偶者それぞれの合計所得金額により異なり、最高は［38］万円。

納税者の合計所得金額 ＼ 配偶者の合計所得金額		**48万円超** 95万円以下	（略）	130万円超 **133万円以下**
	900万円以下	［38］万円	（略）	3万円
900万円超	950万円以下	26万円		2万円
950万円超	1,000万円以下	13万円		1万円

◆扶養控除　よくでる

納税者の合計所得金額を問わず、納税者と生計を一にする［16］歳以上の親族（配偶者以外）の合計所得金額が48万円以下の場合に受けられる（1(4)）。16歳未満の者は対象外。

扶養親族の年齢（区分）		控除額
［16］歳以上（一般の控除対象扶養親族）		［38］万円
うち、［19］歳以上［23］歳未満（特定扶養親族）		［63］万円（2）
［70］歳以上（老人扶養親族）（1(5)）	同居老親等	58万円
	同居老親等以外の者	48万円

□ 医療費控除

問 1 次の文章の（　　　）内にあてはまる最も適切な語句の組合せを1～3のなかから選び、その番号を記しなさい。

所得税において、医療費控除（特定一般用医薬品等購入費を支払った場合の医療費控除の特例を除く）の控除額は、その年中に支払った医療費の金額（保険金等により補填される部分の金額を除く）の合計額から、その年分の総所得金額等の合計額の（　①　）相当額または（　②　）のいずれか低いほうの金額を控除して算出される。

1．① 5％　　② 88,000円
2．① 5％　　②100,000円
3．①10％　　②100,000円

(2021.05)

問 2 次の文章を読んで、正しいものまたは適切なものには○を、誤っているものまたは不適切なものには×をつけなさい。

⑴所得税において、人間ドックの受診費用は、その人間ドックによって特に異常が発見されなかった場合であっても、医療費控除の対象となる。

(2019.09)

⑵所得税において、納税者がスイッチOTC医薬品を購入した場合、所定の要件を満たせば、88,000円を限度として、その購入費用の全額を医療費控除として総所得金額から控除することができる。

(2020.01)

A 答えと解説 実技（金財個人、金財保険、協会資産）

答え 問1 [2] 問2 (1) [×] (2) [×]

確定申告の時期になると話題になる医療費控除。対象となる医療費や、支払った医療費から差引く金額についておさえておきます。

◆医療費控除

納税者が本人または本人と生計を一にする親族のために医療費を支払い一定額を超えた場合、[確定申告] することにより適用を受けられる。

▶医療費控除の計算 よくでる

医療費控除額（最高額200万円）
＝支払った医療費－保険金等で補填される金額－ [10] 万円※

※「総所得金額等× [5] %」相当額または [10] 万円のいずれか低い方の額（1）

▶医療費控除の対象となるもの、ならないもの

医療費控除の対象となるもの	
・医師または歯科医師による診療または治療に係る費用	
・**治療薬購入費**（風邪薬等の市販薬も含む）	・入院食事代
・**通院交通費**（通常は公共交通機関のみ）	・出産費用
・**重大な疾病等、異常がみつかった場合の** [健康診断・人間ドック費用] よくでる	
医療費控除の対象とならないもの	
・**美容整形**のための費用	
・**健康増進のためのビタミン剤の購入代**	
・自家用車での通院にかかるガソリン代、駐車料金	
・異常が発見されなかった場合の [健康診断・人間ドック] 費用（2(1)）	
・その年に支払わなかった**（未払いの）医療費**	

▶保険金等で補填される金額

健康保険の高額療養費、出産育児一時金、生命保険の入院給付金など

◆セルフメディケーション税制（医療費控除の特例）※

健康の保持増進や疾病予防への取組として一定の健康診断や予防接種等を行っている者が、本人または配偶者その他親族の特定一般用医薬品等（スイッチOTC医薬品）の購入費を支払って合計**12,000円を超えた場合**、[超えた金額] を総所得金額から控除することができる（2(2)）。なお、医療費控除と併せて適用を受けることは [できない]。

※正式には「特定一般用医薬品等購入費を支払った場合の医療費控除の特例」

セルフメディケーション税制の控除額（最高額88,000円）
＝一定の医薬品の購入費用－保険金等で補填される金額－12,000円

総所得金額と所得税の計算

□ 総所得金額と所得税

問1 次の設例に基づいて、下記の問に答えなさい。

〈設例〉（一部抜粋）
Aさんの収入等に関する資料
・給与収入の金額：700万円
・不動産所得の金額：15万円
・上場株式の譲渡損失の金額（証券会社を通じて譲渡したもの）：30万円

Aさんの2024年分の所得税における総所得金額は、次のうちどれか。

1．505万円
2．520万円
3．535万円

〈資料〉給与所得控除額

給与収入金額			給与所得控除額
万円超		万円以下	
	～	180	収入金額×40%－10万円（55万円に満たない場合は、55万円）
180	～	360	収入金額×30%＋8万円
360	～	660	収入金額×20%＋44万円
660	～	850	収入金額×10%＋110万円
850	～		195万円

（2022.05　実技・個人・改）

問2 次の文章の（　　）内にあてはまる最も適切な語句を1～3のなかから選び、その番号を記しなさい。

課税総所得金額250万円に対する所得税額（復興特別所得税額を含まない）は、下記の〈資料〉を使用して算出すると、（　　）である。

〈資料〉所得税の速算表（一部抜粋）

課税総所得金額	税率	控除額
195万円以下	5％	0円
195万円超330万円以下	10%	97,500円

1．　97,500円
2．152,500円
3．250,000円

（2020.09）

A 答えと解説　実技（金財個人、金財保険、協会資産）

答え　問1［3］問2［2］

ここまでみてきた所得金額、損益通算、所得控除を算出後、これらから総所得金額や所得税を計算します。流れを確認しましょう。

◆総所得金額と課税総所得金額　よくでる

総合課税される所得を合計したものを**総所得金額**という。総所得金額から**所得控除額**を差し引いて「**課税総所得金額**」を算出する。

・総合課税の所得（再確認）（1）

配当所得、不動産所得、事業所得、給与所得、譲渡所得（土地・建物の譲渡所得、株式等の譲渡所得を除く）、一時所得、雑所得

▶総所得金額の算出時の注意点

・分離課税となる土地・建物、株式等の譲渡所得は［対象外］。

・一時所得は［$\times\frac{1}{2}$］後の額が対象（満期保険金、解約返戻金等）。

・損益通算できるもの・できないものに注意（P191参照）。

問1　Aさんの総所得金額を求める。
・給与所得=給与収入［700］万円−給与所得控除額（［700］万円×［10］%+［110］万円）=［700］万円−［180］万円=［520］万円
・不動産所得の金額=［15］万円
・上場株式の譲渡損失の金額=［0］円:上場株式の譲渡損は損益通算［できない］
したがって、総所得金額=［520］万円+［15］万円=［535］万円

◆所得税額の算出　よくでる

所得税の速算表を使って、課税所得金額から所得税額を計算する。

▶所得税の速算表（2）

課税所得金額		税率	控除額
	195万円以下	5%	−
195万円超	330万円以下	10%	97,500円
330万円超	695万円以下	20%	427,500円
695万円超	900万円以下	23%	636,000円
900万円超	1,800万円以下	33%	1,536,000円
1,800万円超	4,000万円以下	40%	2,796,000円
4,000万円超		45%	4,796,000円

速算表による所得税額＝課税所得金額×税率－控除額

問2　課税総所得金額250万円に対する所得税額=課税総所得金額［250］万円×税率［10］%−控除額［97,500］円=［152,500］円

税額控除

□ 配当控除

問1 次の文章の（　　　）内にあてはまる最も適切な語句を１～３のなかから選び、その番号を記しなさい。

所得税において、上場株式の配当について配当控除の適用を受けるためには、その配当所得について（　　　）を選択する必要がある。

1．総合課税
2．申告分離課税
3．確定申告不要制度

(2023.01)

問2 次の文章を読んで、正しいものまたは適切なものには○を、誤っているものまたは不適切なものには×をつけなさい。

上場不動産投資信託（J-REIT）の分配金は、確定申告をすることにより所得税の配当控除の適用を受けることができる。

(2023.09)

A　答えと解説

答え　問1 [1]　問2 [×]

所得税額を計算したら、税額そのものから差し引くことができる「税額控除」の制度をみていきます。まずは配当控除です。

◆税額控除とは

所得控除が「税額を計算する際に所得金額から差し引くもの」であるのに対し、税額控除は「**算出された税額そのものから差し引く**もの」。

◆配当控除　よくでる

配当控除を受けるには、配当所得の課税方法３種類のうち、[総合] 課税を選択して [確定申告] することが必要（1）。

原則として [総合] 課税の対象だが、上場株式等から受ける配当等は、支払を受けるときに税率 [20.315] %（所得税 [15] %、復興特別所得税0.315%、住民税 [5] %）の額が源泉徴収され、次のいずれかとすることができる

申告不要	確定申告しない、または確定申告時に当該配当を除外する
総合課税	**総合課税を選択して他の所得と合算、確定申告する** **➡配当控除の適用を受けることができる**
申告分離課税	当該配当所得と上場株式等の譲渡損を損益通算、確定申告する

▶配当控除を受けられないもの

・配当所得で、[申告不要] を選択したもの

・配当所得で、[申告分離] 課税を選択したもの

・[上場不動産投資信託（J-REIT）] の分配金（2）　など

▶配当控除額の計算　さらっと

配当控除額＝配当所得×10%　または　配当所得×5%※

※配当控除額の計算方法は「課税総所得金額等の金額が1,000万円以下の場合」、「1,000万円超だが配当所得を差し引くと1,000万円以下になる場合」、「1,000万円超で配当所得を差し引いても1,000万円超の場合」とで異なる。

ポイント　**3級では、配当控除の計算については覚えなくてよいです。「配当所得」との関連、配当控除を受けるにはどの課税方法を選ぶ必要があるか、を整理して覚えておきましょう。**

□ 住宅ローン控除

問 1 次の文章を読んで、正しいものまたは適切なものには○を、誤っているものまたは不適切なものには×をつけなさい。

(1)住宅ローンを利用してマンションを取得し、所得税の住宅借入金等特別控除の適用を受ける場合、借入金の償還期間は、20年以上でなければならない。

(2023.05)

(2)住宅ローンを利用して住宅を新築した個人が、所得税の住宅借入金等特別控除の適用を受けるためには、当該住宅を新築した日から1か月以内に自己の居住の用に供さなければならない。

(2023.01)

問 2 次の設例に基づいて、下記の問に答えなさい。

〈設例〉(一部抜粋)
Aさんは住宅ローンを利用して2024年10月に省エネ基準適合の新築マンションを取得(契約締結)し、同月中に入居した。

住宅借入金等特別控除に関する以下の文章の空欄①～③に入る語句または数値の組合せとして、次のうち最も適切なものはどれか。

i)「Aさんの場合、2024年分の所得税に係る住宅借入金等特別控除の控除額は、『住宅ローンの年末残高×(①)%』の算式により算出され、住宅借入金等特別控除の控除期間は、最長で(②)年間となります。」
ii)「住宅借入金等特別控除の適用を受ける最初の年分は、所得税の確定申告を行う必要があります。確定申告書は、Aさんの(③)を所轄する税務署長に提出します。」

1. ①0.7　②13　③住所地
2. ①1.0　②10　③住所地
3. ①0.7　②10　③勤務地

(2023.05　実技・保険・改)

A 答えと解説 実技（金財保険、協会資産）

答え 問1 (1)［×］(2)［×］問2［1］

住宅ローン控除は住宅ローンを利用してマイホームを取得した場合に利用できる控除ですが、頻繁に改正があります。

◆住宅ローン控除（住宅借入金等特別控除）

自己の居住用の住宅を取得し、その資金に住宅ローンを利用している場合、一定の要件を満たしていれば**住宅借入金等特別控除（住宅ローン控除）**の適用を受けられる。

▶適用要件 よくでる

住宅ローン	返済のための期間（償還期間）が［10］年以上あること（1(1)）
住宅用家屋（※1）（※2）	床面積が原則［50］㎡以上あること ・店舗併用住宅の場合、自己の居住用の床面積が全体の［2］分の［1］以上あること ・中古住宅の場合、一定の耐震基準に該当すること
対象者の所得	原則、控除を受ける年分の合計所得金額［2,000］万円以下
居住開始	住宅取得から［6］か月以内に入居し（1(2)）、控除を受ける年の［12］月［31］日まで引き続き居住すること
手続き	控除を受けるには、［**毎年**］確定申告が必要。管轄は［**住所地**］を管轄する税務署。なお、給与所得者は［**最初の年**］は確定申告が必要（2）だが、［**2年目**］以降は年末調整で控除（還付）を受けることができる

※1）2024年以降に取得した省エネ基準に適合しない新築住宅等は、建築確認や居住開始年の要件を満たす場合を除き、住宅ローン控除の適用は受けられない

※2）床面積40㎡以上50㎡未満の住宅については、対象者の控除年の合計所得金額が1,000万円以下の場合には適用を受けられる

▶控除額の計算

住宅ローン控除額は、その年末時点の残高に控除率を乗じて計算する。控除率は一律［0.7］％（2）。**年末残高には上限があり**、上限額は住宅取得年・住宅の省エネ基準適合のランク・子育て世帯か否かによって細分化されている。控除できる期間は、一定要件を満たす場合は［13］年（2）、それ以外は［10］年とされている。

その年の控除額＝住宅借入金等の年末残高×控除率

なお、所得税額からその年の控除額を引ききれない場合、翌年度分の住民税から控除できる（ただし上限あり）。

ポイント

まずは適用要件の赤字部分と、控除率0.7％、控除期間13年または10年である点をおさえておきましょう。

確定申告

□ 確定申告と年末調整

問 1 次の文章の（　　）内にあてはまる最も適切な語句の組合せを1～3のなかから選び、その番号を記しなさい。

(1)所得税の確定申告をしなければならない者は、原則として、所得が生じた年の翌年の（ ① ）から（ ② ）までの間に、納税地の所轄税務署長に対して確定申告書を提出しなければならない。

1．①2月1日　②3月15日
2．①2月16日　②3月15日
3．①2月16日　②3月31日

(2023.05)

(2)給与所得者のうち、（　　）は、所得税の確定申告をする必要がある。

1．給与の年間収入金額が1,000万円を超える者
2．給与所得以外の所得の金額の合計額が10万円を超える者
3．医療費控除の適用を受けようとする者

(2021.01)

(3)給与所得者は、年末調整により、所得税の（　　）の適用を受けることができる。

1．雑損控除
2．寄附金控除
3．地震保険料控除

(2022.05)

答え 問1 (1) [2] (2) [3] (3) [3]

所得税は、納税者が自分で税金を計算し、自分で納める「申告納税方式」です。確定申告の義務のあるケースを確認しましょう。

◆確定申告

個人ごとに**1年間**（[1] 月 [1] 日～ [12] 月 [31] 日）**に生じた所得**について、自分で税額を計算し、原則として翌年 [2] 月 [16] 日から [3] 月 [15] 日までの間に確定申告書を提出する（1(1)）。 よくでる

▶確定申告しなければならない者

給与所得者以外で、納税額のある人（原則）。

▶給与所得者の場合

給与所得者は、通常は勤務先が**年末調整**を実施し、所得税の精算が行われて納税が完了するため、確定申告は必要ない。ただし、次に該当する者は確定申告が必要（1(2)）。

確定申告の義務がある よくでる	・その年に受けた給与収入の金額が [2,000] 万円を超える ・給与は1か所から受け取っていて、給与所得および退職所得以外の所得金額が合計 [20] 万円を超えている ・給与を2か所以上から受け取っている
確定申告により還付がある	・[医療費] 控除、雑損控除、寄附金控除の適用を受ける ・住宅ローン控除の適用を受ける [最初の] 年

▶準確定申告 さらっと

納税者が死亡した場合、相続人は、死亡した年の1月1日以降死亡日までの所得について、相続の開始があったことを知った日の翌日から [4] か月以内に確定申告・納税をしなければならない。

◆年末調整

年末調整で適用を受けられる所得控除（保険料・掛金負担のあるもの）。

社会保険料控除、生命保険料控除、[地震] 保険料控除（1(3)）、小規模企業共済等掛金控除

▶源泉徴収票

会社などの給与の支払者は、給与を支払った従業員など（給与所得者）に対して「給与所得の源泉徴収票」を作成し交付する。

青色申告

□青色申告

問1 次の文章を読んで、正しいものまたは適切なものには○を、誤っているものまたは不適切なものには×をつけなさい。

所得税において、不動産所得、事業所得または山林所得を生ずべき業務を行う者は、納税地の所轄税務署長の承認を受けることにより青色申告書を提出することができる。

(2023.01)

問2 次の文章の（　　）内にあてはまる最も適切な語句を１～３のなかから選び、その番号を記しなさい。

その年の１月16日以後新たに事業所得を生ずべき業務を開始した納税者が、その年分から所得税の青色申告の承認を受けようとする場合、原則として、その業務を開始した日から（　　）以内に、青色申告承認申請書を納税地の所轄税務署長に提出しなければならない。

1．2か月
2．3か月
3．6か月

(2023.09)

問3 下記の問に答えなさい。

所得税における青色申告制度に関する以下の文章の空欄①～③に入る語句または数値の組合せとして、次のうち最も適切なものはどれか。

ⅰ)「事業所得の金額の計算上、青色申告特別控除として最高（　①　）万円を控除することができます。（　①　）万円の青色申告特別控除の適用を受けるためには、事業所得に係る取引を正規の簿記の原則に従い記帳し、その記帳に基づいて作成した貸借対照表、損益計算書その他の計算明細書を添付した確定申告書を法定申告期限内に提出することに加えて、e-Taxによる申告（電子申告）または電子帳簿保存を行う必要があります。なお、確定申告書を法定申告期限後に提出した場合、青色申告特別控除額は最高（　②　）万円となります。」

ⅱ)「青色申告者が受けられる税務上の特典として、青色申告特別控除のほかに、青色事業専従者給与の必要経費算入、（　③　）の3年間の繰越控除、（　③　）の繰戻還付、棚卸資産の評価について低価法を選択することができることなどが挙げられます。」

1．①65　②55　③雑損失
2．①55　②10　③雑損失
3．①65　②10　③純損失

(2021.09　実技・個人)

A 答えと解説　実技（金財個人、金財保険、協会資産）

答え　問1［○］問2［1］問3［3］

個人事業主の場合、青色申告者となればさまざまな特典を利用できます。

◆青色申告（個人事業主の場合）

青色申告制度では、一定の帳簿を備え付けてこれに取引を記録（記帳）し、申告をする者に特典が設けられている。

▶青色申告できる人（1）　よくでる

［不動産］所得、［事業］所得または［山林］所得のいずれかがある人。

▶承認手続き　よくでる

青色申告を選択しようとする年の［3］月15日までに「青色申告承認申請書」を所轄税務署長に提出する。その年の1月16日以後に新規開業する場合は、業務開始した日から［2］か月以内に提出する（2）。

◆青色申告の特典

▶青色申告特別控除　よくでる

青色申告の所得の計算上、最高［65］万円または55万円もしくは［10］万円を差し引くことが認められる。

［65］万円	下記の55万円の条件をすべて満たしている者が、**e-Taxによる申告**または**電子帳簿保存**を行う場合（3）
55万円	**［事業］所得、または事業的規模（5棟10室以上）の［不動産］所得がある人**で、①「正規の簿記の原則に従った会計帳簿に記帳」②「それに基づく貸借対照表と損益計算書を確定申告書に添付」③「提出期限までに申告」の要件を満たしている場合
［10］万円	上記以外の場合（上記①～③を満たさない事業所得・不動産所得、または事業的規模でない不動産所得、または山林所得がある青色申告者すべて）。「法定期限後に提出」は③を満たしていないため10万円（3）

▶その他の主な特典

青色事業専従者給与	青色申告者と生計を一にする親族が、その事業に専従している（青色事業専従者）場合、その親族に支払う給与全額を必要経費にできる（※なお、青色事業専従者となっている配偶者・親族には、［**配偶者控除**］・［**扶養控除**］は適用できない）
純損失の繰越控除（3）	純損失の全額について［3］年間の繰越控除が可能（前年分の所得に対する税金から還付を受けられる「繰戻還付」も［3］年可能）
低価法	棚卸資産の評価において、低価法を選択できる

不動産

ここで学ぶこと

- □ 不動産の見方
- □ 不動産の取引
- □ 不動産に関する法律（借地借家法、建築基準法　等）
- □ 不動産と税金
- □ 不動産の有効活用

不動産は貴重な資産であり、さまざまな形で利用されています。

試験では、不動産登記、不動産の仲介における宅地建物取引業者に対するルールや売買の手付、貸借における事業用定期借地権や定期借家権が頻出です。不動産に関する法律では、都市計画法の区域と開発許可、建築基準法の道路制限、建蔽率・容積率は重要ポイントです。不動産と税金では、不動産の譲渡所得と居住用財産の特例は必須事項です。不動産の有効活用では純利回り（NOI利回り）の計算を覚えましょう。

❶ 不動産の見方

❶不動産（土地）の価格

価格の種類	所管	基準日等	公示価格との比較
公示価格	国土交通省	1月1日	－
基準地（標準）価格	都道府県	7月1日	100%
相続税路線価	国税庁	1月1日	80%
固定資産税評価額	市町村	**3年毎**評価替え	70%

❷不動産登記

登記事項証明書は**誰でも交付請求できる。**

表題部 （表示の登記）	土地や建物の物理的概要が記載される ・土地：**所在**、**地積**（土地の面積）等 ・建物：所在、家屋番号、床面積等	
権利部 （権利の登記）	**甲区**	所有権に関する事項：所有権の保存、移転等
	乙区	**所有権**以外の権利に関する事項：抵当権等

❷ 不動産の取引

▶売買契約の手付金

売買契約時に買主から売主に交付された手付金は、**契約履行に着手するまでは、**買主は手付金の放棄、売主は**手付金の倍額を買主に提供**することで売買契約を解除できる。

▶宅地建物取引業者との媒介契約の種類と内容

		一般媒介契約	専任媒介契約	専属専任媒介契約
依頼者側の制約	重複依頼	できる	できない	できない
	自己発見取引	できる	できる	できない
有効期限		なし	最長3か月	最長3か月

❸ 借地借家法

❶土地の賃貸借契約

普通借地権	原則として契約更新され、地主側から契約更新拒絶するには正当事由が必要
定期借地権	契約更新はない
事業用定期借地権等	契約方式は**公正証書**に限る、契約終了後は借地人が更地にして返還する

❷建物の賃貸借契約

普通借家権	契約方法に制限なく口頭でも可能、貸主からの更新拒絶・解約申入れは**正当事由**が必要
定期借家権	**1年未満の契約も可能**。契約で定めた期間が満了すれば更新されずに契約終了。契約方法は**必ず書面**とする

❹ 区分所有法

▶各種の手続きに必要となる区分所有者および議決権の割合

規約の設定、変更、廃止は**各4分の3**、建物の建替えは**各5分の4**。

❺ 都市計画法

▶都市計画区域は**都道府県**や国土交通大臣が指定する

線引き区域	**市街化区域**	・すでに市街地を形成している区域 ・おおむね10**年以内**に優先的かつ計画的に**市街化**を図るべき**区域**
	市街化調整区域	市街化を抑制すべき区域
非線引き区域	市街化区域でも市街化調整区域でもない、区域区分が定められていない区域	

▶開発許可：**都道府県知事**等の許可が必要だが、**市街化区域**は面積1,000㎡**未満の開発行為は許可が**不要。

❻ 建築基準法

❶用途制限

▶２つ以上の異なる用途地域にわたる場合は**敷地面積の広いほうの用途制限**を敷地全体に適用。

❷道路制限、防火制限、高さ制限

▶接道義務：建物の敷地は幅員4ｍ以上の道路に2ｍ以上接していなければならない。

▶２項道路：幅員《ふくいん》4ｍ未満の道路は道路中心線から水平距離2ｍ下がった線が道路境界線となる。

▶防火規制：敷地が異なる防火規制の地域にわたる場合は**厳しいほうの防火規制**を敷地全体に適用。

❸建蔽《けんぺい》率、容積率

▶建蔽率

$$\text{建蔽率（\%）} = \frac{\text{建築面積（m}^2\text{）}}{\text{敷地面積（m}^2\text{）}} \times 100$$

▶建蔽率の緩和

ア	a．建蔽率80%以外の地域で防火地域内に耐火建築物等を建てる	⇒	指定建蔽率＋10%
	b．準防火地域に耐火建築物等または準耐火建築物等を建てる	⇒	指定建蔽率＋10%
イ	角地《かどち》等に建築物を建てる	⇒	指定建蔽率＋10%

アのどちらか1つと、イも満たす場合は合わせて「**建蔽率＋20%**」になる。

ウ	建蔽率80%の地域で防火地域内に耐火建築物等を建てる	⇒	建蔽率制限なし（100%）

▶容積率

$$\text{容積率（\%）} = \frac{\text{延べ面積（m}^2\text{）}}{\text{敷地面積（m}^2\text{）}} \times 100$$

▶容積率の制限

敷地の前面道路の幅員が**12m**未満の場合、指定容積率と「前面道路の幅員（m）×法定乗数（4/10または6/10）」を比較し、**低いほう**が限度となる。

▶敷地が異なる建蔽率・容積率の地域にわたる場合は**加重平均した率**を敷地全体に適用。

❼ 農地法

農地の売買は農業委員会の許可、転用のみおよび売買と転用の場合は**都道府県知事**の許可が必要。ただし、特例として**市街化区域内にある農地を転用する**場合は、届出書をあらかじめ**農業委員会**に**提出**すれば**許可**不要。

8 不動産と税金

❶各種の税金

登録免許税	不動産登記をする際にかかる税金
不動産取得税	売買、贈与等による取得は課税される。相続**による取得は非課税**
固定資産税・都市計画税	**毎年1月1日時点**の固定資産台帳等の所有者に課税。住宅用地と住宅用家屋（新築住宅）に軽減の特例がある
消費税	土地に対して消費税は課税されない

❷不動産の譲渡所得

譲渡所得＝譲渡収入金額－（取得費＋譲渡費用）－特別控除

譲渡した年の1月1日時点での所有期間で長期・短期区別される。

長期譲渡所得	5年超	税率20.315%（所得税等・住民税）
短期譲渡所得	5年以下	税率39.63%（所得税等・住民税）

❸居住用財産の各種特例

居住用不動産を譲渡した場合の特例。親族に対する譲渡は対象外。

次のア（3,000万円の特別控除）とイ（軽減税率の特例）は併用可。

ア）3,000万円の特別控除	マイホームを譲渡した場合、譲渡所得から3,000**万円**を控除できる。所有期間は**問わない**
イ）軽減税率の特例	**譲渡年の1月1日**時点で**10年超**の場合、譲渡所得6,000**万円以下の部分の税率が軽減**される（所得税等・住民税合わせて14.21%）
ウ）特定居住用財産の買換え特例	**譲渡年の1月1日**時点で**所有期間**10**年超**、居住期間10年以上のマイホームを譲渡・買い換えた場合に適用可。譲渡資産の譲渡対価は1**億円以下**であること
エ）空き家に係る特例	一定要件を満たした空き家またはその敷地を相続人が譲渡した場合、譲渡所得から**最高**3,000**万円**を控除できる。譲渡資産の譲渡対価は1**億円以下**であること

9 不動産の有効活用

❶有効活用の方式と特徴

自己建設方式	すべて土地所有者が実施する
建設協力金方式	土地所有者がテナントから建設資金を借り入れる
等価交換方式	土地所有者とデベロッパーが出資比率に応じて建物・土地を譲渡・交換する
事業用定期借地権方式	建物は借地人が建設、契約期間満了後は更新なく、更地で土地所有者に返還。契約は必ず**公正証書**とする

❷不動産投資

純利回り（NOI利回り）（%）
＝（年間収入合計－年間費用）÷投資総額×100

不動産の見方

□土地の価格

問1 下記の問について解答しなさい。

公的な土地評価に関する下表の空欄（ア）～（ウ）にあてはまる語句の組み合わせとして、最も適切なものはどれか。

価格の種類	公示価格	相続税路線価	固定資産税評価額
所管	（ ① ）	＊＊＊	（ ② ）
評価割合	－	公示価格の（ ③ ）程度	公示価格の70％程度
実施目的	一般の土地取引の指標等	相続税等の財産評価の基礎	固定資産税等の課税標準の基礎

※問題作成の都合上、表の一部を空欄（＊＊＊）としている。

1．①総務省　②市町村（東京23区は東京都）　③70％
2．①国土交通省　②市町村（東京23区は東京都）　③80％
3．①国土交通省　②国税庁　③90％

（2022.01　実技・資産）

問2 次の文章の（　　）内にあてはまる最も適切な語句の組合せを1～3のなかから選び、その番号を記しなさい。

相続税路線価は、地価公示の公示価格の（ ① ）を価格水準の目安として設定されており、（ ② ）のホームページで閲覧可能な路線価図で確認することができる。

1．①70％　②国土交通省
2．①80％　②国税庁
3．①90％　②国税庁

（2023.05）

問3 次の文章を読んで、正しいものまたは適切なものには○を、誤っているものまたは不適切なものには×をつけなさい。

土地および家屋に係る固定資産税評価額は、原則として、3年ごとの基準年度において評価替えが行われる。（2021.05）

A 答えと解説　実技(協会資産)

答え　問1 [2]　問2 [2]　問3 [○]

土地の価格には、実際の売買価格のほかに、評価（利用）の目的に応じて４種類があります。それぞれ確認しましょう。

◆土地の価格

土地の価格には実勢価格（実際の売買価格）のほか、公的な土地評価として、４つの公的価格〈**公示価格、基準地（標準）価格、相続税路線価、固定資産税評価額**〉がある。１㎡当たりの価額で示される。

価格の種類	目的	所管	基準日	公表時期	公示価格との比較
公示価格	土地取引価格の指標　等	[国土交通省]（1）	毎年**1月1日**	3月	－
基準地（標準）価格	土地取引価格の指標（公示価格を補う）	[都道府県]	毎年**7月1日**	9月	公示価格の[100]％
相続税路線価 よくでる	相続税や贈与税の財産評価の基礎	[国税庁]（2）	毎年**1月1日**	7月	公示価格の[80]％（1 2）
固定資産税評価額 よくでる	固定資産税や不動産取得税等の課税標準の基礎	[市町村] 東京23区は東京都（1）	1月1日（**3年に1度**評価替え）（3）	4月	公示価格の[70]％

▶相続税路線価

相続税や贈与税を算出する際の基礎となる。公示価格の80％程度。所管は国税庁。

▶固定資産税評価額

固定資産税、都市計画税、不動産取得税、登録免許税などを算出する際の基礎となる。３年ごとに評価替えされる。公示価格の70％程度。

ポイント　**それぞれの所管、基準日（基準地（標準）価格以外は１月１日）、公示価格との比較（価格水準）は整理しておさえておきましょう。**

問1 次の文章を読んで、正しいものまたは適切なものには○を、誤っているものまたは不適切なものには×をつけなさい。

(1)土地の登記記録の表題部には、所有権に関する事項が記録される。

(2021.09)

(2)不動産の登記事項証明書は、対象不動産について利害関係を有する者以外であっても、交付を請求することができる。

(2023.09)

(3)不動産登記には公信力が認められていないため、登記記録上の権利者が真実の権利者と異なっている場合に、登記記録を信じて不動産を購入した者は、原則として、その不動産に対する権利の取得について法的に保護されない。

(2023.05)

問2 次の文章の（　　）内にあてはまる最も適切な語句の組合せを1～3のなかから選び、その番号を記しなさい。

(1)土地の登記記録において、（　①　）に関する事項は権利部（甲区）に記録され、（　②　）に関する事項は権利部（乙区）に記録される。

1．①所有権　②抵当権
2．①賃借権　②抵当権
3．①賃借権　②所有権

(2022.09)

(2)土地の売買において、所有権の移転が発生したものの、登記申請に必要な書類が提出できないなどの手続上の要件が備わっていない場合、仮登記をすることができる。この仮登記をすることで、その後に行う本登記の順位は（　①　）、所有権の移転を第三者に対抗すること（　②　）。

1．①保全され　②ができる
2．①保全されるが　②はできない
3．①保全されないが　②はできる

(2019.05)

A 答えと解説 実技（協会資産）

答え 問1 (1)［×］(2)［○］(3)［○］ 問2 (1)［1］(2)［2］

土地や建物の所在や面積、所有者や権利に関して記録されている登記について、記録されている内容と注意点を確認します。

◆不動産登記とは

不動産登記とは、土地や建物の所在・面積などの状況や、所有者など権利関係を「登記簿」に記録して一般に公開するもの。

▶登記記録の記載事項

表題部 （表示の登記）	土地や建物の**物理的概要**が記載される（1(1)） ・土地：所在、地番、地目（土地の用途）、地積（土地の面積）等 ・建物：所在、家屋番号、種類、構造、床面積　等	
権利部 （権利の登記） よくでる	甲区	［所有権］に関する事項が記載される（2(1)） 所有権の保存、移転、差押え　等
	乙区	［所有権］以外の権利に関する事項が記載される ［抵当権］（2(1)）、賃借権、地上権　等

▶不動産の登記事項証明書 よくでる

登記記録について書かれている登記事項証明書は、［誰でも］交付を請求できる（1(2)）。登記所（その不動産のある市町村等を管轄する法務局）窓口で手数料を納付するほか郵送やオンラインでの請求もできる。

◆不動産登記の効力 さらっと

不動産登記は、自分の権利を**第三者に示して対抗できる**「公示力」がある。仮に一つの不動産について二重譲渡があった場合、あとの購入者が先に登記完了すると、あとの購入者が自分のものとして主張できる。

登記申請に必要な書類などが整わず、手続き上の要件が備わっていない場合は**仮登記**することで本登記の順位は［保全］される（2(2)）。ただし、登記には登記に記載されている事項が事実であると保証する「公信力」はないため、登記を信じて権利の無い者と取引しても法的には保護されず、所有権の移転を第三者に対抗することは［できない］（権利が取得できる保証はない（1(3) 2(2)））。

ポイント **表題部と権利部に記録されるもの、甲区と乙区に記録されるものを整理しましょう。抵当権は「権利部　乙区」に記載される事項です。**

不動産の取引

□売買契約と媒介契約、宅地建物取引業

問1 次の文章の（　　）内にあてはまる最も適切な語句の組合せを1～3のなかから選び、その番号を記しなさい。

(1)宅地または建物の売買または交換の媒介契約のうち、（　①　）では、依頼者は他の宅地建物取引業者に重ねて媒介の依頼をすることが禁じられているが、（　②　）では、依頼者は他の宅地建物取引業者に重ねて媒介の依頼をすることができる。

1．①専任媒介契約　②一般媒介契約
2．①一般媒介契約　②専任媒介契約
3．①専任媒介契約　②専属専任媒介契約

(2020.09)

(2)宅地建物取引業法において、宅地建物取引業者が依頼者と締結する宅地または建物の売買の媒介契約のうち、専任媒介契約の有効期間は、最長（　　）である。

1．1か月
2．3か月
3．6か月

(2023.01)

問2 次の文章を読んで、正しいものまたは適切なものには○を、誤っているものまたは不適切なものには×をつけなさい。

不動産の売買契約において、買主が売主に解約手付を交付した場合、売主は、買主が契約の履行に着手するまでは、受領した解約手付を買主に返還することで、契約の解除をすることができる。

(2022.09)

A 答えと解説　実技（金財個人、協会資産）

答え　問1 (1)［1］(2)［2］問2［×］

宅建取引業者との媒介契約３種類の違いや、売買契約を解除するときの手付金について確認しましょう。

◆宅地建物取引業とは　さらっと

業として次の取引を行うには宅地建物取引業の免許が必要とされる。

- 自ら宅地・建物を売買・交換　※「自ら貸借」は含まれない
- 宅地・建物の売買・交換・貸借の代理
- 宅地・建物の売買・交換・貸借の媒介　※媒介：いわゆる「仲介」のこと

自己所有の宅地・建物の**賃貸業を営むことに免許はいらない。**

◆宅地建物取引業者との媒介契約の種類と内容

		一般媒介契約	専任媒介契約	専属専任媒介契約
依頼者側の制約 よくでる	**他の業者に重ねて依頼**	できる（1(1)）	［できない］（1(1)）	［できない］
	自己発見取引	できる	できる	［できない］
有効期限（1(2)）		法定期限なし	最長［3］か月	最長［3］か月
依頼者へ状況報告義務		［なし］	2週間に1回以上	1週間に1回以上
指定流通機構への物件の登録義務		なし	［7］営業日以内	［5］営業日以内

◆売買契約時の手付金　よくでる

手付金は買主から売主に交付される金銭で、契約履行時には売買代金の一部に充当される。**契約の履行に着手するまでは**、買主は手付金の放棄によって、売主は受領した手付金の［倍額］を買主に提供することによって、**売買契約を解除できる**（2）。契約の相手が履行に着手した後は契約解除**できない**。

◆危険負担と契約不適合責任　さらっと

引渡しまでの間に建物等が売主の責任でない事由（天災等）により滅失した場合、買主は代金の支払いを拒むことができる（**危険負担**）。引き渡された不動産が合意した契約内容に適合しない場合、買主は売主に対し修理や代金減額請求、契約の解除等ができる（**契約不適合責任**）。

ポイント　売主からの契約解除の場合、手付金は「倍返し」です。

□ 借地借家法（土地の賃貸借契約）

問 1 次の文章の（　　）内にあてはまる最も適切な語句を１～３のなかから選び、その番号を記しなさい。

⑴借地借家法に規定されている定期借地権のうち、いわゆる一般定期借地権では、借地上の建物は用途の制限がなく、存続期間を（　　）以上として設定するものであり、その設定契約は公正証書による等書面により作成する。

１．20年
２．30年
３．50年

(2020.09)

⑵借地借家法における定期借地権のうち、（　　）は、居住の用に供する建物の所有を目的として設定することができない。

１．一般定期借地権
２．事業用定期借地権等
３．建物譲渡特約付借地権

(2022.09)

問 2 次の文章を読んで、正しいものまたは適切なものには○を、誤っているものまたは不適切なものには×をつけなさい。

借地借家法において、事業用定期借地権等の設定を目的とする契約は、公正証書によってしなければならない。

(2023.01)

A 答えと解説 実技（金財個人、協会資産）

答え 問1 (1)［3］(2)［2］ 問2 ［○］

土地を借りる権利である借地権のうち、特に定期借地権の内容についてしっかり確認しましょう。

◆借地権

借地権とは、建物を所有する目的で、対価を支払い土地を借りる権利のこと（借地借家法上、建物の所有を目的とする地上権および土地の賃借権をいう）。普通借地権と定期借地権がある。

◆普通借地権

契約期間が満了したとき、建物があることを条件に**原則として契約が更新**される。借地権設定者（地主）が契約更新を拒絶するには正当事由（道理にかなった理由）が必要とされる。

- 契約の存続期間　：[30] 年以上で定める
- 契約後の存続期間：最初の更新は20年以上。2回目の更新からは10年以上

◆定期借地権 よくでる

契約期間満了時、契約更新はない点が特徴で、一般定期借地権、事業用定期借地権等、建物譲渡特約付借地権の3種類がある。

種類	一般定期借地権	事業用定期借地権等	建物譲渡特約付借地権
存続期間	[50] 年以上 (1(1))	[10] 年以上 [50] 年未満	30年以上
建物の 利用目的	制限なし	**事業用のみ** (一部でも居住用は不可) (1(2))	制限なし
契約方式	公正証書等の書面※	[公正証書] (2)	指定なし
契約終了時 の建物	原則として、借地人は建物を取り壊して**更地で返還**する		土地所有者が建物を買い取る
契約更新	なし		

※特約は電磁的記録も可

! 注意 **事業用定期借地権等の契約方式は必ず公正証書ですが、一般定期借地権は公正証書でなくても書面であればOKです。また、事業用定期借地権等の建物は事業用に限り、社宅は居住用なので不可です。**

□ 借地借家法（建物の賃貸借契約）

問1 下記の問について解答しなさい。

借地借家法に基づく普通借家権に関する次の記述の空欄（ア）～（ウ）に入る語句の組み合わせとして、最も適切なものはどれか。

存続期間	
期間の定めがある場合	契約で期間を定める場合、（　①　）以上とする。（　①　）未満の期間を定めた場合、期間の定めがないものとされる。
期間の定めがない場合	随時解約の申し入れをすることが可能である。 〈賃貸人からの解約の申し入れ〉 申し入れの日から（　②　）経過した時に契約は終了する。ただし、賃貸人からの解約の申し入れには正当事由を要する。 〈賃借人からの解約の申し入れ〉 申し入れの日から（　③　）経過したときに契約は終了する。

1．①1年　②3か月　③1か月
2．①1年　②6か月　③3か月
3．①2年　②6か月　③3か月

（2023.01　実技・資産）

問2 次の文章の（　　　）内にあてはまる語句として、最も適切なものを1～3のなかから選び、その番号を記しなさい。

借地借家法によれば、定期建物賃貸借契約（定期借家契約）の賃貸借期間が1年以上である場合、賃貸人は、原則として、期間満了の1年前から（　　　）前までの間に、賃借人に対して期間満了により契約が終了する旨の通知をしなければ、その終了を賃借人に対抗することができない。

1．1か月
2．3か月
3．6か月

（2023.05）

問3 次の文章を読んで、正しいものまたは適切なものには○を、誤っているものまたは不適切なものには×をつけなさい。

借地借家法によれば、定期建物賃貸借契約（定期借家契約）では、貸主に正当の事由があると認められる場合でなければ、貸主は、借主からの契約の更新の請求を拒むことができないとされている。

（2023.09）

A 答えと解説　実技（協会資産）

答え　問1［2］問2［3］問3［×］

借家契約は借主（借家人）を保護する内容になっています。後から設けられた定期借家契約は、「契約更新なし」です。

◆借家権（建物賃貸借）

借家権とは、建物を借りる権利で、法律上は「建物賃貸借」という。普通借家権と定期借家権がある。

◆普通借家権

<table>
<tr><td colspan="2">契約方法</td><td>制限なし（口頭でも可）</td></tr>
<tr><td rowspan="2">存続期間</td><td>契約で定める場合</td><td>［1］年以上とし、［1］年未満の期間を定めた場合は期間の定めのない契約とみなされる（1）
・更新は、期間満了1年前から6か月前までの間に更新拒絶の通知をしなければ、自動的に更新される（法定更新）　さらっと</td></tr>
<tr><td>契約で定めがない場合</td><td>いつでも解約の申入れができる
・借主からの申入れ：申入れから［3］か月（1）経過時に契約終了
・貸主からの申入れ：申入れから［6］か月（1）経過時に契約終了</td></tr>
</table>

ただし、**貸主から**の更新の拒絶・解約申入れは、**正当事由が必要**。

◆定期借家権　よくでる

定期借家契約は、契約で定めた期間が満了すれば**更新されずに契約終了**する。

<table>
<tr><td colspan="2">契約方法</td><td>必ず書面もしくは電磁的記録
（公正証書である必要は［ない］）</td></tr>
<tr><td rowspan="3">存続期間</td><td colspan="2">当事者の合意した期間
・契約前に、貸主は借主に「更新がなく期間満了により契約終了する」旨を記載した書面を交付して説明しなければならない</td></tr>
<tr><td>1年未満の契約</td><td>［できる］</td></tr>
<tr><td>1年以上の契約</td><td>貸主は、契約満了1年前から［6］か月前までに（2）契約終了する旨を借主に通知する必要がある。この場合に正当事由は［不要］（3）</td></tr>
</table>

ポイント　定期借家権について、普通借家権と比べながら重点的にチェックしましょう。更新なし、1年未満もOK、契約は書面、契約前に説明必要、1年以上契約なら満了6か月前までに通知する、等がポイントです。

不動産に関する法律

□区分所有法

問1 次の文章の（　　）内にあてはまる語句として、最も適切なものを１～３のなかから選び、その番号を記しなさい。

⑴建物の区分所有等に関する法律（区分所有法）において、規約の変更は、区分所有者および議決権の各（　　）以上の多数による集会の決議によらなければならない。

１．２分の１
２．３分の２
３．４分の３

(2022.05)

⑵建物の区分所有等に関する法律（区分所有法）によれば、集会においては、区分所有者および議決権の各（　　）以上の多数により、区分所有建物を取り壊し、その敷地上に新たに建物を建築する旨の決議（建替え決議）をすることができる。

１．３分の２
２．４分の３
３．５分の４

(2023.01)

A 答えと解説

答え 問1 [3] 問2 [3]

区分所有権は、分譲マンションをイメージするとわかりやすいです。建物全体を所有権の対象とするのではなく、一部屋ごとを対象とします。

◆区分所有法と区分所有権

一棟の建物の中の各部分が構造上区分され、独立してそれぞれ住居や店舗等として使用できるものである場合には、その部分ごとを所有権の対象とすることができる。これを**区分所有権**といい、区分所有法（建物の区分所有等に関する法律）で規定されている。

- **専有部分**：構造上・利用上で独立しており、区分所有権の対象となる部分（分譲マンションの一室など）
- **共用部分**：専有部分以外の部分（廊下・階段、管理人室など）
- 敷地：区分所有建物は、建物の所有権を得ると同時に土地の所有権も得ることになる。その敷地に関する権利を**敷地利用権**という
- **分離処分の禁止**：共用部分・敷地の持分は原則として専有部分の床面積の割合による。区分所有法では、原則として専有部分と、共用部分・敷地利用権の分離処分を禁止している

◆規約

区分所有法で定める内容のほか、建物や敷地などの管理・使用に関するルールなどを規約で定めることができる。

◆集会の決議 よくでる

集会の招集は年１回以上とされ、集会での決議によって、さまざまな取決めが行われる。決議は、**区分所有者**（区分所有者の人数※）**および議決権**（原則として専有部分の床面積の割合）**の一定割合の賛成が必要**。

※１つの区分所有権を複数人で共有している場合は１人と数える。

決議内容	必要な区分所有者と議決権の割合
規約の設定、変更、廃止	各[4]分の[3]以上の賛成（❶(1)）
建物の**建替え**	各[5]分の[4]以上の賛成（❶(2)）

ポイント **規約の変更は４分の３以上の賛成、建替えは５分の４以上の賛成が必要という点が頻出です。**

□ 都市計画法

問 1 次の文章を読んで、正しいものまたは適切なものには○を、誤っているものまたは不適切なものには×をつけなさい。

⑴都市計画法において、市街化区域は、既に市街地を形成している区域およびおおむね10年以内に優先的かつ計画的に市街化を図るべき区域とされている。

(2023.01)

⑵都市計画法において、市街化調整区域は、市街化を抑制すべき区域とされている。

(2022.05)

⑶都市計画法において、市街化区域内で行う開発行為は、その規模にかかわらず、都道府県知事等の許可を受けなければならない。

(2023.01)

A 答えと解説

答え 問1 (1) [○] (2) [○] (3) [×]

都市計画法では、総合的な街づくりを計画立てて行うための都市計画について必要事項が定められています。

◆都市計画区域

都市計画区域は、原則として**都道府県**や国土交通大臣が指定する。

都市計画区域	線引き区域 よくでる	市街化区域 (1(1))	・すでに市街地を形成している区域 ・おおむね [10] 年以内に**優先的かつ計画的に市街化を図るべき区域**
		市街化調整区域 (1(2))	市街化を [抑制] すべき区域
	非線引き区域	市街化区域でも市街化調整区域でもない、区域区分が定められていない区域	
準都市計画区域 さらっと		都市計画区域外だが、建物等が多い等によりそのまま放置すると将来の街づくりに支障が生じるおそれがある区域	

◆用途地域

都市計画法では、環境を守り効率的な活動を行うために [市街化区域] に必ず**用途地域**を定めている。市街化調整区域は原則として用途地域を定めない。

▶用途地域は計13種類ある。住居系 (第一種低層住居専用地域など8種)、商業系 (商業地域など2種)、工業系 (工業地域など3種)。

◆開発許可制度

開発行為をする場合は原則として**都道府県知事等の許可**が必要だが、市街化区域で面積 [1,000] ㎡未満の開発行為等は、原則として許可は不要とされる (1(3))。

▶許可が必要な開発行為

都市計画区域	線引き区域	市街化区域	原則として面積 [1,000] ㎡以上の開発行為
		市街化調整区域	**面積にかかわらず許可が必要**※
	非線引き区域	3,000㎡以上の開発行為 さらっと	
準都市計画区域			

※ただし、市街化調整区域で農林漁業用の建築物のための開発行為は許可不要とされる

! 注意 **市街化調整区域は市街化を『抑える』区域です。『促進する』区域ではありません。**

□ 建築基準法（用途制限）

問 1 下記の問について解答しなさい。

(1)建築基準法の用途制限に従い、下表の空欄（ア）、（イ）にあてはまる建築可能な建築物の組み合わせとして、最も適切なものはどれか。なお、記載のない条件については一切考慮しないこととする。

用途地域	建築物の種類
第一種低層住居専用地域	（　ア　）、神社
工業地域	（　イ　）、自動車整備工場

1．（ア）大学　　（イ）病院
2．（ア）中学校　（イ）診療所
3．（ア）中学校　（イ）病院

（2023.01　実技・資産）

(2)建築基準法の用途制限に従い、下表の用途地域において建築可能な建築物の組み合わせとして、正しいものはどれか。

	用途地域	建築物の種類
（ア）	第一種低層住居専用地域	小学校、病院
（イ）	商業地域	カラオケボックス、パチンコ店
（ウ）	工業地域	共同住宅、ホテル

1．（ア）
2．（イ）
3．（ウ）

（2021.05　実技・資産）

問 2 次の文章を読んで、正しいものまたは適切なものには○を、誤っているものまたは不適切なものには×をつけなさい。

建築基準法によれば、建築物の敷地が２つの異なる用途地域にわたる場合、その全部について、建築物の用途制限がより厳しい用途地域の建築物の用途に関する規定が適用される。

（2023.09）

A 答えと解説　実技（協会資産）

答え　問1 ⑴［2］⑵［2］問2［×］

建築基準法は、建物を建てる際の敷地等や用途に関して最低限の基準を定めています。まず、その建物をそこに建てられるか?が用途制限です。

◆用途制限

建築基準法では、都市計画法で定めた用途地域（13種類）に応じて、建築できる建物とできない建物を定めている。

▶用途地域と建築可否の具体例

・「第一種低層住居専用地域」には、幼稚園～高校、診療所、神社や保育所は建てられるが、大学、病院は建てられない。

・「工業地域」には、住宅、診療所は建てられるが、病院、ホテルは建てられない。

▶用途地域内の建築物の用途制限（一部抜粋）

用途地域／建築物の種類	第一種低層住居専用地域	商業地域	工業地域	工業専用地域 さらっと
住宅、共同住宅	○	○	○	×
幼稚園～高校	［○］（1⑴）	○	×	×
大学、病院	×	○	×	×
診療所	○	○	［○］（1⑴）	○
神社、保育所	○	○	○	○
カラオケボックス、パチンコ店	×	○（1⑵）	条件付	条件付（パチンコ店は×）
ホテル	×	○	×	×

※「○」は建てられる用途、「×」は建てられない用途。

◆敷地が2つ以上の異なる用途地域にわたる場合　よくでる

用途制限は［敷地面積の広いほう］の地域の用途制限が敷地全体に適用される（2）。

ポイント　**建築基準法の各種規制において「敷地が2つ以上の異なる地域にわたる場合」の扱いはそれぞれ異なるので整理しておきましょう。用途地域の場合は「敷地面積の広いほうの制限が全体に適用」されます。**

□ 建築基準法（道路制限・防火制限・高さ制限）

問1 次の文章の（　　）内にあてはまる語句として、最も適切なものを１～３のなかから選び、その番号を記しなさい。

⑴建築基準法において、都市計画区域および準都市計画区域内にある建築物の敷地は、原則として、幅員４ｍ以上の道路に（　　）以上接していなければならない。

１．２ｍ
２．４ｍ
３．６ｍ

(2022.05)

⑵都市計画区域内にある幅員４ｍ未満の道で、建築基準法第42条第２項により道路とみなされるものについては、原則として、その中心線からの水平距離で（　　）後退した線がその道路の境界線とみなされる。

１．２ｍ
２．３ｍ
３．４ｍ

(2022.01)

問2 次の文章を読んで、正しいものまたは適切なものには○を、誤っているものまたは不適切なものには×をつけなさい。

建築基準法において、建築物が防火地域および準防火地域にわたる場合、原則として、その全部について防火地域内の建築物に関する規定が適用される。

(2022.09)

A 答えと解説　実技(協会資産)

答え　問1 (1)［1］(2)［1］ 問2 ［○］

建築基準法における道路の定義と例外の場合、また火災被害を抑えるための防火規制について確認します。

◆建築基準法上の道路と接道義務　よくでる

原則として、幅員《ふくいん》（道路の幅）［4］m以上の一定の道路。建物の敷地は、原則として幅員［4］m以上の道路に［2］m以上接していなければならない（1(1)）。これを「**接道義務**」という。

◆道路の例外（いわゆる2項道路）　よくでる

幅員［4］m未満の道路でも、道路として認められるものがあり、これを2項道路（建築基準法第42条2項により道路とみなされる）という。

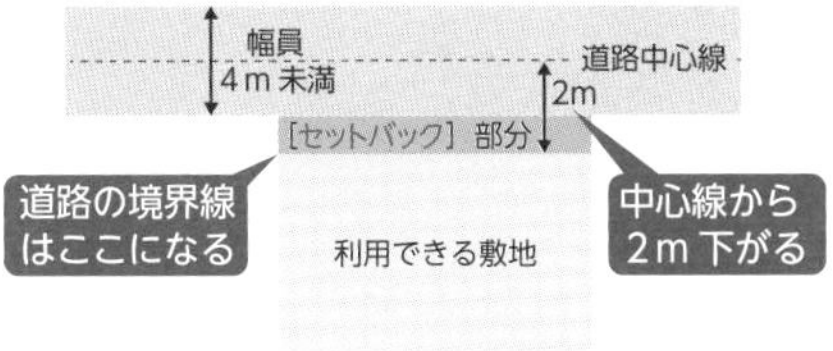

▶道路境界線：道路の中心線から水平距離［2］m下がった線が道路境界線とみなされる（1(2)）。

実際の道路から道路境界線までの間を［セットバック］といい、この部分は**建築物の敷地として利用できず、敷地面積として算入できない**。

◆防火規制

建物密集地域などでの火災による被害を抑えるため、**防火地域・準防火地域**を定めることができる。敷地が異なる防火規制の地域にわたる場合は、敷地の［全部］に防火規制の厳しいほうが適用される（2）。

◆高さ制限　さらっと

第一種低層住居専用地域にある建物の高さは、原則として**10mまたは12m**となる（都市計画においてどちらかに定められる）。第二種低層住居専用地域・田園住居地域内でも同様に高さ制限がある。

ポイント　**防火規制は「敷地全部に厳しいほう」です。**

□ 建築基準法（建蔽率・容積率）

問 1　次の文章の（　　　）内にあてはまる語句として、最も適切なものを１～３のなかから選び、その番号を記しなさい。

⑴下記の200㎡の土地に建築面積120㎡、延べ面積160㎡の２階建ての住宅を建築した場合、当該建物の建蔽率は、（　　　）である。

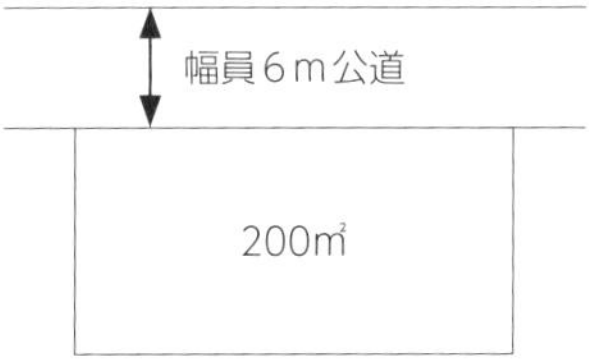

1．　60%
2．　80%
3．100%

(2023.09)

⑵幅員６ｍの市道に12ｍ接する200㎡の敷地に、建築面積が120㎡、延べ面積が180㎡の２階建ての住宅を建築する場合、この住宅の容積率は、（　　　）となる。

1．60%
2．66%
3．90%

(2020.09)

A 答えと解説 実技（金財個人、協会資産）

答え 問1 (1)［1］(2)［3］

建蔽率、容積率は学科だけでなく実技の計算でも重要ポイントです。違いと計算式を理解しましょう。

◆建蔽率

建蔽率とは、敷地面積に対して建物の接地面が占める割合のこと。都市計画において用途地域ごとに建蔽率の最高限度が定められている。

よくでる

$$\text{建蔽率 (\%)} = \frac{[\text{建築面積}]\ (m^2)}{[\text{敷地面積}]\ (m^2)} \times 100$$ （1(1)）

問1(1) 建蔽率＝建築面積［120］㎡÷敷地面積［200］㎡×100＝［60］％

◆容積率

容積率とは、敷地面積に対して建物の延べ床面積が占める割合のこと。

容積率も都市計画において用途地域ごとに容積率の最高限度が定められている。

よくでる

$$\text{容積率 (\%)} = \frac{[\text{延べ面積}]\ (m^2)}{[\text{敷地面積}]\ (m^2)} \times 100$$ （1(2)）

問1(2) 容積率＝延べ面積［180］㎡÷敷地面積［200］㎡×100＝［90］％

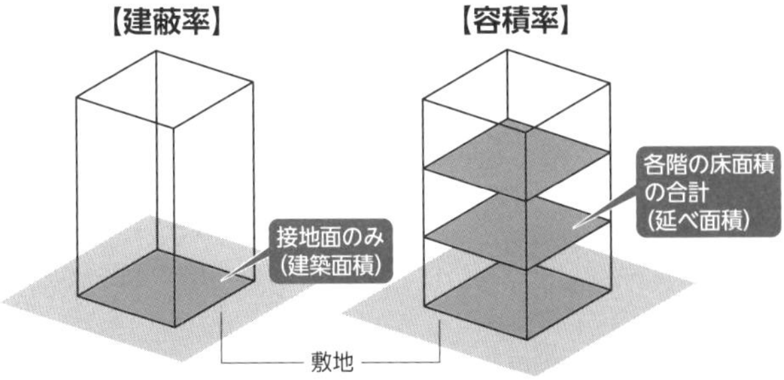

◆敷地が割合の異なる２つ以上の地域にわたる場合

建蔽率、容積率とも、敷地が割合の異なる２つ以上の地域にわたる場合には、**加重平均した割合**が敷地全体に適用される。

□ 建築基準法（建蔽率の緩和・容積率の制限）

問1 次の設例に基づいて、下記の問に答えなさい。

〈設例〉（一部抜粋）

Aさん（55歳）は、昨年、父親の相続によりX市内の実家（甲土地および建物）を取得した。

〈甲土地の概要〉

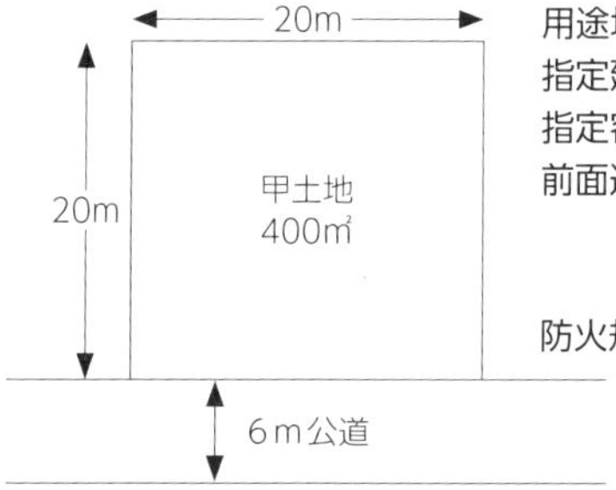

用途地域　：近隣商業地域

指定建蔽率：80%

指定容積率：400%

前面道路幅員による容積率の制限

：前面道路幅員×$\frac{6}{10}$

防火規制　：準防火地域

・指定建蔽率および指定容積率とは、それぞれ都市計画において定められた数値である。

・特定行政庁が都道府県都市計画審議会の議を経て指定する区域ではない。

※上記以外の条件は考慮せず、各問に従うこと。

甲土地に耐火建築物を建築する場合の①建蔽率の上限となる建築面積と②容積率の上限となる延べ面積の組合せとして、次のうち最も適切なものはどれか。

1．①360㎡　②1,440㎡

2．①360㎡　②1,600㎡

3．①460㎡　②1,600㎡

（2023.09　実技・個人）

A 答えと解説　実技（金財個人、協会資産）

答え 問1 [1]

建築面積や延べ面積の上限の計算問題では、建蔽率の緩和、容積率の制限についての知識が必要です。

◆建蔽率の緩和　よくでる

建蔽率は、一定のケースにおいて緩和されたり、制限がなくなったりする。

ア	a．建蔽率**80％以外**の地域で**防火地域**内に**耐火建築物等**を建てる	⇒	指定建蔽率＋[10]％
	b．**準防火地域**に耐火建築物等または準耐火建築物等を建てる（1）		
イ	**角地**等（特定行政庁が指定）に建築物を建てる	⇒	指定建蔽率＋[10]％

アのどちらか1つと、イも満たす場合は合わせて「**建蔽率＋20％**」になる。

ウ	**建蔽率80％の地域**で**防火地域**内に**耐火建築物等**を建てる	⇒	建蔽率[制限なし]（100％）

◆容積率の制限　よくでる

容積率は、敷地の前面道路の幅員が[12]m未満の場合には、次の2つのうち[低い]ほうが限度となる（1）。

A：指定容積率

B：前面道路の幅員（m）×法定乗数※

※法定乗数は問題には「4/10」（住居系）または「6/10」（その他）等として提示される

◆上限となる建築面積

建蔽率の上限となる建築面積（㎡）＝[**敷地面積**]（㎡）×建蔽率（％） 容積率の上限となる延べ面積（㎡）＝[**敷地面積**]（㎡）×容積率（％）

問1 ①建蔽率の緩和：準防火地域に耐火建築物を建てるため、上記アのb.に該当する。

「指定建蔽率80％」＋[10]％＝[90]％

→建蔽率の上限となる建築面積＝敷地面積[400]㎡×建蔽率[90]％＝[360]㎡

②容積率の制限：前面道路幅員6mで、[12]m未満なので「前面道路の幅員×法定乗数」を計算し、指定容積率と比較する。

$$\left(6\text{m}\times\frac{[6]}{10}\right)\times100=\frac{[36]}{10}\times100=[360]\%<\text{指定容積率}400\%$$

よって容積率は[360]％を使う。

→容積率の上限となる延べ面積＝敷地面積[400]㎡×容積率[360]％
＝[1,440]㎡

□農地法

問1 次の文章の（　　　）内にあてはまる語句の組合せとして、最も適切なものを１～３のなかから選び、その番号を記しなさい。

農地を農地以外のものに転用する場合、原則として、（　①　）の許可を受けなければならないが、市街化区域内にある農地を農地以外のものに転用する場合、当該転用に係る届出書を（　②　）に提出すれば、（　①　）の許可を受ける必要はない。

１．①都道府県知事等　　②農業委員会
２．①農林水産大臣　　②農業委員会
３．①農林水産大臣　　②都道府県知事等

(2022.09)

A 答えと解説

答え 問1 [1]

農地法では、農地を農地以外のものにするときや所有者が変わるときなどに許可が必要ですが、特例もあります。特例を理解しておきましょう。

◆農地法

農地法は、耕作者の地位安定と農業生産力増加をはかって、食料の安定供給の確保に資するために設けられている。農地を農地以外のものにすることを規制しつつ、農地を効率的に利用する耕作者による権利取得を促進すること、また、利用関係調整、利用確保の措置を講ずることに関し規定されている。

◆権利移動および転用の制限

農地の売買や、他の用途に転用する場合には、原則として許可が必要。

(転用…農地を宅地にする　等)

	第3条 (権利移動)	第4条 (転用)	第5条 (権利移動と転用)
内容	農地のまま	農地を別の目的に使う	農地を別の目的に使う
	売買(所有権の移転)、賃借(賃借権の設定)等	自分が持ったまま	売買(所有権の移転)、賃借(賃借権の設定)等
許可する者	農業委員会	都道府県知事等(1)	
特例 よくでる		市街化区域内※にある農地を転用する場合は、届出書を[農業委員会]にあらかじめ提出すれば許可は要らない(1)	

※市街化区域についてはP225を参照

ポイント

「転用」は原則として「都道府県知事の許可が必要」ですが、例外は「市街化区域内なら、事前に農業委員会に届出すればOK」ということです。

不動産と税金

□ 不動産取得税・登録免許税

問1 下記の問について解答しなさい。

不動産の取得・保有に係る税金について、下表の空欄（ア）～（ウ）にあてはまる語句の組み合わせとして、最も適切なものはどれか。

税の種類	登録免許税	不動産取得税	固定資産税
課税主体	（　ア　）	＊＊＊	＊＊＊
納税義務者	登記を受ける者	不動産の取得者	毎年（　イ　）現在の固定資産の所有者
課税標準	＊＊＊	（　ウ　）	＊＊＊

※問題作成の都合上、一部を「＊＊＊」としている。

1．（ア）国　（イ）4月1日　（ウ）固定資産税評価額
2．（ア）国　（イ）1月1日　（ウ）固定資産税評価額
3．（ア）都道府県　（イ）1月1日　（ウ）相続税評価額

（2022.09　実技・資産）

問2 次の文章を読んで、正しいものまたは適切なものには○を、誤っているものまたは不適切なものには×をつけなさい。

不動産取得税は、相続人が不動産を相続により取得した場合には課されない。

（2022.01）

A 答えと解説 実技(協会資産)

答え 問1 [2] 問2 [○]

不動産を取得したときにかかる税について、どんな税があるか、課税主体がどこか、何を基に計算されるかなどを確認しましょう。

◆不動産にかかる税金

不動産に税金がかかる主なタイミングは、取得時・保有時・譲渡時である。取得したときと保有中にかかる税について主な内容を確認する。

	取得したとき		保有中
税の種類	登録免許税	不動産取得税	固定資産税
課税主体	[国] (国税) (1)	[都道府県] (地方税)	市町村 (地方税) ※東京23区は東京都
納税義務者	登記を受ける者	不動産の取得者	毎年1月1日 (1) 現在の固定資産の所有者
課税標準	固定資産税評価額 (1)		

▶登録免許税 (国)

不動産を、売買や贈与、相続で取得した場合は所有権の移転登記、建物を新築した場合は所有権の保存登記をするが、その登記をする際にかかる税金。一定条件にあてはまれば軽減税率が適用される。

> **登録免許税額＝固定資産税評価額 (課税標準※) ×税率**
>
> ※抵当権設定登記では債権金額

▶不動産取得税 (都道府県)

不動産を、売買や贈与等で取得した場合は、実際に取得した者に課される税金。

・課税される：売買、[贈与]、交換、新築等により取得した場合

・非課税：[相続] により取得した場合 (2) よくでる

> **不動産取得税額＝固定資産税評価額 (課税標準) ×税率**

一定要件を満たす宅地や住宅を取得した場合、税額が軽減される特例がある。

ポイント 相続で取得したとき、不動産取得税は非課税です。

□ 固定資産税・都市計画税、消費税

問1 次の文章の（　　　）内にあてはまる語句として、最も適切なものを１～３のなかから選び、その番号を記しなさい。

固定資産税における小規模住宅用地（住宅用地で住宅１戸につき200㎡以下の部分）の課税標準については、当該住宅用地に係る固定資産税の課税標準となるべき価格の（　　　）の額とする特例がある。

1．2分の1
2．4分の1
3．6分の1

（2022.09）

問2 下記の問について解答しなさい。

井上さんは、下記〈資料〉の物件の購入を検討している。この物件の購入金額（消費税を含んだ金額）として、正しいものはどれか。なお、〈資料〉に記載されている金額は消費税を除いた金額であり、消費税率は10%として計算すること。また、記載のない条件については一切考慮しないこととする。

<資料>

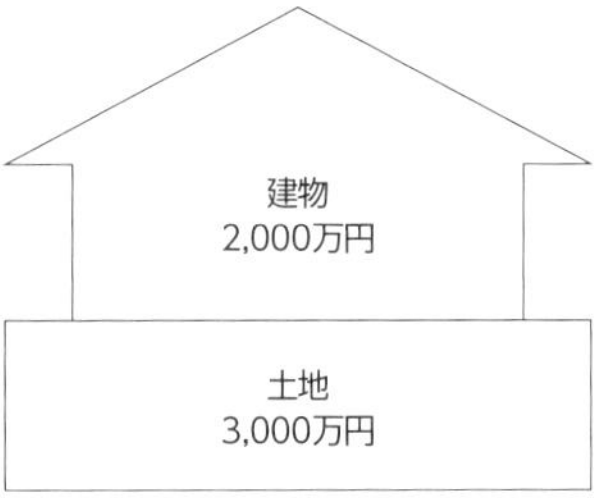

1．5,200万円
2．5,300万円
3．5,500万円

（2023.05　実技・資産）

A 答えと解説　実技（金財個人、協会資産）

答え　問 1 [3]　問 2 [1]

不動産を保有している間はずっとかかる税金とその特例について、および不動産を購入した時の消費税について確認します。

▶固定資産税・都市計画税：保有している間は毎年課税される

固定資産税	土地や家屋等を課税対象とする市町村税 **固定資産税評価額×標準税率（1.4％）**
都市計画税	都市計画事業に必要な費用調達のために、市街化区域内の土地や家屋等を課税対象とする市町村税 **固定資産税評価額×制限税率（0.3％）**

・納税義務者：毎年［1］月［1］日時点で固定資産課税台帳等に土地・家屋等の所有者として登録されている者。年度（4月1日〜翌年3月31日）の分の税金を所有期間にかかわらず納税する義務がある　よくでる

・特例：住宅用地と住宅用家屋（新築住宅）に関する特例がある

ア．住宅用地

	対象	課税標準となるべき価格（固定資産税評価額に乗じる割合）	
		固定資産税	都市計画税
小規模住宅用地 よくでる	住戸1戸当たり［200］㎡以下の部分	［6］分の1（1）	3分の1
一般住宅用地	［200］㎡超の部分	［3］分の1	3分の2

イ．新築住宅（住宅用家屋）の**固定資産税の特例**：一定要件を満たす一戸建て住宅は、床面積**120㎡以下**の部分に対する税額が、**一定期間**、**2分の1**に減額される（原則3年間。建物により異なる）。　さらっと

◆消費税　よくでる

土地の譲渡および貸付は消費税の［非課税］取引であるため、不動産購入の際、土地に対して消費税は課税［されない］。建物に対しては消費税は課税［される］（2）。

> 問2　物件の購入金額（消費税込）
> ＝［建物］の金額×（1＋10％）＋［土地］の額＝［5,200］万円

！注意

固定資産税は「標準税率」（標準1.4％だが市町村が決められる）、都市計画税は「制限税率」（市町村が決められるが0.3％が上限）です。

□ 不動産の譲渡所得

問 1 次の文章を読んで、正しいものまたは適切なものには○を、誤っているものまたは不適切なものには×をつけなさい。

個人が土地を譲渡したことによる譲渡所得の金額の計算において、譲渡した土地の取得費が不明である場合、当該収入金額の10％相当額を取得費とすることができる。

(2023.01)

問 2 次の文章の（　　　）内にあてはまる語句として、最も適切なものを１～３のなかから選び、その番号を記しなさい。

所得税の計算において、個人が土地を譲渡したことによる譲渡所得が長期譲渡所得に区分されるためには、土地を譲渡した年の１月１日における所有期間が（　　　）を超えていなければならない。

1．５年
2．10年
3．20年

(2023.01)

A 答えと解説　実技（金財個人、協会資産）

答え　問 1 ［×］ 問 2 ［1］

土地や建物を売却したとき、その収入は譲渡所得となります。不動産の譲渡所得は所有期間が長期か短期かで税率が変わります。

◆不動産の譲渡所得

他の所得とは分けて所得税・住民税を計算する［分離］課税。

> **譲渡所得の金額＝譲渡収入金額－（取得費＋譲渡費用）－特別控除**
>
> ・**譲渡収入金額（譲渡価額）**：売買代金
> ・**取得費**　：購入したときに直接要した費用（購入代金、購入時の仲介手数料等）やその後にかかった費用（新たな設備費・改良費等）
> ・**譲渡費用**：譲渡（売却）するために直接要した費用（売却時の仲介手数料、印紙代、建物の取り壊し費用等）

▶概算取得費

譲渡した不動産の取得費が不明である場合等は、「**譲渡収入金額×**［5］%」相当額を概算取得費とすることができる（1）。

◆長期譲渡所得・短期譲渡所得

不動産の譲渡所得は、譲渡した年の［1］月［1］日時点での所有期間が［5］年を超えるか［5］年以下かで長期・短期に区分され、税率が異なる。　よくでる

	所有期間が譲渡年の1月1日時点で	税率	所得税＋復興特別所得税	住民税
長期譲渡所得	［5］年超（2）	20.315%	15%＋0.315%	5％
短期譲渡所得	［5］年以下	39.63%	30%＋0.63%	9％

◆相続・贈与で取得した不動産の場合　さらっと

取得費と取得日について、前の所有者（相続の場合は被相続人、贈与の場合は贈与者）の**取得費（購入金額等）と取得日を引き継ぐ**。

ポイント　不動産の譲渡所得の場合は、長期譲渡所得になる年数は5年超、それは「譲渡年の1月1日時点」でということを覚えておきましょう。

□居住用財産の特例

問1 次の文章の（　　　）内にあてはまる語句の組合せとして、最も適切なものを１～３のなかから選び、その番号を記しなさい。

⑴個人が自宅の土地および建物を譲渡し、「居住用財産を譲渡した場合の長期譲渡所得の課税の特例」（軽減税率の特例）の適用を受けた場合、当該譲渡に係る課税長期譲渡所得金額のうち、（　①　）以下の部分については、所得税および復興特別所得税（　②　）、住民税４％の税率で課税される。

１．①6,000万円　　②10.21％
２．①１億円　　②10.21％
３．①１億円　　②15.315％

(2022.05)

⑵個人が自宅の土地および建物を譲渡し、「特定の居住用財産の買換えの場合の長期譲渡所得の課税の特例」の適用を受けるためには、譲渡した年の１月１日において譲渡資産の所有期間が（　①　）を超えていることや、譲渡資産の譲渡対価の額が（　②　）以下であることなどの要件を満たす必要がある。

１．①５年　　②１億円
２．①５年　　②１億6,000万円
３．①10年　　②１億円

(2023.05)

⑶自己が居住していた家屋を譲渡する場合、その家屋に居住しなくなった日から（　①　）を経過する日の属する年の（　②　）までに譲渡しなければ、「居住用財産を譲渡した場合の3,000万円の特別控除」の適用を受けることができない。

１．①３年　　②３月15日
２．①３年　　②12月31日
３．①５年　　②12月31日

(2023.09)

A 答えと解説　実技（金財個人）

答え　問 1　(1) [1] (2) [3] (3) [2]

マイホームを譲渡（売却）したときには、特例として有利な制度が設けられています。どんな内容か基本事項をおさえましょう。

◆居住用財産（マイホーム）を譲渡した場合の特例

個人が居住用の不動産（家屋・敷地）を譲渡した場合は３つの特例が設けられている。

▶(ア)居住用財産を譲渡した場合の3,000万円の特別控除の特例　よくでる

・譲渡所得から**3,000万円**を控除できる。

・**所有期間は** [問わない]。

▶(イ)居住用財産の軽減税率の特例　よくでる

・所有期間が譲渡年の１月１日時点で [10] 年超であれば、譲渡所得 [6,000] 万円以下の部分について税率が軽減される。

	税率	所得税＋復興特別所得税	住民税	
[6,000] 万円以下の部分（1(1)）	14.21%	[10.21] %	4%	軽減税率
[6,000] 万円超の部分	20.315%	15.315%	5%	長期譲渡所得の率

・(ア)の3,000万円の特別控除と併用できる。

▶(ウ)特定居住用財産の買換えの特例（1(2)）（2025年12月31日まで）

・所有期間が譲渡年の１月１日時点で [10] 年を超え、居住期間が [10] 年以上の居住用財産を譲渡し、新たな居住用財産に買い換えた場合は譲渡益にかかる税を繰延べできる（買換え財産の売却時まで）。

・譲渡資産の譲渡対価（売却額）は [1億] 円以下であること。

◆３つの特例（(ア)、(イ)、(ウ)）の留意点　よくでる

３つの特例に共通	・**親族（配偶者や子、父母等）に対する譲渡でない**こと ・居住しなくなってから [3] 年を経過する日の属する年の [12] 月 [31] 日までに譲渡すること（1(3)） ・前年、前々年にこれらの特例を受けていないこと ・確定申告すること（特例適用により譲渡所得が０になる場合も）
併用	**(ア)と(イ)は併用できる**が、(ウ)は(ア)、(イ)と併用できない（どちらかを選択する）

ポイント　**所有期間は(ア)は問われず、(イ)は10年超、(ウ)は10年超に加えて居住期間10年以上あることも条件です。**

□ 空き家の特例

問 1 下記の問に答えなさい。

「被相続人の居住用財産（空き家）に係る譲渡所得の特別控除の特例」（以下、「本特例」という）に関する以下の文章の空欄①～③に入る語句または数値の組合せとして、次のうち最も適切なものはどれか。

ⅰ)「被相続人の居住用家屋およびその敷地を取得した相続人が、その家屋や敷地を譲渡し、本特例の適用を受けた場合、最高（　①　）万円の特別控除の適用を受けることができます。本特例の対象となる家屋は、1981年5月31日以前に建築されたもので、マンションなどの区分所有建物登記がされている建物は対象になりません。」 ⅱ)「本特例の適用を受けるためには、譲渡価額が（　②　）円以下であること、2027年12月31日までに行われる譲渡で相続開始日から同日以後（　③　）を経過する日の属する年の12月31日までに譲渡することなど、所定の要件を満たす必要があります。」

1．①3,000　②1億　③3年
2．①3,000　②6,000万　③5年
3．①5,000　②1億　③5年

（2022.09　実技・個人）

A 答えと解説　実技（金財個人）

答え　問1 [1]

被相続人から空き家を取得した場合にも、譲渡所得の特別控除の特例があります。空き家や譲渡に関する要件を確認しましょう。

◆被相続人の居住用財産（空き家）に係る譲渡所得の特別控除の特例

一定要件を満たした空き家またはその敷地を取得した相続人が、その家屋や敷地を譲渡した場合に、譲渡所得金額から**最高** [3,000] **万円**を控除できる。**2027年12月31日までの譲渡**が対象となる。

▶特例の控除額

最高 [3,000] **万円**（1）。　よくでる

取得した相続人が３人以上の場合の控除額は**2,000万円**。

▶空き家の主な要件

- 相続開始直前まで、被相続人が居住していたこと（**老人ホームに入居していた場合**等も一定要件を満たしていれば**この特例の適用を受けられる**）
- 1981（昭和56）年5月31日以前に建築された家屋であること
- 区分所有建物登記がされている建物（マンションなど）でないこと

▶譲渡に関する主な要件　よくでる

- 相続開始から [3] 年目の年の12月31日までに譲渡する（1）
- 譲渡価額（売却額）が [1] 億円以下（1）
- 相続開始から譲渡までのあいだ、事業用、貸付用、居住用に供されていない（使用されていないこと）
- 家屋については譲渡時（または譲渡後、翌年２月15日まで）に耐震基準を満たすこと
- 家屋を取り壊して**更地にしても適用を受けられる**（耐震基準を満たさず、家屋を取り壊してから譲渡した〈または譲渡後、翌年２月15日までに取り壊す〉など）
- 確定申告をする（「被相続人居住用家屋等確認書」を添付）

！注意　**空き家の建物がある場合は、耐震基準を満たす必要があります。建物を取り壊して敷地だけの譲渡でも適用されます。**

不動産の有効活用

□ 有効活用の方式①

問1 次の文章を読んで、正しいものまたは適切なものには○を、誤っているものまたは不適切なものには×をつけなさい。

「自己建設方式は、土地の所有者がマンション等の建築資金の調達や建築工事の発注、建物の管理・運営を自ら行う方式です。所有者自らが貸主となって所有するマンションの賃貸を行うためには、あらかじめ宅地建物取引業の免許を取得する必要があります」

(2023.05　実技・個人・改)

問2 次の設例に基づいて、下記の問に答えなさい。

〈設例〉(一部抜粋)
Aさんは甲土地の所有者である。X社は、甲土地に新規店舗の出店を考えている。

X社が提案する建設協力金方式に関する次の記述のうち、最も不適切なものはどれか。

1. 「建設協力金方式とは、X社が建設資金をAさんに貸し付け、この資金を利用してAさんが建設した店舗をX社に賃貸する手法です。建設資金は、契約期間中に賃料と相殺する形で返済するのが一般的です。」
2. 「建設協力金方式により建設した店舗は、相続税額の計算上、貸家として評価されます。また、甲土地は貸家建付地として評価されます。」
3. 「建設協力金方式により建設した店舗は、契約期間満了後にX社が撤去し、Aさんに甲土地を更地で返還するのが一般的です。Aさんは、甲土地を手放さずに安定した賃料収入を得ることができます。」

(2023.01　実技・個人)

問3 次の文章の (　　　) 内にあてはまる語句として、最も適切なものを1～3のなかから選び、その番号を記しなさい。

土地の有効活用方式のうち、一般に、土地所有者が土地の全部または一部を拠出し、デベロッパーが建設資金を負担してマンション等を建設し、それぞれの出資比率に応じて土地・建物に係る権利を取得する方式を、(　　　) という。

1. 定期借地権方式　　2. 建設協力金方式　　3. 等価交換方式

(2022.01)

A 答えと解説 実技(金財個人)

答え 問1 [×] 問2 [3] 問3 [3]

土地の有効活用の主な方式について、誰が資金負担するのか、誰が所有者になるか、相続時の土地の評価等にも着目して理解しましょう。

◆不動産の有効活用①

土地の所有者が有効活用で利用できる代表的な方式について確認する。

▶**自己建設方式**：**土地の所有者が**［すべて実施］する方式

建築資金を調達、建築工事を発注、建物も所有者として賃貸を行い、管理・運営する。
収益のすべてを享受できるが、一切を自ら行うため、知識が必要で煩わしさもある。
相続税の課税価格の計算上は**貸家建付地**※として評価される。
なお、自己所有の不動産の賃貸に宅地建物取引業の免許は［不要］(1)。

▶**建設協力金方式**：土地の所有者が、[**建物を借りる予定のテナント（借主）**]等から**建設資金の全部または一部を借り入れて**、そのテナントの要望に沿った建物を建設する方式 よくでる

建設後はそのテナントに賃貸する。(2)
借り入れた建設資金は、一般的にはテナントとの**契約期間中に**［**賃料と相殺する形**］**で返済**する。
建設資金準備は無いか少額で済むメリットがあるが、テナントが退去した場合は建物の汎用性が［**低く**］、他に転用しにくい可能性がある。
相続税の課税価格の計算上は**貸家建付地**※として評価される。

▶**等価交換方式**：土地の所有者が土地を提供、デベロッパーがその土地に建物を建築したうえで、**それぞれの出資比率に応じて、土地と建物を**［**譲渡・交換**］**する方式**(3) よくでる

土地は共有、建物は区分所有となるのが一般的。
2つの方法がある。 さらっと
・**全部譲渡方式**：いったん土地の全部を譲渡し、その対価として土地共有持分付きの建物の一部を取得する（土地・建物とも新規取得となる）。
・**部分譲渡方式**：土地の一部を譲渡し、その対価として建物の一部を取得する。

※貸家建付地の評価はP285参照

□ 有効活用の方式②

問 1 次の設例に基づいて、下記の問題に答えなさい。

〈設例〉（一部抜粋）
Aさんは甲土地の所有者である。X社は、甲土地に新規店舗の出店を考えている。

X社が提案する事業用定期借地権方式に関する次の記述のうち、最も適切なものはどれか。

1. 「事業用定期借地権方式とは、X社が甲土地を一定期間賃借し、X社が店舗を建設する手法です。Aさんは、店舗の建設資金を負担することなく、安定した地代収入を得ることができます。」
2. 「事業用定期借地権について、契約期間満了時にX社から契約の更新の請求があった場合、Aさんは、正当な事由がない限り、この請求を拒絶することができません。甲土地の利用状況が長期間にわたり固定化されるというデメリットがあります。」
3. 「地代の改定方法や契約期間中に中途解約する場合の取扱いなど、契約内容を事前に精査しておく必要があります。事業用定期借地権の設定契約は、必ずしも公正証書による必要はありませんが、書面により作成する必要があります。」

（2023.01　実技・個人）

A 答えと解説　実技（金財個人）

答え　問1　[1]

事業用定期借地権方式は、実技試験（金財個人）ではよく取り上げられています。

◆不動産の有効活用②

▶事業受託方式　さらっと

デベロッパーが建物の建設から賃貸等の一切の業務を請け負う。
土地所有者はその報酬をデベロッパーに支払う。
建設資金は土地所有者が自己資金または借入金でまかなう。

▶土地信託方式　さらっと

土地保有者は委託者となって土地を信託銀行に信託する。
信託銀行が資金調達、建物の建設、賃貸を行う。
土地所有者は賃貸収入の一部を信託配当として受け取る。
信託期間中は土地の名義は信託銀行になるが、信託期間終了後は土地・建物ともに土地保有者の名義となる。

▶定期借地権方式、事業用定期借地権方式

土地所有者は土地を一定期間貸し出し、地代収入を得る。
建物は借地人が費用負担して建設する（1）。

●事業用定期借地権方式のポイント　よくでる

・契約は［**公正証書**］に限る（1）。
・契約期間満了後、契約更新が［**ない**］（1）。
・契約期間満了後は原則として借地人が建物を［**取り壊して**］土地所有者には［**更地で返還**］する。
＜事業用定期借地権等の確認＞（P219参照）
・建物は事業用のみ（一部でも居住用は不可）
・存続期間は10年以上50年未満　　　等

注意　**土地の有効活用では、自己建設方式、建設協力金方式、等価交換方式、定期借地権方式（特に事業用定期借地権方式）について、土地の所有者は建物にどうかかわるのか、資金負担は誰か、契約終了後の土地所有がどうなるか、などに着目しておさえましょう。**

□ 不動産投資

問 1 **次の文章の（　　　）内にあてはまる語句として、最も適切なものを１～３のなかから選び、その番号を記しなさい。**

投資総額5,000万円で購入した賃貸用不動産の年間収入の合計額が270万円、年間費用の合計額が110万円である場合、この投資の純利回り（NOI利回り）は、（　　　）である。

１．2.2%

２．3.2%

３．5.4%

(2023.09)

A 答えと解説

答え 問 1 [2]

不動産投資で収益を得られるか、採算がとれるかを検討する際には、指標として「投資利回り」を計算します。

◆不動産投資の代表的な手法

さらっと

投資においては、収益性、安全性、流動性（換金性）を検討することが基本で、それは不動産投資も同様である。

現物不動産投資	マンションやオフィスビルなど現物不動産の賃料・売却益等を目的に投資する。投資額が大きい
小口化不動産投資	複数の投資家が共有持分権を所有して投資する。投資額の少額化が可能
証券化不動産投資	不動産等を担保とする証券等の取引による投資。投資額の少額化と流動性（換金性）が確保できる

◆投資利回り：採算性の指標として用いられる。

▶単純利回り（表面利回り）

年間収入合計（賃料収入）と投資総額（購入金額）から計算する。

単純利回り（%）＝年間収入合計（賃料収入）÷投資総額×100

▶**純利回り**（**NOI利回り**、実質利回り）

よくでる

年間収入合計（賃料収入）から［年間費用］（諸経費）を差し引いた年間**純利益**と、投資総額（購入金額）から計算する。

純利回り（%）＝（年間収入合計－［年間費用］）÷投資総額×100（1）

問1 純利回り（NOI利回り）＝（年間収入合計［270］万円－年間費用［110］万円）÷投資総額［5,000］万円×100
＝［3.2］%

◆レバレッジ効果

レバレッジ（てこ）効果とは、借入金を利用して、すべてを自己資金でまかなうよりも高い利回りを得ること。レバレッジ効果を得るには、不動産投資利回りより借入金の金利のほうが低いことが必要。

! 注意 **NOI利回りを計算できるようにしておきましょう。年間費用も反映する点がポイントです。**

科目 6

相続・事業承継

ここで学ぶこと

- □ 相続
- □ 相続税
- □ 不動産の評価
- □ 金融資産等の評価
- □ 贈与と贈与税
- □ 相続対策

「相続・事業承継」は、贈与や人が亡くなり財産を引き継ぐ際において必要となる民法と税法について学びます。

試験では相続人と法定相続分、遺言、遺留分、相続税の２割加算は頻出項目です。宅地の評価、小規模宅地の評価の特例もよく出題されます。贈与では、贈与契約、贈与税の非課税制度が頻出となっています。金財の実技では、課税遺産総額から相続税の総額を計算する問題は定番で出題されています。計算の流れをしっかり確認しておきましょう。

❶ 相続

❶法定相続人と法定相続分

▶法定相続分

相続人	法定相続分
配偶者と子	配偶者：２分の１　　子：２分の１
配偶者と直系尊属	配偶者：３分の２　　直系尊属：３分の１
配偶者と兄弟姉妹	配偶者：４分の３　　兄弟姉妹：４分の１

子については、実子・養子、嫡出子・非嫡出子で区別は**ない**。

養子は、実親・養親の両方の相続人に**なる**が、**特別養子**は実親との親子関係は**終了**するため、実親の相続人に**ならない**。

▶代襲相続

相続開始時に相続人となるべき人が死亡している場合、「死亡している相続人」の子が代わりに財産を相続する。

相続人	代襲相続
子	子が先に死亡している場合、孫が代襲相続
兄弟姉妹	兄弟姉妹が先に死亡している場合、甥・姪が代襲相続

❷承認と放棄

▶限定承認、相続放棄

相続の開始があったことを知った時から**3か月以内**（熟慮期間）に、**家庭裁判所**に申述書を提出する。

選択肢	内容	手続き期限	手続き時
単純承認	相続財産のすべて（プラス資産も借金も）を無条件・無制限に相続する	－	－
限定承認	相続財産のうち、プラスの資産の範囲内で負債を支払い、**残った資産を受け継ぐ**	3か月以内	相続人全員での手続きが必要
相続放棄	**相続しない**		相続人単独で手続き可能

❸遺言

種類	自筆証書遺言	公正証書遺言	秘密証書遺言
特徴	内容も存在も秘密にできる	内容は秘密にできない	内容を秘密にしたまま遺言書の存在を証明してもらう
作成方法	本人が遺言書の全文、日付、氏名を自筆し押印する。**財産目録**はパソコン作成またはコピー添付可（自署・押印は必要）	本人が口述し、公証人が筆記する。原則、公証役場で作成	本人が遺言書と同一印で封印、公証人の前で住所氏名を記入、公証人が日付等を記入して証明する。**パソコン作成・代筆可**。公証役場で実施
保管場所	自由（法務局の保管制度※の利用可）	原本は公証役場で保管	自由（自分で保管）
証人	不要	2人以上	2人以上
検認	必要※	不要	必要

※法務局における「**自筆証書遺言書保管制度**」を利用した場合は検認**不要**

▶証人になることができない者

①未成年者、②**推定相続人**および受遺者、③②の配偶者および直系血族、④公証人の配偶者・4親等内の親族など。

❹遺産分割

指定分割	被相続人の遺言に従って分割する
協議分割	共同相続人全員で協議し、その合意した内容で分割する ※必ずしも法定相続分に従う必要はない

❺遺留分

兄弟姉妹を除く法定相続人が法律上必ず取得できる相続財産の割合のこと。遺言の内容が遺留分より少ない（＝遺留分を侵害している）場合、他の相続人に対して「**遺留分侵害額請求権**」を行使し、侵害されている金額相当を支払うよう請求することができる。遺留分を確保するにはこの請求権の行使が必要となる。

配偶者・子	相続財産の**2分の1**
直系尊属	相続人が直系尊属だけの場合は、相続財産の**3分の1**
兄弟姉妹	遺留分はない

■相続法のキーワード

配偶者居住権	配偶者が自宅を相続しない場合でも配偶者本人は一生涯自宅にそのまま住み続けることができる権利
特別の寄与者	亡くなった義理の親を長年介護していたような場合に、相続人に金銭の支払いを要求できる権利

❷ 相続税

▶相続税の計算の全体の流れ

【Step 1】相続財産について、相続人各人の課税価格を求める。

【Step 2】全員の課税価格を合計した額から、課税遺産総額を求める。

【Step 3】課税遺産総額をもとに全員で負担する相続税の総額を計算。

【Step 4】相続税の総額を、各人に案分。

【Step 5】案分された額から、個別事情の相続税の軽減・割増を行う。

❶相続税の計算

【Step 1】相続財産について、相続人各人の課税価格を求める。

▶相続税の課税財産

本来の相続財産	**相続・遺贈・死因贈与**による取得財産 （預貯金、有価証券、土地、建物、ゴルフ会員権など）
みなし相続財産	民法上での相続財産ではないが、実質的に相続財産と同じ効力があるもの（**死亡保険金、死亡退職金**）
相続開始前3年以内※1の生前贈与財産	相続開始前3年以内※に被相続人から贈与された財産 （相続時点では被相続人の財産ではないが、**贈与**時の価額を相続税の課税価格として加える）
相続時精算課税制度により贈与された財産	相続時精算課税制度により贈与された財産があれば、原則、贈与時の価額を相続税の課税価格として加える※2

※1　2024年1月以降に贈与された財産は、相続財産に加える対象期間が相続開始前3年以内から相続開始前7年以内に延長される

※2　2024年1月以降に贈与された財産は「その年の贈与額－110万円」を相続税の課税価格として加える

▶非課税財産

相続人が受け取る生命保険金、死亡退職金等のうち一定の金額
生命保険金、死亡退職金それぞれで次の金額までは非課税となる **非課税限度額＝500万円×法定相続人の数**
弔慰金：業務上死亡の場合「死亡時の普通給与×36か月分」等
墓地、**墓碑**、仏壇、**仏具等**

▶債務控除

	債務控除できるもの	債務控除できないもの
債務	・被相続人の借入金 ・**未払いの税金** ・**未払いの**医療費	・被相続人が生前購入した墓地**等の未払い金** ・相続税申告のために税理士に払う費用　等
葬式費用	**通夜**、葬式、火葬、納骨等の葬式費用	・香典返戻**費用** ・**法会費用**（初七日など）　等

【Step 2】全員の課税価格を合計した額から、課税遺産総額を求める。

課税遺産総額＝課税価格の合計額－遺産に係る基礎控除額

▶遺産に係る基礎控除額

遺産に係る基礎控除額＝3,000万円＋600万円×法定相続人の数

【Step 3】課税遺産総額をもとに全員で負担する相続税の総額を計算。

相続税は、実際の遺産分割方法に関係なく、「**課税遺産総額を法定相続人が法定相続分どおりに分けたとしたら、それぞれいくらになるか**」を計算、その合算額を「相続税の総額」とする。

【Step 4】相続税の総額を、各人に案分。

【Step 5】案分された額から、個別事情の相続税の軽減・割増を行う。

▶配偶者の税額軽減

配偶者が相続や遺贈によって取得した財産は、次のいずれか多い額までは相続税がかからない。

・配偶者の法定相続分**相当額**
・**1億6,000万円**

▶相続税の2割加算

兄弟姉妹、代襲相続人でない孫※等が相続等によって財産を取得した場合、算出税額の**2割加算**した税額となる。

※代襲相続人である孫は、2割加算の対象ではないが、養子となっている孫は2割加算の対象となる。

❷相続税の申告

相続の開始があったことを**知った日の翌日から10か月**以内に、被相続人の**死亡時住所地の管轄の税務署長**に提出しなければならない。

〈参考〉各手続きの期限の比較

限定承認・放棄	相続の開始があったことを知った時から3か月以内
相続税の申告	相続の開始があったことを知った日の翌日から10か月以内
準確定申告	相続の開始があったことを知った日の翌日から4か月以内

❸ 不動産の評価

❶宅地の評価

▶路線価方式での計算方法

宅地の評価額＝路線価×奥行価格補正率×宅地の面積

路線価：宅地の面する路線（道路）に付けられている**1㎡当たりの価額**（千円単位）。例えば、「210C」の場合、路線価は210千円、Cは借地権70%を表す。

▶宅地上の権利の評価

自用地	自用地評価額＝路線価×奥行価格補正率×地積
借地権	**土地を借りている側の評価**
	評価額＝自用地評価額×［借地権］割合
貸宅地	**土地を貸している側の評価**
	評価額＝自用地評価額×（1－［借地権］割合）
貸家建付地	自分が所有する土地に自分が建てた建物を他人に貸している
	評価額＝自用地評価額×（1－［借地権］割合×借家権割合×［賃貸］割合）
使用貸借	評価額＝［自用地評価額］

❷家屋の評価

自用家屋の評価額＝固定資産税評価額×1.0

❸小規模宅地等についての相続税の課税価格の計算の特例

▶面積と減額割合

宅地の区分	減額割合	上限となる地積
①特定居住用宅地等	80%	330㎡
②特定事業用宅地等・特定同族会社事業用宅地等	80%	400㎡
③貸付事業用宅地等	50%	200㎡

配偶者が相続した場合は、居住要件と所有要件は**問われない**。

❹ 金融資産等の評価

▶生命保険契約に関する権利

相続開始時に解約するとした場合の**解約返戻金相当額**が評価額となる。

▶上場株式の評価

次の①〜④のうち**最も低い価額**で評価（課税時期：死亡日等）。

①課税時期の最終価格 ※課税時期に最終価格がない場合には、課税時期の前後で最も近い日の最終価格を適用する（土日祝日の場合など）
②課税時期の属する月の毎日の最終価格の平均額
③課税時期の属する月の前月の毎日の最終価格の平均額
④課税時期の属する月の前々月の毎日の最終価格の平均額

❺ 贈与と贈与税

❶贈与契約

贈与契約は、**両当事者の合意に基づいて成立**する、贈与者と受贈者の契約で、一方的な意思表示では成立しない。

書面でなくても成立する。契約内容も自由で条件を付すこともできる。

▶贈与の契約の解除

書面による贈与契約	原則、**取り消し**できない（履行**前**も）
書面によらない贈与契約	すでに履行された部分を除いて、**まだ履行されていない部分については契約を解除**できる

▶死因贈与、遺贈：**相続税の課税対象**

❷贈与税

▶贈与税のみなし贈与財産

生命保険金	被相続人や保険金受取人以外の者が、保険料の全部または一部を負担している場合、その部分
低額譲受	時価に比べて著しく低い価額で財産を譲渡された場合、その時価と著しく低い対価との差額が課税対象となる
債務の免除により受けた利益	借金を肩代わりしてもらった場合の額

▶非課税財産

・法人からの贈与により取得した財産（**所得税課税対象**）

・親子間等において使用貸借するために**無償**で借り受けた土地　等

❸贈与税（暦年課税）

▶贈与税の基礎控除

贈与税額＝（課税価格－基礎控除110万円）×税率－控除額

※基礎控除110万円は受贈者（贈与を受ける者）ごとの額のため、その年に暦年課税の贈与を複数の人から受けた場合、合計で110万円となる

▶税率と控除額

贈与税の速算表（P259）の数値をあてはめて計算する。**18歳以上**の者が**直系尊属**から贈与を受けた場合は「**特例贈与財産**」となり、**特例税率**を適用する（一般贈与財産より**贈与税額が少なくなる**）。

6 相続対策

❶相続時精算課税制度

贈与者	贈与年の1月1日時点で**60歳以上**の父母（祖父母）
受贈者	贈与年の1月1日時点で**18歳以上**の子（孫）

▶非課税限度額

- **累計2,500万円**※**までは贈与税がかからない。**
- 2,500万円※を超えた部分に**一律20%の贈与税率が課税**される。
- 贈与の回数等に制限はない。

※〈累計2,500万円〉に加算する額
2023年12月31日までの贈与：贈与金額
2024年1月1日以降の贈与　：その年の贈与額－**110万円**

▶相続税の課税価格となる価額

この制度により贈与された財産を相続税の課税価格に加算するときの額は、原則として**贈与時の価額**となる。

❷贈与税の配偶者控除

婚姻期間が20年以上の配偶者から、「**居住用不動産**」または「**居住用不動産の購入資金**」の贈与を受けた場合、課税価格から**2,000万円まで**控除できる。暦年課税の基礎控除110万円とは**別枠**で適用できる。

相続開始前3年（～7年）以内に贈与を受けた場合も、2,000万円以下の部分は相続財産への戻し入れの対象**外となる**。

▶計算式

贈与税額＝{課税価格－基礎控除110万円 －配偶者控除（最高2,000万円）}×税率－控除額

❸直系尊属から贈与を受けたときの贈与税の非課税制度

▶住宅取得資金の贈与

受贈者の要件	贈与年の1月1日時点において**18歳以上の子・孫**
	贈与年の合計所得金額**2,000**万円以下
非課税限度額	省エネ等住宅の場合1,000万円、それ以外の住宅の場合は**500**万円

▶教育資金、結婚・子育て資金の一括贈与

	教育資金	結婚・子育て資金
受贈者の要件	**30**歳未満の子・孫	18歳以上**50**歳未満の子・孫
	前年の合計所得金額1,000万円以下	
非課税限度額	1,500**万円（使途が学校等以外は500万円）**	1,000**万円（使途が結婚関係の場合は300万円）**

■相続税の速算表

法定相続分に応ずる取得金額	税率	控除額
1,000万円以下	10%	－
1,000万円超～3,000万円以下	15%	50万円
3,000万円超～5,000万円以下	20%	200万円
5,000万円超～1億円以下	30%	700万円
1億円超～2億円以下	40%	1,700万円
2億円超～3億円以下	45%	2,700万円
3億円超～6億円以下	50%	4,200万円
6億円超	55%	7,200万円

■贈与税の速算表

基礎控除後※の課税価格	一般税率		特例税率	
	税率	控除額	税率	控除額
200万円以下	10%	－	10%	－
200万円超～300万円以下	15%	10万円	15%	10万円
300万円超～400万円以下	20%	25万円		
400万円超～600万円以下	30%	65万円	20%	30万円
600万円超～1,000万円以下	40%	125万円	30%	90万円
1,000万円超～1,500万円以下	45%	175万円	40%	190万円
1,500万円超～3,000万円以下	50%	250万円	45%	265万円
3,000万円超～4,500万円以下	55%	400万円	50%	415万円
4,500万円超			55%	640万円

※110万円の基礎控除後

相続

□ 法定相続人と法定相続分①

問1 次の文章を読んで、正しいものまたは適切なものには○を、誤っているものまたは不適切なものには×をつけなさい。

特別養子縁組が成立した場合、養子となった者と実方の父母との親族関係は終了する。

(2023.05)

問2 次の文章の（　　　）内にあてはまる語句として、最も適切なものを1～3のなかから選び、その番号を記しなさい。

(1)下記の〈親族関係図〉において、Aさんの相続における妻Bさんの法定相続分は、（　　　）である。

〈親族関係図〉

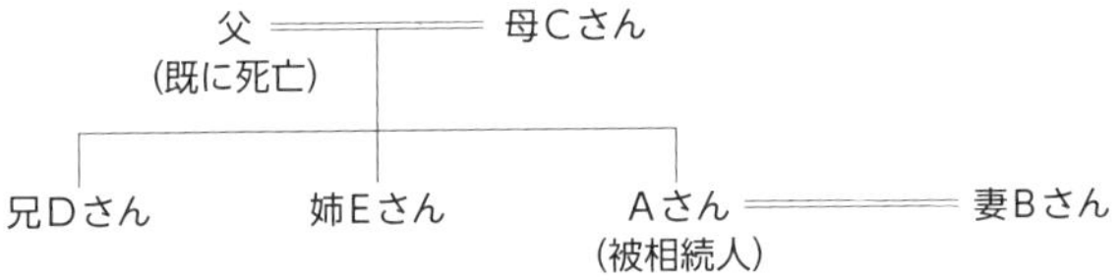

1．2分の1
2．3分の2
3．4分の3

(2023.09)

(2)下記の〈親族関係図〉において、Aさんの相続における兄Cさんの法定相続分は、（　　　）である。

〈親族関係図〉

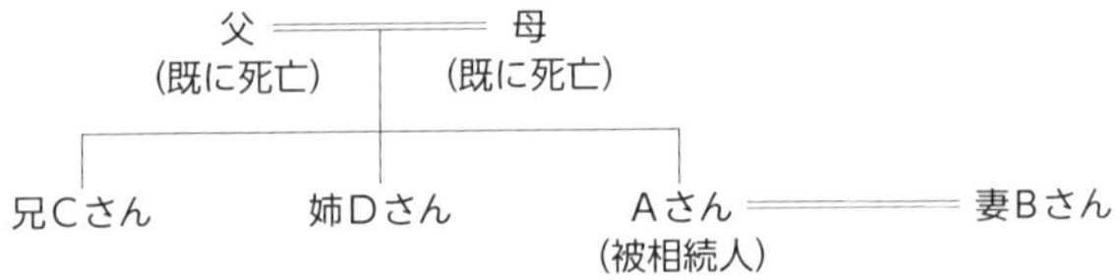

1．4分の1
2．6分の1
3．8分の1

(2022.01)

A 答えと解説　実技（金財個人、金財保険、協会資産）

答え　問1［○］　問2　(1)［2］(2)［3］

相続を学ぶとき、民法上の相続人と法定相続分は基本中の基本です。確実に理解して覚えましょう。

◆相続とは

相続とは、財産の持主が死亡し、その財産をのこされた人に承継すること。死亡した人を**被相続人**、財産を承継する人を相続人という。プラスの財産（現金、不動産等）だけでなく、借金等のマイナスの財産、その他、財産に関する法律上の地位のすべてが相続人に承継される。

◆法定相続人（民法上の相続人は２種類）　よくでる

▶配偶者相続人

配偶者は［常に］相続人となる。ただし法律上の婚姻をしている者に限る。

▶血族相続人

先順位の者が相続人となったら、後順位の者には相続権は［ない］。

第１順位：**子**	子が数人いれば、同順位で相続する ・実子・養子、嫡出子・非嫡出子で区別は［ない］ ・養子：実親・養親の両方の相続人に［なる］ ・特別養子：実親との親子関係は［終了］する（1）ため、実親の相続人に［ならない］
第２順位：**直系尊属**	子がいない場合。父母、祖父母…と直上する ・父母がいる場合は祖父母は相続人にはならない
第３順位：**兄弟姉妹**	直系卑属（子等）および直系尊属がいない場合

◆法定相続分　よくでる

相続財産の分け方について民法で定められている一応の基準となる割合のこと。血族相続人で同順位の相続人が複数いる場合は、相続分を均等に分ける。配偶者がいない場合は血族の**先順位の者**に全割合となる。

▶配偶者相続人と血族相続人がいる場合

相続人	法定相続分
配偶者と子（※P262の1）	配偶者：［2］分の［1］　子　　　：［2］分の［1］
配偶者と直系尊属（2(1)）	配偶者：［3］分の［2］　直系尊属：［3］分の［1］
配偶者と兄弟姉妹（2(2)）	配偶者：［4］分の［3］　兄弟姉妹：［4］分の［1］

問2(2)　兄弟姉妹の法定相続分［4］分の［1］を姉Dさんと均等に分けて［8］分の［1］となる。

□ 法定相続人と法定相続分②

問1 次の文章の（　　　）内にあてはまる語句として、最も適切なものを１～３のなかから選び、その番号を記しなさい。

下記の〈親族関係図〉において、Ａさんの相続における長男Ｃさんの法定相続分は、（　　　）である。

〈親族関係図〉

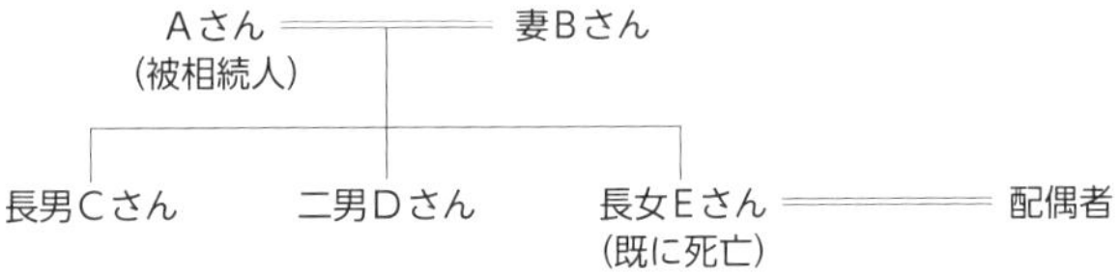

1．3分の１
2．4分の１
3．6分の１

（2022.09）

問2 下記の問について解答しなさい。

2024年９月２日に相続が開始された鶴見和之さん（被相続人）の〈親族関係図〉が下記のとおりである場合、民法上の相続人および法定相続分の組み合わせとして、最も適切なものはどれか。なお、記載のない条件については一切考慮しないものとする。

〈親族関係図〉

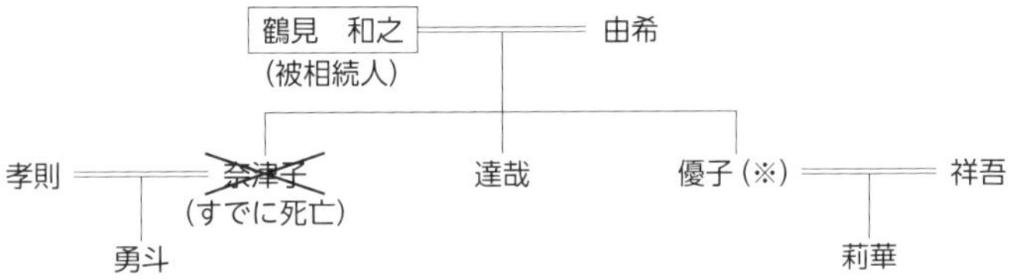

※優子さんは適法に相続を放棄している。

1．由希１／２　　達哉１／２
2．由希１／２　　達哉１／４　　勇斗１／４
3．由希１／２　　達哉１／６　　勇斗１／６　　莉華１／６

（2023.09　実技・資産）

A 答えと解説　実技(金財個人、金財保険、協会資産)

答え　問1 [2]　問2 [2]

相続人が被相続人より先に死亡している場合、その相続人の「子」が代わりに相続します。これを代襲相続といいます。

◆相続人になれない者

死亡	相続開始より前に死亡している人
欠格	被相続人を故意に死亡させたり、死亡させようとして刑に処せられた、被相続人の遺言を偽造・変造・破棄・隠匿等したり、詐欺・強迫により遺言書を書かせた場合等は当然に相続権を失う
廃除	被相続人を虐待・侮辱等した場合、被相続人が生前に家庭裁判所に請求し、審判によって相続人の相続権を失わせる

◆代襲相続　よくでる

相続開始時に相続人となるべき人が死亡している場合、「死亡している相続人」の子が代わりに財産を相続する。死亡のほか、欠格・廃除の場合も代襲相続できる。

第1順位： **子**	・子が先に死亡している場合、[孫] が代襲相続 (2) ・孫も先に死亡している場合、ひ孫が再代襲相続
第2順位： **直系尊属**	父母が死亡している場合、もともと祖父母に直上することになっている (「代襲相続」ではない)
第3順位： **兄弟姉妹**	兄弟姉妹が先に死亡している場合、[甥・姪] が代襲相続 ※兄弟姉妹の代襲相続は一代限りのため、甥・姪が先に亡くなっている場合は再代襲はない

▶相続放棄した場合との違い

相続人が相続放棄した場合、子、甥・姪は代襲相続 [できない] (2)(P265「相続放棄に関する留意点」を参照)。

問1 相続人は配偶者と子で法定相続分はそれぞれ [2] 分の [1] (P261参照)。子は3人だが、長女Eさんは既に死亡し子がいないため代襲相続は [なく]、子は [2] 人として均等に分ける。したがって長男Cさんの法定相続分は、

[$\frac{1}{2}$] × [$\frac{1}{2}$] = [$\frac{1}{4}$]

問2 相続人は配偶者と子で法定相続分はそれぞれ [2] 分の [1]。子は3人だが、奈津子さんは既に死亡のため子の勇斗さんが代襲相続 [する]。優子さんは相続放棄のため子の莉華さんは代襲相続 [できず]、子は [2] 人として均等に分ける。したがって、子の法定相続分は [達哉] さん、[勇斗] さんが、それぞれ、

[$\frac{1}{2}$] × [$\frac{1}{2}$] = [$\frac{1}{4}$]

□承認と放棄

問 1 **次の文章の（　　　）内にあてはまる語句の組合せとして、最も適切なものを1～3のなかから選び、その番号を記しなさい。**

相続人が相続の放棄をするには、原則として、自己のために相続の開始があったことを知った時から（　①　）以内に、（　②　）にその旨を申述しなければならない。

1．①3か月　　②家庭裁判所
2．①3か月　　②所轄税務署長
3．①6か月　　②所轄税務署長

(2022.05)

問 2 **次の文章を読んで、正しいものまたは適切なものには○を、誤っているものまたは不適切なものには×をつけなさい。**

相続人は、原則として、自己のために相続の開始があったことを知った時から3か月以内に、相続について単純承認または限定承認をしなければ、相続の放棄をしたものとみなされる。

(2023.01)

A 答えと解説　実技(協会資産)

答え　問1［1］問2［×］

相続財産には負債もあることから、すべての財産を相続するだけでなく、限定しての相続や放棄をできる方法が設けられています。

◆承認と放棄　よくでる

相続人は、相続財産を相続するかどうかを選ぶことができる。

［すべてを］相続する場合は特段の手続きは必要ないが、［放棄］または［限定して］相続する場合は、原則として、期限内に手続きが必要。

▶限定承認、相続放棄の手続きと注意点　よくでる

相続の開始があったことを知った時から［3］か月（熟慮期間）以内に、［家庭裁判所］に申述書を提出する（1）。

なお、相続放棄については相続人［単独］での手続きが可能だが、限定承認については相続人［全員］での手続きが必要。

選択肢	内容	手続き期限	手続き時
単純承認	相続財産のすべて（プラス資産も借金も）を無条件・無制限に相続する	−	−
限定承認	相続財産のうち、プラスの資産の範囲内で負債を支払い、残った資産を受け継ぐ	［3］か月以内	相続人［全員］での手続きが必要
相続放棄	相続しない	［3］か月以内	相続人［単独］で手続き可能

▶単純承認したとみなされる場合

・熟慮期間（3か月以内）に限定承認、相続放棄の手続きをしなかった（2）

・相続人が相続財産の全部または一部を処分した

・限定承認・放棄をした後でも、相続財産を隠匿し、費消（使うこと）し、限定承認の手続きの際に故意に財産目録に記載しなかった　など

◆相続放棄に関する留意点

相続人としての立場	相続放棄した人は「はじめから相続人ではなかった」とみなされるので、代襲相続は［ない］
相続税の計算の際	相続税の計算上では、法定相続人の人数や法定相続分のカウントに［含める］（P275参照）

□ 遺言

問1 次の文章を読んで、正しいものまたは適切なものには○を、誤っているものまたは不適切なものには×をつけなさい。

(1)自筆証書遺言は、遺言者が、その全文、日付および氏名を自書し、これに押印して作成するものであるが、自筆証書に添付する財産目録については、自書によらずにパソコンで作成しても差し支えない。

(2022.01)

(2)自筆証書遺言書保管制度を利用して、法務局（遺言書保管所）に保管されている自筆証書遺言については、家庭裁判所による検認の手続を要しない。

(2023.05)

問2 次の設例に基づいて、下記の問に答えなさい。

〈設例〉（一部抜粋）
個人で不動産賃貸業を営んでいるAさん（70歳）の推定相続人は、妻Bさん（68歳）、長女Cさん（45歳）および二女Dさん（42歳）の3人である。

公正証書遺言に関する次の記述のうち、最も適切なものはどれか。

1. 「公正証書遺言は、作成された遺言書の原本が家庭裁判所に保管されるため、紛失や改ざんのおそれがなく、安全性が高い遺言といえます。」
2. 「公正証書遺言は、証人２人以上の立会いのもと、遺言者が遺言の趣旨を公証人に口授し、公証人がこれを筆記して作成するものです。」
3. 「Aさんが公正証書遺言を作成する場合の証人には、妻Bさんはなることができませんが、長女Cさんおよび二女Dさんは証人になることができます」

(2022.09　実技・保険)

A 答えと解説 実技（金財個人、金財保険、協会資産）

答え 問1 (1)［○］(2)［○］問2［2］

遺言は、財産について生前の意思表示をしておくことです。遺言者の死亡とともに一定の効力が発生します。遺言を書面にしたものが遺言書です。

◆遺言《いごん》

▶遺言できる者：[15] 歳以上の者は誰でも遺言ができる。

▶遺言の撤回：遺言者の最終意思が尊重されるため、いつでも自由にその全部または一部を撤回でき、[新しい] 作成日付のものが有効となる。

▶遺言の方式（普通方式遺言） よくでる

種類	自筆証書遺言	公正証書遺言（2）	秘密証書遺言
特徴	内容も存在も秘密にできる	内容は秘密にできない	内容を秘密にしたまま遺言書の存在を証明してもらう
作成方法	本人が遺言書の全文、日付、氏名を自筆し押印する。[財産目録] はパソコン作成またはコピー添付可（1(1)）（自署・押印は必要）	本人が口述し、公証人が筆記する。原則、公証役場で作成	本人が遺言書と同一印で封印、公証人の前で住所氏名を記入、公証人が日付等を記入して証明する。パソコン作成・代筆 [可]。公証役場で実施
保管場所	自由（法務局の保管制度※の利用可）	原本は [公証役場] で保管	自由（自分で保管）
証人	不要	[2] 人以上	[2] 人以上
検認	[必要]※	[不要]	[必要]

※法務局における「**自筆証書遺言書保管制度**」を利用した場合は検認 [不要]（1(2)）

▶証人：公正証書遺言、秘密証書遺言には [2人] 以上の証人が必要。ただし、次の者は証人になることができない。 よくでる

① [未成年者]、② [推定相続人]（2）および受遺者、③②の配偶者および直系血族、④公証人の配偶者・4親等内の親族など。

※**推定相続人**：相続が発生したときに相続人になる人（配偶者や子など）

▶**検認**：遺言書の保管者または遺言を発見した人は [家庭裁判所] に遺言書を提出して、「検認」を受ける必要がある。検認は、遺言書の偽造や変造を防ぐための制度で、遺言が有効か無効か等の判断はされない。

□ 遺産分割

問 1 次の文章を読んで、正しいものまたは適切なものには○を、誤っているものまたは不適切なものには×をつけなさい。

協議分割は、共同相続人全員の協議により遺産を分割する方法であり、その分割割合については、必ずしも法定相続分に従う必要はない。

(2022.09)

問 2 次の設例に基づいて、下記の問に答えなさい。

〈設例〉(一部抜粋)
個人で不動産賃貸業を営むＡさん (75歳) の推定相続人は、妻Ｂさん (70歳)、長女Ｃさん (45歳) および二女Ｄさん (40歳) の３人である。Ａさんは、不動産賃貸業を手伝ってくれている長女Ｃさんに賃貸ビルを相続させたいと考えているが、長女Ｃさんに偏った相続が行われると、長女Ｃさんと二女Ｄさんとの間で争いが起こるのではないかと心配している。

Ａさんの相続等に関する次の記述について、適切であれば○を、不適切であれば×を記しなさい。

「死亡保険金を活用した代償分割の方法を考えた場合、契約者 (保険料負担者) および被保険者をＡさん、死亡保険金受取人を長女Ｃさんとする終身保険に加入することも検討事項の１つとなります。」

(2021.05　実技・個人・改)

A 答えと解説 実技(金財個人)

答え 問1 [○] 問2 [○]

相続人が複数いる場合の遺産の分け方には、主に3種類あります。特に、遺言がある指定分割の場合は「遺留分の侵害」に留意が必要です。

◆遺産分割

相続人が複数いる場合、被相続人の財産は、共有状態にある。この財産を各相続人に具体的に分けて帰属させることを遺産分割という。

▶遺産分割の主な手続き

指定分割	被相続人の遺言に従って分割する
協議分割(1)	共同相続人全員で協議し、その合意した内容で分割する ※必ずしも法定相続分に従う必要はない
調停・審判による分割	遺産分割協議が合意に至らなかった場合、家庭裁判所での調停・審判によって分割する さらっと

▶遺産分割の流れ (主要事項)

遺言がある場合:原則、遺言に従う (**指定分割**)

- 遺言に遺留分を侵害する部分がある場合、侵害された者は「**遺留分侵害額請求権**」を行使できる (P271参照) よくでる
- 遺言があっても、共同相続人全員が合意すれば、遺言と異なる内容で「協議分割」が可能になる場合がある

遺言がない場合:相続人全員で、遺産分割協議を行う (**協議分割**)

- 遺産分割協議が円満に成立しない場合は、家庭裁判所での調停分割となり、調停も不調で終わった場合は審判分割となる

▶遺産分割の方法 さらっと

主に、現物分割・換価分割・代償分割という方法がある。

現物分割	個々の相続財産を、現物のまま相続分に応じて分割する 例) 不動産を共有財産として持分を相続する
換価分割	相続財産の全部または一部を売却して現金化して、その代金を分割する 例) 不動産を売却して現金化し分割する
代償分割	特定の相続人が遺産を現物で取得し、他の相続人に対して代償として自分の財産 (現金など) を支払うことで遺産を分割する。特定の相続人を死亡保険金受取人にして、死亡保険金を代償分割の原資とする方法も考えられる (2) 例) 長子が不動産を相続し、他の相続人に死亡保険金から現金を支払う

□ 遺留分

問1 **次の文章の（　　）内にあてはまる語句として、最も適切なものを1～3のなかから選び、その番号を記しなさい。**

⑴下記の〈親族関係図〉において、遺留分を算定するための財産の価額が2億4,000万円である場合、長女Eさんの遺留分の金額は、（　　）となる。

〈親族関係図〉

1. 1,000万円
2. 2,000万円
3. 4,000万円

（2023.05）

⑵法定相続人である被相続人の（　　）は、遺留分権利者とはならない。

1. 父母
2. 兄弟姉妹
3. 養子

（2023.01）

A 答えと解説　実技（金財個人、金財保険）

答え　問1　(1)［2］(2)［2］

遺留分は、一定の相続人が最低限の相続財産を受け取れるよう設けられていますが、権利を行使するかどうかは相続人の自由です。

◆遺留分

相続財産のうち、一定の要件を満たす相続人が権利を行使すれば必ず取得できる財産の割合のこと。

▶遺留分の割合　よくでる

遺留分の割合は、それぞれの権利者の法定相続分の一定割合となる。

配偶者・子	相続財産の［2］分の［1］（**1**(1)）
直系尊属	相続人が直系尊属だけの場合は、相続財産の［3］分の［1］
兄弟姉妹	遺留分は［ない］（**1**(2)）

遺留分を確保するには、その相続人が「**遺留分侵害額請求権**」を行使することが必要。遺留分侵害額に相当する［金額の支払い］を請求することができる。

問1(1) 長女Eさんの遺留分の金額

法定相続人は配偶者と子、法定相続分はそれぞれ［2］分の［1］。子は3人で均等に分けるので、長女Eさんの法定相続分は、

$[\frac{1}{2}] \times [\frac{1}{3}] = [\frac{1}{6}]$

子の遺留分は相続財産の［2］分の［1］であるので、長女Eさんの遺留分は、

$[\frac{1}{6}] \times [\frac{1}{2}] = [\frac{1}{12}]$

したがって、長女Eさんの遺留分の金額は、

財産の価額2億4,000万円×［12］分の［1］＝［2,000］万円

▶遺留分の放棄　さらっと

相続開始前に、**家庭裁判所の許可**を受けたときに限り、遺留分を放棄できる。

▶遺留分侵害額請求の時効　さらっと

相続の開始および遺留分を侵害する遺贈や贈与があったことを**知ったときから1年**、または相続開始から**10年**経過したとき。

ポイント

遺留分は、配偶者と子は相続財産の2分の1、兄弟姉妹はないと覚えましょう。

相続税

□ 相続税の計算（相続財産、非課税財産、債務控除、基礎控除）

問1 次の文章を読んで、正しいものまたは適切なものには○を、誤っているものまたは不適切なものには×をつけなさい。

(1)相続により財産を取得した者が、相続開始前３年以内に被相続人から暦年課税による贈与により取得した財産は、原則として、相続税の課税対象となる。

(2022.01)

(2)相続人が負担した被相続人に係る香典返戻費用は、相続税の課税価格の計算上、葬式費用として控除することができる。

(2023.05)

問2 次の文章の（　　　）内にあてはまる語句として、最も適切なものを１～３のなかから選び、その番号を記しなさい。

(1)相続税額の計算上、死亡保険金の非課税金額の規定による非課税限度額は、「（　　）×法定相続人の数」の算式により算出される。

1．300万円
2．500万円
3．600万円

(2023.01)

(2)下記の〈親族関係図〉において、Aさんの相続における相続税額の計算上、遺産に係る基礎控除額は、（　　　）である。

〈親族関係図〉

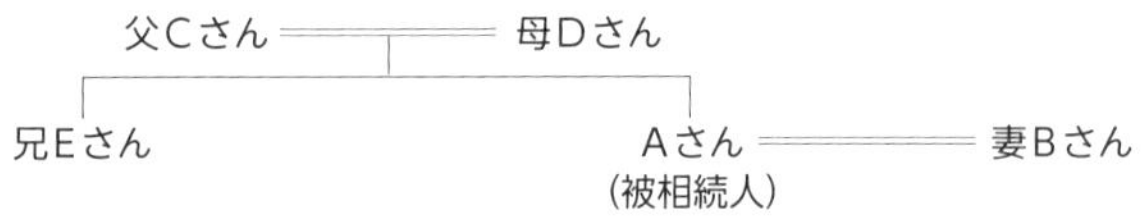

1．4,500万円
2．4,800万円
3．5,400万円

(2023.09)

A 答えと解説　実技（金財個人、金財保険、協会資産）

答え　問1 (1)［○］(2)［×］問2 (1)［2］(2)［2］

相続税の計算の流れの全体像をつかみ、まずは相続税の課税対象となるものを確認。その後、課税遺産総額を求めるまでを確認しましょう。

◆相続税

相続税は国税で、財産を相続・遺贈（死因贈与も含む）によって取得した人に課税される。

▶相続税の計算の全体の流れ：次の段階をふんで計算する。

【Step 1】相続財産について、相続人各人の課税価格を求める。
【Step 2】全員の課税価格を合計した額から、課税遺産総額を求める。
【Step 3】課税遺産総額をもとに全員で負担する相続税の総額を計算。
【Step 4】相続税の総額を、各人に案分。
【Step 5】案分された額から、個別事情の相続税の軽減・割増を行う。

ポイント　**試験の計算問題は、【Step2】の課税遺産総額と、【Step3】の相続税総額が中心です。どちらも計算できるようにしておきましょう。その他のStepの内容は知識としておさえます。**

◆相続税の計算の流れ①【Step 1】課税価格の計算

はじめに、相続財産の把握・評価を行い、各人の課税価格を求める。

	本来の課税財産	相続税の課税財産
＋	みなし相続財産	
＋	相続開始前の生前に授与された財産	
＋	相続時精算課税制度により授与された財産	
－	非課税財産	
－	債務控除	
＝	課税価格	

◆相続税の相続財産

金銭に見積もることができる経済的価値のあるもののすべてが相続財産となる。負債も金銭に見積もることができるので相続財産となるが、債務控除の対象となり、課税価格の計算では控除する。

（次ページにつづく）

◆相続税の課税財産

相続税の課税対象となる財産には次のようなものがある。

本来の相続財産
相続・遺贈・死因贈与による取得財産（遺贈・死因贈与はP291参照） （預貯金、有価証券、土地、建物、ゴルフ会員権など）
みなし相続財産 よくでる
民法上での相続財産ではないが、実質的に相続財産と同じ効力があるもの （[死亡保険]金、[死亡退職]金）
相続開始前の[3]年以内※に被相続人から生前贈与された財産 よくでる
相続時点では被相続人の財産ではないが、相続開始前[3]年以内※1に贈与された財産は、[贈与]時の価額を相続税の課税価格として加える（1(1)）
相続時精算課税制度により贈与された財産
原則、贈与時の価額を相続税の課税価格として加える※2（P297「相続時精算課税制度」を参照）

※1　2024年1月以降に贈与された財産は、相続財産に加える対象期間が相続開始前3年以内から相続開始前7年以内に延長される。ただし、延長された4年間に取得した贈与財産については、総額100万円まで加算されない

※2　2024年1月以降に贈与された財産は「その年の贈与額－110万円」を相続税の課税価格として加える

◆相続税の非課税財産

相続財産のうち、非課税財産として相続税の課税対象から除外されるものがある。

相続人が受け取る生命保険金、死亡退職金等のうち一定の金額 よくでる
生命保険金、死亡退職金それぞれで、次の金額までは非課税となる **・非課税限度額＝[500]万円×法定相続人の数**（2(1)） ここでの法定相続人の数は、相続税計算上の法定相続人の数。相続放棄した人は人数に[含める]
弔慰金：非課税となる金額は次のとおり定められている
・業務上死亡の場合➡**死亡時の普通給与×[36]か月分** ・業務外死亡の場合➡**死亡時の普通給与×[6]か月分** ※超えた分は退職手当金として取り扱われる
墓地、墓碑、仏壇、仏具等 よくでる

・参考：死亡保険金の取扱い（イメージ図）

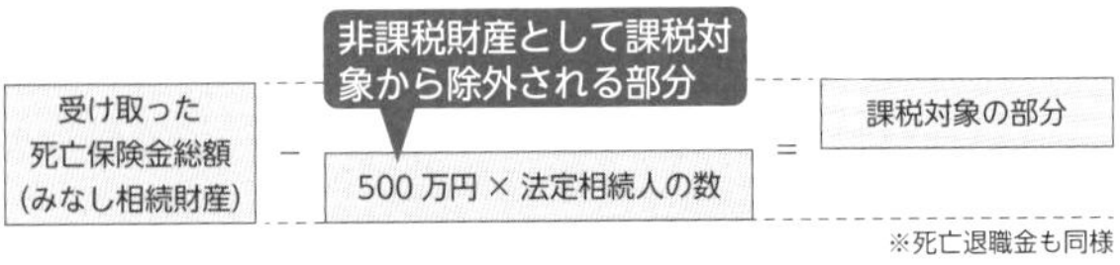

◆債務控除

よくでる

債務控除の対象として課税財産から差し引くことができるもの・できないものには次のようなものがある。

	債務控除できる	債務控除できない
債務	・被相続人の借入金 ・未払いの[税金] ・未払いの[医療費]	・被相続人が生前購入した[墓地]等の未払い金 ・相続税申告のために税理士に払う費用　等
葬式費用	[通夜]、葬式、火葬、納骨等の葬式費用	・[香典返戻]費用(1(2)) ・[法会]費用(初七日など)　等

◆相続税の計算の流れ②【Step 2】課税遺産総額の計算

【Step 1】で計算した各人の課税価格を合計し、そこから「遺産に係る基礎控除額」を差し引いて「課税遺産総額」を計算する。

課税遺産総額＝課税価格の合計額－遺産に係る基礎控除額

▶遺産に係る基礎控除額の計算式(2(2))

よくでる

遺産に係る基礎控除額＝[3,000]万円＋[600]万円×法定相続人の数

課税価格合計額が遺産に係る基礎控除額よりも少ない場合、相続税はかからない。

・相続税計算上の法定相続人の数のカウントの注意点

養子	・被相続人に実子あり　：養子が複数いても、1人のみ ・被相続人に実子いない：養子が2人までなら養子の人数 3人以上ならカウントできるのは2人まで
相続放棄	相続放棄した人の数はカウントに[含める]

問2(2) 本問の法定相続人は、妻Bさん、父Cさん、母Dさんの3人なので、遺産に係る基礎控除額は、

[3,000]万円＋[600]万円×[3]人＝[4,800]万円

!注意

死亡保険金・死亡退職金の非課税限度額の計算式と、遺産に係る基礎控除額の計算式は暗記必須です。どちらが500万円、600万円か、間違えやすいので気をつけてください。

□ 相続税の計算（相続税総額の計算）

問 1　次の設例に基づいて、下記の問に答えなさい。

〈設例〉（一部抜粋）
Aさん（70歳）は妻Bさん（66歳）との2人暮らしである。Aさん夫妻には、子がいない。Aさんは、妻Bさんに全財産を相続させたいと考えている。

〈Aさんの親族関係図〉

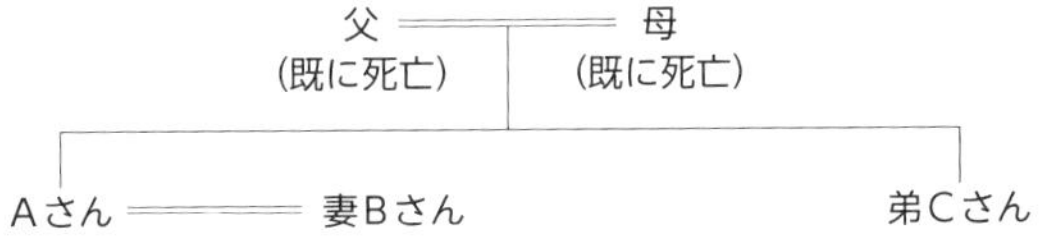

※上記以外の条件は考慮せず、各問に従うこと。

仮に、Aさんの相続が現時点（2024年9月12日）で開始し、Aさんの相続に係る課税遺産総額（課税価格の合計額－遺産に係る基礎控除額）が1億8,000万円であった場合の相続税の総額は、次のうちどれか。

1．4,000万円
2．4,400万円
3．5,500万円

〈資料〉相続税の速算表（一部抜粋）

法定相続分に応ずる取得金額			税率	控除額
万円超		万円以下		
	～	1,000	10%	－
1,000	～	3,000	15%	50万円
3,000	～	5,000	20%	200万円
5,000	～	10,000	30%	700万円
10,000	～	20,000	40%	1,700万円

（2021.09　実技・保険）

A 答えと解説 実技（金財個人、金財保険）

答え 問1 [2]

相続税の総額は、相続財産を実際にどのように分割したかに関係なく、一定のルールで遺産分割したと仮定して計算します。流れを把握しましょう。

◆相続税の計算の流れ③【Step 3】相続税の総額の計算 よくでる

相続税は、実際の遺産分割方法に関係なく、「**課税遺産総額を法定相続人が法定相続分どおりに分けたとしたら、それぞれいくらになるか**」を計算、その合算額を「相続税の総額」とする。相続税の計算では**超過累進税率**を用いる（試験では速算表が与えられる）。

> **問1** 課税遺産総額は1億8,000万円と提示されているので、法定相続人が法定相続分どおりにそれぞれ相続したと仮定して、相続税の総額を計算する。法定相続人は妻Bさんと弟Cさんの2人。法定相続人が「配偶者と兄弟姉妹」なので、法定相続分は妻Bさんが［4］分の［3］、弟Cさんが［4］分の［1］。
> それぞれの仮定の課税遺産額は、
> 　妻Bさん＝1億8,000万円×［$\frac{3}{4}$］＝［1億3,500］万円
> 　弟Cさん＝1億8,000万円×［$\frac{1}{4}$］＝［4,500］万円
> この額をもとに、それぞれの仮定の相続税額を速算表を用いて計算すると、
> 　妻Bさん＝［1億3,500］万円×［40］%－［1,700］万円＝［3,700］万円
> 　弟Cさん＝［4,500］万円×［20］%－［200］万円＝［700］万円
> したがって、相続税の総額は、
> 　［3,700］万円＋［700］万円＝［4,400］万円

◆相続税の計算の流れ④【Step 4】相続税の総額を各人に案分 さらっと

【Step 3】で計算した相続税の総額は、相続人全員で負担する金額。実際に各人が負担する税額は、各人の課税価格（実際に取得した財産）の割合（案分割合）から計算される。

$$\textbf{各相続人の相続税額＝相続税の総額} \times \frac{\text{各人の課税価格}}{\text{課税価格の合計額}}$$

ポイント **相続税の総額の計算は、実技、特に金財の試験では高頻度で出題されています。計算方法をしっかり理解しておきましょう。**

□ 相続税額の調整（加算、軽減制度）

問1 次の文章を読んで、正しいものまたは適切なものには○を、誤っているものまたは不適切なものには×をつけなさい。

相続税額の計算において、「配偶者に対する相続税額の軽減」の適用を受けるためには、その適用を受けることにより納付すべき相続税額が算出されない場合であっても、相続税の申告書を提出しなければならない。

（2022.09）

問2 次の文章の（　　）内にあてはまる語句として、最も適切なものを１～３のなかから選び、その番号を記しなさい。

⑴「配偶者に対する相続税額の軽減」の適用を受けた場合、配偶者の相続税の課税価格が、相続税の課税価格の合計額に対する配偶者の法定相続分相当額または（　　）のいずれか多い金額までであれば、原則として、配偶者が納付すべき相続税額は算出されない。

１．１億2,000万円
２．１億6,000万円
３．１億8,000万円

（2023.09）

⑵被相続人の（　　）が相続により財産を取得した場合、その者は相続税額の２割加算の対象となる。

１．兄弟姉妹
２．父母
３．孫（子の代襲相続人）

（2023.05）

A 答えと解説 実技(金財個人、金財保険)

答え 問1 [○] 問2 (1) [2] (2) [1]

最後に、個別事情の軽減・割増の制度を確認します。配偶者の税額軽減、2割加算は頻出ですので理解しておきましょう。

◆相続税の計算の流れ⑤【Step 5】案分された額から個別事情の相続税の軽減・割増を行う

各相続人の相続税額をもとに、各相続人の個別の事情による税額の調整(軽減・割増)を実施、各相続人の最終的な納税額が決まる。

◆個別事情の税額の調整

▶配偶者の税額軽減 よくでる

配偶者が相続や遺贈によって取得した財産は、次のどちらか[多い]額までは相続税がかからない。なお、税額軽減を適用することにより相続税がゼロになる場合でも、相続税申告書は提出[しなければならない](1)。

・配偶者の[法定相続分]相当額
・[1億6,000]万円(2(1))

なお、配偶者の婚姻期間は[問われない]。

▶相続税の2割加算 よくでる

被相続人の配偶者および一親等の血族(子、父母)以外の者が財産を取得した場合は、算出税額の[2]割を加算した税額を納付しなければならない。具体的には、[兄弟姉妹](2(2))、代襲相続人でない[孫]等が相続や遺贈によって財産を取得した場合が該当する。代襲相続人である孫は、2割加算の対象で[ない]。

なお、養子となっている孫は2割加算の対象と[なる]。

▶未成年者控除

財産を取得した法定相続人が未成年者の場合、18歳になるまでの年数1年につき10万円が控除される。

未成年者控除=(18歳−相続開始時年齢※)×10万円

※年齢の1年未満の期間は切捨て

□ 相続税の申告

問1 次の文章を読んで、正しいものまたは適切なものには○を、誤っているものまたは不適切なものには×をつけなさい。

(1)相続税の申告書の提出は、原則として、その相続の開始があったことを知った日の翌日から10か月以内にしなければならない。

(2023.09)

(2)国内に住所を有するAさんが死亡した場合、Aさんの相続における相続税の申告書の提出先は、Aさんの死亡の時における住所地の所轄税務署長である。

(2020.09)

(3)被相続人が所得税について確定申告書を提出しなければならない者に該当する場合、相続人は、原則として、相続の開始があったことを知った日の翌日から3か月以内に準確定申告書を提出しなければならない。

(2023.01　実技・保険・改)

A 答えと解説 実技（金財個人、金財保険、協会資産）

答え 問1 (1)［○］(2)［○］(3)［×］

相続税の申告では、申告期限と提出先をおさえましょう。各種特例を適用することで相続税がゼロになる場合にも申告は必要です。

◆相続税の申告

相続税は、納税者が申告義務があるかどうかを判断し、相続税がかかる（課税価格が基礎控除額を超える）場合は、相続税の申告書を定められた期限までに提出しなければならない。

配偶者の税額軽減などの特例を適用することで**相続税がゼロになる場合**、特例の適用を受けるためには、相続税の申告書を提出［しなければならない］。

▶申告書の提出期限と提出先（1(1)(2)） よくでる

相続の開始があったことを**知った日の翌日から**［10］か月以内に、被相続人の死亡時住所地の管轄の［税務署長］に提出しなければならない。

◆相続税の納付 さらっと

原則は金銭での一括納付をしなければならない。ただし、条件を満たせば、次の方法も可能とされている。

延納	金銭一括納付が困難な場合、分割して納付する
物納	延納によっても金銭で納付することが困難な場合、要件を満たしていれば、相続財産による納税も可能

◆準確定申告（被相続人の所得税） よくでる

被相続人が所得税を納付していた場合、相続人は、相続の開始があったことを**知った日の翌日から**［4］か月以内（1(3)）に、被相続人の死亡時の納税地（一般的には住所地）の所轄［税務署長］宛に確定申告書を提出し、納税しなければならない。

ポイント 〈各手続きの期限の比較〉

限定承認・放棄	相続の開始があったことを**知った時から**［3］か月以内
相続税の申告	相続の開始があったことを**知った日の翌日から**［10］か月以内
準確定申告	相続の開始があったことを**知った日の翌日から**［4］か月以内

不動産の評価

□ 宅地の評価

問 1 次の文章の（　　　）内にあてはまる語句として、最も適切なものを１～３のなかから選び、その番号を記しなさい。

国税庁が公表している路線価図において、路線に「300C」と付されている場合、「C」の記号は、借地権割合が（　　　）であることを示している。

1．60%
2．70%
3．80%

(2021.05)

答え 問 1 [2]

財産の評価は、財産の種類ごとに評価方法が定められています。ここでは、土地のうち建物の敷地としての「宅地」の評価を確認します。

◆宅地の評価

▶計算の単位

登記上の1筆単位ではなく利用単位である**1画地ごと**に評価する。

◆宅地の評価方式：路線価方式

よくでる

市街地的な地域にある宅地の評価は[路線価]を用いて行う。

路線価は、宅地の面する路線（道路）に**1㎡当たりの価額**（[千]円単位）で付けられており、その道路に面する宅地の評価に使用する。

※なお、宅地の評価方式には「倍率方式」というものもある。路線価が定められていない地域の宅地の評価に用いる方式で、固定資産税評価額に、国税局長が定める倍率を乗じて計算する

◆路線価方式での計算方法

よくでる

[路線価]に宅地の[面積]を乗じて計算する。

▶一方のみが道路に面している宅地の計算式

宅地の評価額＝路線価×奥行価格補正率※×宅地の面積

※**奥行価格補正率**：道路に接している側からみて奥行が長すぎ・短すぎの宅地は利用しづらいので、評価額に反映（補正）するために設けられている

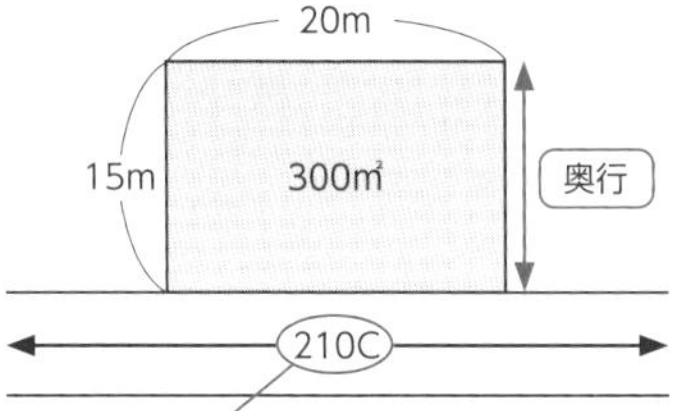

[借地権割合]

記号	借地権割合
A	90%
B	80%
C	70%
D	60%
E	50%
F	40%
G	30%

〈借地権割合〉
・借地権の場合、計算に用いる値。自用地の場合は使わない。
・Cは借地権割合70%を表す（1）。

〈路線価〉210＝210千円（千円単位）。「C」は[借地権割合]の表を参照。

〈計算例〉奥行価格補正率1.0の場合、上記の土地の自用地としての評価額は、
路線価[210]千円×1.0×[300]㎡＝[63,000]千円

□ 宅地上の権利の評価、家屋の評価

問1 下記の問について解答しなさい。

下記〈資料〉の宅地の借地権（普通借地権）について、路線価方式による相続税評価額として、正しいものはどれか。なお、奥行価格補正率は1.0とし、記載のない条件については一切考慮しないこととする。

〈資料〉

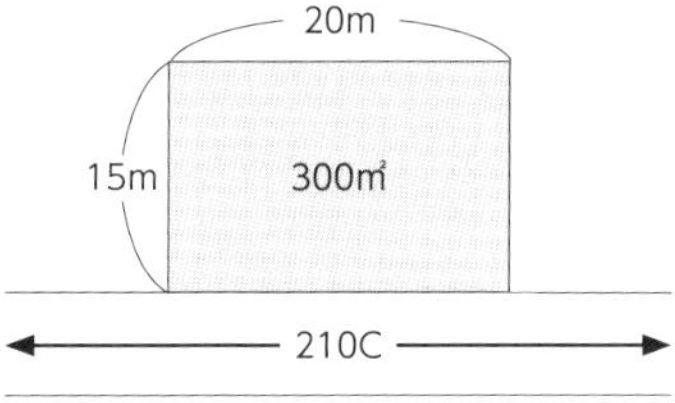

[借地権割合]

記号	借地権割合
A	90%
B	80%
C	70%
D	60%
E	50%
F	40%
G	30%

1．18,900千円
2．44,100千円
3．63,000千円

（2021.05　実技・資産）

問2 次の文章を読んで、正しいものまたは適切なものには○を、誤っているものまたは不適切なものには×をつけなさい。

個人が、自己が所有する土地に賃貸マンションを建築して賃貸の用に供した場合、相続税額の計算上、当該敷地は貸宅地として評価される。

（2022.05）

問3 次の文章の（　　　）内にあてはまる語句として、最も適切なものを１～３のなかから選び、その番号を記しなさい。

貸家建付地の相続税評価額は、（　　　）の算式により算出される。

1．自用地としての価額×（1－借地権割合）
2．自用地としての価額×（1－借家権割合×賃貸割合）
3．自用地としての価額×（1－借地権割合×借家権割合×賃貸割合）

（2023.09）

A 答えと解説 実技（協会資産）

答え 問1 [2] 問2 [×] 問3 [3]

宅地上の権利の評価は、利用状況によって評価額が変わります。借地権の評価額は、資料の読みとり方と計算方法も理解しておきましょう。

◆宅地上の権利の評価

宅地は、利用状況の違いによって評価する。

自用地	自分が所有する土地を自分で使用している 例）**自宅の土地、青空駐車場として使用している土地**
	自用地評価額＝[**路線価**]×奥行価格補正率×[**地積**]
借地権 よくでる	他人が所有する土地に自分が建てて所有する建物があり、地代を払っている　**※土地を借りている側の評価**
	評価額＝自用地評価額×[**借地権**]割合（1）
貸宅地 よくでる	自分が所有する土地を他人に貸している（建物は他人の所有） **※土地を貸している側の評価**
	評価額＝自用地評価額×（1－[**借地権**]割合）
貸家建付地 よくでる	自分が所有する土地に自分が建てた建物を他人に貸している 例）**賃貸アパート、賃貸マンションを建てた土地**（2）
	評価額＝自用地評価額×（1－[**借地権**]割合×借家権割合×[**賃貸**]割合）（3）
使用貸借	自分の土地を無償で貸し付けている 例）**父が子に土地を提供し、子が建物を建てた** ※賃貸借とは区別する
	評価額＝[**自用地評価額**]

※地積：土地の面積のこと

問1 借地権の評価額

本問の300㎡の土地の路線価は[**210**]千円、借地権割合は[**C**]なので[**70**]％となる。奥行価格補正率は1.0なので、

借地権の評価額＝自用地評価額×[**借地権**]割合

＝（[**路線価**]×奥行価格補正率×[**地積**]）×[**借地権**]割合

＝[**210**]千円×1.0×[**300**]㎡×[**70**]％

＝[**44,100**]千円

◆建物等（家屋等）の評価 さらっと

建物（家屋）の評価額は、[**固定資産税評価額**]に基づいて評価する。

自用家屋（自宅や別荘）	**自用家屋の評価額＝固定資産税評価額×1.0**
貸家（貸付用の建物）	**貸家の評価額＝固定資産税評価額×（1－借家権割合×賃貸割合）** ※借家権割合は30%。賃貸割合はそのときの賃貸状況を反映させる

□ 小規模宅地等の評価の特例

問 1 次の文章を読んで、正しいものまたは適切なものには○を、誤っているものまたは不適切なものには×をつけなさい。

(1)相続人が相続により取得した宅地が「小規模宅地等についての相続税の課税価格の計算の特例」における特定居住用宅地等に該当する場合、その宅地のうち330㎡までを限度面積として、評価額の80％相当額を減額した金額を、相続税の課税価格に算入すべき価額とすることができる。

(2023.09)

(2)次の設例に基づいて、下記の問に答えなさい。

〈設例〉（一部抜粋）
Aさん（79歳）は、妻Bさん（76歳）との２人暮らしである。
・Aさんの自宅敷地（330㎡）：7,000万円（注）
・Aさんの自宅建物：1,000万円
（注）『小規模宅地等についての相続税の課税価格の計算の特例』適用前の金額

「妻Bさんが自宅の敷地を相続により取得し、『小規模宅地等についての相続税の課税価格の計算の特例』の適用を受けた場合、自宅の敷地（相続税評価額7,000万円）について、相続税の課税価格に算入すべき価額を1,400万円とすることができます。」

(2023.09　実技・保険・改)

問 2 次の文章の（　　　）内にあてはまる語句の組合せとして、最も適切なものを１～３のなかから選び、その番号を記しなさい。

相続人が相続により取得した宅地が「小規模宅地等についての相続税の課税価格の計算の特例」における特定事業用宅地等に該当する場合、その宅地のうち（　①　）までを限度面積として、評価額の（　②　）相当額を減額した金額を、相続税の課税価格に算入すべき価額とすることができる。

1．①200㎡　　②50％
2．①330㎡　　②80％
3．①400㎡　　②80％

(2023.05)

A 答えと解説　実技（金財個人、金財保険）

答え　問1 (1)［○］(2)［○］ 問2 ［3］

自宅の敷地や事業用地を評価するときに、評価額を減額できる特例があります。減額割合と上限面積、配偶者の場合の特例を覚えましょう。

◆小規模宅地等についての相続税の課税価格の計算の特例

自宅の敷地や事業用地の評価額が高額だと、相続税を支払うために売却しなければならなくなる可能性も出てくる。そうならないために、最低限、居住や事業継続を確保できるよう設けられている。「小規模宅地の評価減の特例」ということもある。

▶対象となる宅地

被相続人が生前に①**居住用**、②**事業用建物等の敷地**、③**貸付用建物の敷地**、に用いていた宅地について、相続等により取得した場合。

▶面積と減額割合　よくでる

宅地の区分	減額割合	上限となる地積
①特定居住用宅地等（1(1)(2)）	[80] %	[330] ㎡
②特定事業用宅地等・特定同族会社事業用宅地等（2）	[80] %	[400] ㎡
③貸付事業用宅地等	[50] %	[200] ㎡

※なお、①特定居住用宅地等（自宅の敷地）と③貸付事業用宅地等（賃貸ビル等の敷地）の両方の特例を受ける場合は、上限となる地積が**調整される**　さらっと

問1(2)　本問の自宅敷地は330㎡なので、特例の適用を受けられるのは[330] ㎡。自宅敷地の特例適用前の金額が7,000万円であるから、減額される額は、

7,000万円×[80] %=[5,600] 万円

相続税の課税価格に算入すべき価額は、

[7,000] 万円－[5,600] 万円=[1,400] 万円

▶適用要件　よくでる

相続人によっては、相続税申告期限までに居住・所有していること等が要件となるが、**配偶者**が相続した場合は、居住要件と所有要件はともに[問われない]。

金融資産等の評価

□ 株式と保険契約の評価等

問1 次の文章を読んで、正しいものまたは適切なものには○を、誤っているものまたは不適切なものには×をつけなさい。

相続税額の計算において、相続開始時に保険事故が発生していない生命保険契約に関する権利の価額は、原則として、相続開始時においてその契約を解約するとした場合に支払われることとなる解約返戻金の額によって評価する。

(2022.05)

問2 次の文章の（　　　）内にあてはまる語句として、最も適切なものを１～３のなかから選び、その番号を記しなさい。

2024年９月５日（木）に死亡したＡさんが所有していた上場株式Ｘを相続により取得した場合の１株当たりの相続税評価額は、下記の〈資料〉によれば、（　　　）である。

〈資料〉上場株式Ｘの価格

2024年７月の毎日の最終価格の月平均額	1,180円
2024年８月の毎日の最終価格の月平均額	1,200円
2024年９月の毎日の最終価格の月平均額	1,200円
2024年９月５日の最終価格	1,190円

1．1,180円
2．1,190円
3．1,200円

(2022.09・改)

A 答えと解説

答え 問1［○］問2［1］

金融資産等の評価については、上場株式の評価と、生命保険契約に関する権利をおさえましょう。

◆金融資産等の評価

▶定期預金等の評価 さらっと

評価額＝預入残高＋（相続開始時に解約するとした場合の既経過利子－源泉徴収税額）

▶取引相場のあるゴルフ会員権の評価

評価額＝課税時期における取引価格（時価）×［70］％

▶生命保険契約に関する権利 よくでる

被相続人＝保険料支払者の保険契約（被保険者は被相続人以外）が対象。

評価額＝相続開始時に解約するとした場合の［解約返戻金相当額］（1）

▶上場株式の評価 よくでる

次の①～④のうち最も［低い］価額で評価（2）。

①課税時期の最終価格（課税時期に最終価格がない場合には、課税時期の前後で最も近い日の最終価格を適用する➡土日祝日の場合など）
②課税時期の属する月の毎日の最終価格の平均額
③課税時期の属する月の前月の毎日の最終価格の平均額
④課税時期の属する月の前々月の毎日の最終価格の平均額

※課税時期：死亡日　等

問2 上場株式の相続税評価額は、①死亡日当日の額、②死亡月当月の平均、③死亡月の前月の平均、④死亡月の前々月の平均、を比べて一番低い金額を適用できる。上場株式Xの価格で最も低い額は、2024年［7月の月平均額］である［1,180］円である。

▶非上場株式（取引相場のない株式）の評価 さらっと

原則的評価方式	同族株主等に適用	純資産価額方式	課税時期における相続税評価額ベースの純資産価額により評価する
		類似業種比準方式	類似する上場企業の株価を基準に、配当、利益、純資産の３つの要素を比較する
		上記２つの併用方式	純資産価額方式と類似業種比準方式を併用する
特例的評価方式	同族株主等以外の株主に適用	**配当還元方式**	会社の配当実績（２年間の平均額）に基づき評価する

贈与と贈与税

□ 贈与契約

問1 次の文章を読んで、正しいものまたは適切なものには○を、誤っているものまたは不適切なものには×をつけなさい。

⑴贈与は、当事者の一方が財産を無償で相手方に与える意思表示をすれば、相手方が受諾しなくても、その効力が生じる。

(2022.01)

⑵書面によらない贈与契約は、その履行前であれば、各当事者は契約の解除をすることができる。

(2023.05)

問2 次の文章の（　　　）内にあてはまる語句として、最も適切なものを１～３のなかから選び、その番号を記しなさい。

個人が死因贈与によって取得した財産は、課税の対象とならない財産を除き、（　　　）の課税対象となる。

1．贈与税
2．相続税
3．所得税

(2022.05)

A 答えと解説

答え 問1 (1)［×］(2)［○］ 問2 ［2］

贈与は当事者の合意によって成立するもので、相手方が受諾していない場合は「贈与」したことにはなりません。

◆贈与とは

当事者の一方がある財産を無償で相手方に与える［意思表示］をし、相手方がこれを［受諾］することによって成立する契約をいう。

贈与は**合意のみ**で成立する「諾成契約」であり、「要物契約（契約の成立に物の引き渡しが必要）」ではない。

▶贈与契約の要点

- 贈与契約は、両当事者の［合意］に基づいて成立する、贈与者と受贈者の契約で、一方的な意思表示では成立［しない］（1(1)）。
- 書面で［なくても］成立する。契約内容も自由で条件を付すこともできる。
- 成立には、贈与の対象物の引き渡しは必要［ない］。
- 贈与者は贈与の目的物や権利を、贈与の目的として特定したときの状態で引き渡すこととされる。

▶贈与の契約の解除

書面による贈与契約	原則、取り消し［できない］（履行［前］も）
書面によらない贈与契約 よくでる	すでに履行※された部分を除いて、まだ履行されていない部分については契約を解除［できる］（1(2)）

※**履行**：金融資産等の動産は「引渡し」、土地・建物など不動産は「引渡し」または「登記の移転」をいう

▶贈与の種類

単純贈与	下記以外の贈与
定期贈与	**定期的かつ継続的に**一定の財産を贈与する契約 例）「毎年○○万円を、□年間贈与する。」等
負担付贈与	贈与を受けた人（受贈者）に**一定の負担（債務）を負わせる**贈与契約 受贈者が債務を履行しない場合は契約解除［できる］ 例）「車を贈与する代わりにローンの一部を負担する。」等
死因贈与 よくでる	**贈与する人（贈与者）の死亡に伴い効力が発生する贈与契約** 例）「私が死んだら、この土地をあげる。」等 なお、［贈与］税ではなく［相続］税が課税される（2）

- **遺贈：「遺言」により財産を与える**こと。遺贈は受贈者の承諾を必要と［しない］単独行為であり贈与ではない。［相続］税の課税対象。

□ 贈与税

問1 **次の文章を読んで、正しいものまたは適切なものには○を、誤っているものまたは不適切なものには×をつけなさい。**

個人間において著しく低い価額の対価で財産の譲渡が行われた場合、原則として、その譲渡があった時の譲受財産の時価と支払った対価との差額に相当する金額について、贈与税の課税対象となる。

(2022.09)

問2 **次の文章の（　　）内にあてはまる語句の組合せとして、最も適切なものを１～３のなかから選び、その番号を記しなさい。**

贈与税の申告書は、原則として、贈与を受けた年の翌年の（　①　）から３月15日までの間に、（　②　）の住所地を所轄する税務署長に提出しなければならない。

１．①２月１日　　②受贈者
２．①２月16日　　②贈与者
３．①２月16日　　②受贈者

(2022.01)

A 答えと解説

答え 問1 [○] 問2 [1]

贈与税は、相続税を補完するために、生前の財産移転に対して課税される税です。まずは課税対象と、申告について確認します。

◆贈与税

原則として贈与により財産を取得した個人が納税義務者となる。

▶贈与税の対象となる財産（課税対象）

本来の贈与財産	：贈与によって取得した財産で、金銭に見積もることができるもの（預貯金、不動産など）
みなし贈与財産	：本来の贈与財産ではないが、その経済効果により、贈与があったとみなされる財産
生命保険金 よくでる	：被相続人や保険金受取人以外の者が、保険料の全部または一部を負担している場合、その部分に関する保険金額は贈与による取得とみなされる 例）契約者：夫、受取人：妻の保険契約で、妻が受け取った満期保険金等（P99を参照）
低額譲受	：時価に比べて著しく低い価額で財産を譲渡されること。その時価と、著しく低い対価との［差額］が課税対象となる（1）
債務の免除により受けた利益	：借金を肩代わりしてもらった場合の額

▶非課税財産 さらっと

税制や社会福祉、生活慣習等への配慮により、贈与税の課税対象とならない財産がある。

- 扶養義務者（親等）から必要な都度、与えられる生活費・教育費
- 社交上、必要と認められる香典・花輪代・年末年始の贈答・見舞品等
- 親子間等において使用貸借するために無償で借り受けた土地
- 法人からの贈与により取得した財産（［一時］所得として［所得税］の課税対象）

◆贈与税の申告

贈与税の申告書は、贈与年の翌年の［2］月［1］日～［3］月［15］日までの間に、［受贈者］の住所地を管轄する［税務署長］に提出する（2）。

なお、暦年課税（P295）も相続時精算課税制度（P297）も、その年の贈与額が［110］万円以下であれば、申告は［不要］とされている。

□ 贈与税（暦年課税）

問1 次の設例に基づいて、下記の問に答えなさい。

〈設例〉（一部抜粋）
Aさん（74歳）は、妻Bさん（72歳）とX市内で暮らしている。長男Cさん（44歳）は、妻と小学生の長女との3人で隣県に住んでいる。

仮に、長男Cさんが暦年課税（各種非課税制度の適用はない）により、2024年中にAさんから現金900万円の贈与を受けた場合の贈与税額は、次のうちどれか。

1．147万円
2．180万円
3．191万円

〈資料〉贈与税の速算表（一部抜粋）

基礎控除後の課税価格	特例贈与財産		一般贈与財産	
	税率	控除額	税率	控除額
万円超　～　万円以下				
～　200	10%	－	10%	－
200　～　300	15%	10万円	15%	10万円
300　～　400	15%	10万円	20%	25万円
400　～　600	20%	30万円	30%	65万円
600　～　1,000	30%	90万円	40%	125万円

（2022.01　実技・個人）

問2 下記の問について解答しなさい。

細川亜実さん（32歳）が2024年中に贈与を受けた財産の価額と贈与者は以下のとおりである。亜実さんの2024年分の贈与税額として、正しいものはどれか。なお、2024年中において、亜実さんはこれ以外の財産の贈与を受けておらず、相続時精算課税制度は選択していないものとする。

・亜実さんの父からの贈与　：現金400万円
・亜実さんの祖母からの贈与：現金　60万円
※上記の贈与は、住宅取得等資金や教育資金、結婚・子育てに係る資金の贈与ではない。

〈贈与税の速算表〉は、問1〈資料〉を参照のこと。

1．425,000円
2．620,000円
3．730,000円

（2022.09　実技・資産・改）

A 答えと解説　実技（金財個人、金財保険、協会資産）

答え　問 1 ［1］問 2 ［1］

贈与税の計算では、基本として、1年ごとの贈与に対する贈与税の計算に用いる「暦年課税」の方法をおさえましょう。

◆贈与税の計算（暦年課税）　よくでる

贈与税額＝（課税価格－基礎控除［110］万円）×税率－控除額（1 2）

▶贈与税の基礎控除

1年間（1月1日～12月31日）に贈与を受けた財産の課税価格から、基礎控除［110］万円を引くことができる。

なお、基礎控除［110］万円は受贈者（贈与を受ける者）ごとの額のため、暦年課税の贈与を複数の人から受けた場合、合計で［110］万円となる。

▶税率と控除額

贈与税の速算表の数値をあてはめて計算する（超過累進税率）。なお、［18］歳以上の者が［直系尊属］から贈与を受けた場合は**「特例贈与財産」**となり、特例税率を適用する（一般贈与財産より贈与税額が［少なく］なる）。

問1 父Aさんから長男Cさん（44歳）に対する贈与の贈与税の計算
子に対する贈与＝「特例贈与財産」
基礎控除後の課税価格＝900万円－基礎控除［110］万円＝［790］万円
贈与税＝基礎控除後の課税価格［790］万円×［30］％－［90］万円
＝［147］万円

問2 亜実さん（32歳）に対する贈与の贈与税の計算
父および祖母からの贈与＝「特例贈与財産」
1年間で受けた贈与財産の額は、父と祖母の贈与を合算し［460］万円。
基礎控除［110］万円は［受贈者］ごとの額のため、
基礎控除後の課税価格＝［460］万円－基礎控除［110］万円＝［350］万円
贈与税＝基礎控除後の課税価格［350］万円×［15］％－［10］万円
＝［425,000］円

！注意

速算表にあてはめる金額は「基礎控除後の課税価格」ですので、110万円を控除した後の額である点に注意してください。

相続対策

□ 相続時精算課税制度

問 1 次の文章を読んで、正しいものまたは適切なものには○を、誤っているものまたは不適切なものには×をつけなさい。

子が父親からの贈与により取得した財産について相続時精算課税の適用を受けた場合、その適用を受けた年以後、子は父親からの贈与により取得した財産について暦年課税を選択することはできない。

(2021.09)

問 2 次の文章の（　　　）内にあてはまる語句の組合せとして、最も適切なものを１～３のなかから選び、その番号を記しなさい。

相続時精算課税の適用を受けた場合、特定贈与者ごとに特別控除額として累計（ ① ）までの贈与には贈与税が課されず、その額を超えた部分については一律（ ② ）の税率により贈与税が課される。

１．①2,000万円　②25%
２．①2,000万円　②20%
３．①2,500万円　②20%

(2022.09)

A 答えと解説　実技（金財保険、協会資産）

答え　問 1 ［○］ 問 2 ［3］

相続時精算課税制度は、贈与税と相続税を一体として取り扱い、生前に贈与を受けた財産を相続時に課税対象として相続税で精算します。

◆相続時精算課税制度　よくでる

贈与者	贈与年の［1］月［1］日時点で［60］歳以上の父母（祖父母）
受贈者	贈与年の［1］月［1］日時点で［18］歳以上の子（孫）

贈与者ごとにこの制度を利用するかを選択できる。選択した場合、その贈与者を「**特定贈与者**」という。なお、一度この制度を適用した者の間での贈与は暦年課税に変更［できない］（1）。

▶非課税限度額（2）　よくでる

・累計［2,500］万円※までは贈与税がかからない
・［2,500］万円※を超えた部分に一律［20］％の贈与税率が課税される
・贈与の回数等に制限はない
※累計額に加算する額
　2023年12月31日までの贈与：贈与金額
　2024年1月1日以降の贈与：「その年の贈与額－［110］万円」

▶相続税の課税価格となる価額　よくでる

相続が発生して、この制度により贈与された財産を相続税の課税価格に加算するときの額は、原則として［贈与］時の価額※となる。

※ただし、贈与により取得した土地・建物が2024年１月１日以降の災害によって被害を受けた場合、贈与時の価額から被害を受けた部分相当額を控除できる

◆住宅取得資金等の贈与の場合の特例

相続時精算課税制度で贈与するのが住宅取得資金で、一定の要件を満たす場合は、2026年12月31日までは贈与者（父母または祖父母）の年齢は［問われない］。

・適用対象住宅：床面積50㎡以上。ただし、受贈者の合計所得金額が1,000万円以下の場合は40㎡以上（下限を引下げ）となる

ポイント　**「贈与者ごとに利用するか選択できる」とは、例えば父からの贈与は相続時精算課税制度を適用、母からの贈与は暦年課税とできるということです。この場合、父からの贈与を暦年課税に戻すことはできません。**

□ 贈与税の配偶者控除

問1 次の文章の（　　　）内にあてはまる語句の組合せとして、最も適切なものを１～３のなかから選び、その番号を記しなさい。

贈与税の配偶者控除は、婚姻期間が（　①　）以上である配偶者から居住用不動産の贈与または居住用不動産を取得するための金銭の贈与を受け、所定の要件を満たす場合、贈与税の課税価格から基礎控除額のほかに最高（　②　）を控除することができる特例である。

1．①10年　　②2,500万円
2．①20年　　②2,500万円
3．①20年　　②2,000万円

（2023.01）

問2 下記の問について解答しなさい。

皆川真紀子さんは、夫から2024年５月に居住用不動産（財産評価額2,700万円）の贈与を受けた。真紀子さんは、この居住用不動産の贈与について、贈与税の配偶者控除の適用を受けることを検討している。真紀子さんが贈与税の配偶者控除の適用を最高限度額まで受けた場合の2024年分の贈与税の配偶者控除および基礎控除後の課税価格として、正しいものはどれか。なお、贈与税の配偶者控除の適用を受けるための要件はすべて満たしているものとする。また、真紀子さんは2024年中に、当該贈与以外の贈与を受けていないものとする。

1．　90万円
2．590万円
3．700万円

（2020.01　実技・資産）

A 答えと解説　実技(協会資産)

答え　問1 [3]　問2 [2]

長年連れそった配偶者の老後の生活保障を主旨として、配偶者に居住用不動産かその購入資金を贈与するとき非課税枠が設けられています。

◆贈与税の特例（贈与税の配偶者控除）　よくでる

婚姻期間が［20］年以上の配偶者から、「**居住用不動産**」または「**居住用不動産の購入資金**」の贈与を受けた場合、課税価格から［2,000］万円まで控除できる（1）。暦年課税の基礎控除［110］万円とは別枠で適用できる。

▶適用要件

- 婚姻期間［20］年以上の配偶者からの贈与（1年未満は切捨て）
- 贈与財産は、居住用不動産または居住用不動産の取得資金（金銭）
- 居住用不動産は贈与のあった翌年3月15日までに取得・居住し、その後も居住する見込みであること
- 過去に同じ配偶者から「贈与税の配偶者控除」を受けていないこと
- この特例を受けるには、贈与税の支払額がなかったとしても**贈与税申告は**［必要］となる

▶計算式　よくでる

贈与税額＝｛課税価格－基礎控除［110］万円
－配偶者控除（最高［2,000］万円）｝×税率－控除額（2）

問2 真紀子さんが夫から贈与を受けた居住用不動産の財産評価額は2,700万円。贈与税の配偶者控除および基礎控除後の課税価格は、
課税価格2,700万円－基礎控除［110］万円－配偶者控除（最高額［2,000］万円）＝［590］万円

▶（参考）相続税での各種取扱いとの関係

相続開始前3年（～7年）以内にこの贈与を受けた場合	［2,000］万円以下の部分は、相続財産への戻し入れの対象［外］となる
相続税の配偶者の税額軽減	婚姻期間の制限［なし］ ※この「贈与税の配偶者控除」では［20］年以上必要

ポイント　**必要とされる婚姻期間（20年以上）と、暦年課税の基礎控除も合わせて合計2,110万円まで控除できる点を覚えましょう。**

□ 贈与税の非課税制度

問1 次の文章を読んで、正しいものまたは適切なものには○を、誤っているものまたは不適切なものには×をつけなさい。

「直系尊属から住宅取得等資金の贈与を受けた場合の贈与税の非課税」は、受贈者の贈与を受けた年の年分の所得税に係る合計所得金額が2,000万円を超える場合、適用を受けることができない。

(2023.01)

問2 次の文章の（　　）内にあてはまる語句の組合せとして、最も適切なものを１～３のなかから選び、その番号を記しなさい。

⑴「直系尊属から教育資金の一括贈与を受けた場合の贈与税の非課税」の適用を受けた場合、受贈者１人につき（　①　）までは贈与税が非課税となるが、学校等以外の者に対して直接支払われる金銭については、（　②　）が限度となる。

1．①1,000万円　②500万円
2．①1,500万円　②300万円
3．①1,500万円　②500万円

(2023.09)

⑵「直系尊属から結婚・子育て資金の一括贈与を受けた場合の贈与税の非課税」の適用を受ける場合、贈与税が非課税となる金額は、受贈者１人につき最大（　　）である。

1．1,000万円
2．1,500万円
3．2,000万円

(2022.09)

A 答えと解説　実技（金財個人、金財保険）

答え　問1 [○] 問2 (1) [3] (2) [1]

贈与税では、直系尊属から目的のある資金の贈与を受けたとき、要件を満たせば非課税となる措置が設けられています。

◆直系尊属から贈与を受けたときの贈与税の非課税制度

住宅取得等資金、教育資金、結婚・子育て資金の贈与について、非課税となる措置が設けられている。父母・祖父母の年齢要件はいずれの制度でも［設けられていない］。

▶住宅取得等資金の贈与を受けた場合の特例

贈与年の1月1日時点において［18］歳以上の子・孫に、父母または祖父母から一定の住宅取得等資金を贈与した場合、一定金額に対して贈与税が非課税※となる（適用期限：2026年12月31日まで）。

非課税限度額	省エネ等住宅1,000万円、それ以外の住宅は500万円
受贈者の要件	子・孫の贈与年の合計所得金額［2,000］万円以下（1）
適用対象住宅	居住用住宅で床面積［50］㎡以上240㎡未満 （贈与を受けた年の子・孫の合計所得金額が1,000万円以下の場合は床面積40㎡以上240㎡未満）

※相続時精算課税制度または暦年課税の基礎控除（110万円）と併用［できる］

▶教育資金、結婚・子育て資金の一括贈与に係る贈与税の非課税措置

父母・祖父母が子・孫の教育資金、または結婚・子育て資金として一定の契約のもとに金融機関に信託等した場合、適用が受けられる。

<table>
<tr><th></th><th>教育資金</th><th>結婚・子育て資金</th></tr>
<tr><td rowspan="2">受贈者の年齢等要件</td><td>［30］歳未満</td><td>18歳以上［50］歳未満</td></tr>
<tr><td colspan="2">前年の合計所得金額1,000万円以下</td></tr>
<tr><td>非課税限度額</td><td>［1,500］万円（使途が学校等以外は［500］万円）（2(1)）</td><td>［1,000］万円（2(2)）（使途が結婚関係の場合は［300］万円）</td></tr>
<tr><td rowspan="2">贈与税の課税</td><td colspan="2">下記の時点での使い残し残額は、一般税率で課税</td></tr>
<tr><td>原則30歳到達時</td><td>50歳到達時</td></tr>
<tr><td>相続税の課税（贈与者死亡）</td><td>一定の場合を除き、残額を相続により取得したとみなし相続税課税対象※</td><td>残額を相続により取得したとみなし相続税課税対象※</td></tr>
<tr><td>適用期限</td><td>2026年3月31日まで</td><td>2025年3月31日まで</td></tr>
</table>

※受贈者が孫の場合は相続税の2割加算の対象となる

ライフプランニングと資金計画

□キャッシュフロー表

問1 下記の問について解答しなさい。

下記は、山岸家のキャッシュフロー表（一部抜粋）である。このキャッシュフロー表の空欄（ア）～（ウ）にあてはまる数値として、誤っているものはどれか。なお、計算に当たっては、キャッシュフロー表中に記載の整数を使用し、計算過程においては端数処理をせず計算し、計算結果については万円未満を四捨五入すること。

〈山岸家のキャッシュフロー表〉

経過年数			基準年	1年	2年	3年	4年
西暦（年）			2024	2025	2026	2027	2028
家族・年齢	山岸 雄太	本人	36歳	37歳	38歳	39歳	40歳
	美咲	妻	41歳	42歳	43歳	44歳	45歳
	尚人	長男	6歳	7歳	8歳	9歳	10歳
	由香	長女	2歳	3歳	4歳	5歳	6歳
ライフイベント		変動率		尚人 小学校 入学			
収入	給与収入（本人）	1%	390			（ア）	
	給与収入（妻）	−	80	80	80	80	80
	収入合計	−	470				486
支出	基本生活費	2%	182	186			
	住宅関連費	−	106		106	106	106
	教育費	−	50		40	40	80
	保険料	−	22		22	22	22
	一時的支出	−					
	その他支出	−	20		20	20	20
	支出合計	−	380		377		425
年間収支		−	90	60		101	（イ）
金融資産残高		1%	1,160	（ウ）		1,459	

※年齢および金融資産残高は各年12月31日現在のものとし、2024年を基準年とする。
※給与収入は可処分所得で記載している。
※記載されている数値は正しいものとする。
※問題作成の都合上、一部を空欄にしてある。

1．（ア） 402
2．（イ） 61
3．（ウ）1,220

（2023.05 実技・資産）

答え 問 1 [3]

左ページの問題を例として、キャッシュフロー表の計算方法を確認していきましょう。

◆キャッシュフロー表と計算 (P21参照)

問1 山岸家のキャッシュフロー表の空欄 (ア) ～ (ウ) の計算手順

経過年数			基準年	1年	2年	3年	4年
西暦 (年)			2024	2025	2026	2027	2028
家族・年齢	山岸 雄太	本人	36歳	37歳	38歳	39歳	40歳
	美咲	妻	41歳	42歳	43歳	44歳	45歳
	尚人	長男	6歳	7歳	8歳	9歳	10歳
	由香	長女	2歳	3歳	4歳	5歳	6歳
ライフイベント		変動率		尚人 小学校 入学			
収入	給与収入 (本人)	1%	390			(ア 402)	
	給与収入 (妻)	－	80	80	80	80	80
	収入合計	－	470				486
支出	基本生活費	2%	182	186			
	住宅関連費	－	106		106	106	106
	教育費	－	50		40	40	80
	保険料	－	22		22	22	22
	一時的支出	－					
	その他支出	－	20		20	20	20
	支出合計	－	380		377		425
年間収支		－	90	60		101	(イ 61)
金融資産残高		1%	1,160	(ウ 1,232)		1,459	

❶3年後の給与収入 (変動率1%) の計算

現在 (基準年) の金額× (1 ＋変動率)^{経過年}

変動率1%の場合、計算式では [0.01] にする。

[390] 万円× (1+ [0.01])$^{[3]}$

= [390] × [1.01×1.01×1.01]

= [401.81…] → [402] 万円 (万円未満四捨五入) (**ア**)

❷4年後の年間収支の計算

4年後の収入合計、支出合計の金額はCF表に記載されているので、その金額をそのまま使う。

年間収支＝収入合計－支出合計

[486] 万円－ [425] 万円= [61] 万円 (**イ**)

❸1年後の金融資産残高

前年の金融資産残高× (1 ＋変動率) ±当年の年間収支

[1,160] × [(1＋0.01)] ＋ [60]

= [1,160×1.01＋60]

= [1,231.6] → [1,232] 万円 (万円未満四捨五入) (**ウ**)

□ 高額療養費の計算

問 1 下記の問について解答しなさい。

恭平さん（35歳）は、会社の定期健康診断で異常を指摘され、2024年３月に３週間ほど入院をして治療を受けた。その際病院への支払いが高額であったため、恭平さんは健康保険の高額療養費制度によって払い戻しを受けたいと考え、FPの青山さんに相談をした。恭平さんの2024年３月の保険診療に係る総医療費が80万円であった場合、高額療養費制度により払い戻しを受けることができる金額として、正しいものはどれか。なお、恭平さんは全国健康保険協会管掌健康保険（協会けんぽ）の被保険者で、標準報酬月額は「38万円」である。また、恭平さんは限度額適用認定証を病院に提出していないものとする。

〈70歳未満の者：医療費の自己負担限度額（１か月当たり）〉

標準報酬月額	医療費の自己負担限度額
83万円以上	252,600円＋（総医療費－842,000円）×1％
53万～79万円	167,400円＋（総医療費－558,000円）×1％
28万～50万円	80,100円＋（総医療費－267,000円）×1％
26万円以下	57,600円
市町村民税非課税者等	35,400円

※高額療養費の多数該当および世帯合算については考慮しないものとする。

1．　85,430円
2．154,570円
3．714,570円

（2023.05　実技・資産）

A 答えと解説　実技（金財個人、金財保険、協会資産）

答え 問1 ［2］

高額療養費はどの実技でも頻出です。金財（個人・保険）は知識問題、協会資産は知識と計算の両方が出題される傾向です。

◆健康保険の高額療養費の計算

▶高額療養費制度（P41参照）　よくでる

健康保険の被保険者が**同一月内に同一の医療機関**等で支払った医療費の一部負担金の金額が、所定の自己負担限度額を超える場合、その［超えた部分］の金額が高額療養費として支給される。

差額ベッド代・食事代は高額療養費の対象外。

問1 恭平さんが払い戻しを受けることができる金額

恭平さんは標準報酬月額38万円で、表の「28万円～50万円」に該当する。したがって、自己負担限度額は、問題の表より、

自己負担限度額＝80,100円＋（総医療費－267,000円）×1％

❶自己負担限度額の計算

自己負担限度額＝80,100円＋（総医療費［80］万円－267,000円）×1％
＝80,100円＋［533,000］円×1％
＝80,100円＋［5,330］円
＝［85,430］円

❷恭平さんが高額療養費を利用する前の一部負担金の計算

恭平さんは35歳なので、療養の給付の一部負担金の割合は3割。したがって、もともと病院窓口で支払った金額は、

総医療費［80］万円×［30］％＝［240,000］円

❸払い戻しを受けることができる金額（❷の金額－❶の金額）

［240,000］円－［85,430］円＝［154,570］円

▶実技対策プラスアルファ（金財保険）

- 先進医療に係る費用は高額療養費の対象外（先進医療に係る治療を受けた場合、先進医療に係る費用の部分は全額自己負担）。
- 70歳未満の者の世帯合算の場合は、医療機関ごとに、入院・外来、医科・歯科別に一部負担金が21,000円以上のものが合算対象。

解答のヒント　計算問題で、与えられた金額が「窓口での一部負担金の額」の場合は、総医療費は「一部負担金の額÷0.3」（3割負担の場合）で計算できます。

□遺族年金

問 1 次の設例に基づいて、下記の問に答えなさい。

〈設例〉（一部抜粋）
会社員のＡさん（38歳）は、妻Ｂさん（37歳）、長男Ｃさん（４歳）および二男Ｄさん（0歳）との４人暮らしである。Ａさんは、自分が死亡した場合に公的年金制度から遺族給付がどのくらい支給されるのかを知りたいと思っている。
・Ａさん：会社員（厚生年金保険・全国健康保険協会健康保険に加入中）
・妻Ｂさん：国民年金に第３号被保険者として加入している。
・Ａさんの公的年金加入歴（現時点まで）

	20歳	22歳	38歳
Ａさん	国民年金 学生納付特例期間 （35月）	厚生年金保険 被保険者期間 （182月）	

⑴Ａさんが現時点（2024年５月12日）において死亡した場合に妻Ｂさんに支給される遺族基礎年金の年金額（2024年度価額）を試算した遺族基礎年金の年金額の計算式として、次のうち最も適切なものはどれか。

1．816,000円＋234,800円＝1,050,800円
2．816,000円＋234,800円＋78,300円＝1,129,100円
3．816,000円＋234,800円＋234,800円＝1,285,600円

⑵Ａさんが現時点において死亡した場合に妻Ｂさんに支給される遺族厚生年金についての説明として、次のうち最も適切なものはどれか。

1．「妻Ｂさんに支給される遺族厚生年金の額は、原則として、Ａさんの厚生年金保険の被保険者記録を基礎として計算した老齢厚生年金の報酬比例部分の額の３分の２に相当する額になります。」
2．「妻Ｂさんに支給される遺族厚生年金の額は、その年金額の計算の基礎となる被保険者期間の月数が360月に満たないため、360月として計算した額になります。」
3．「二男Ｄさんの18歳到達年度の末日が終了し、妻Ｂさんの有する遺族基礎年金の受給権が消滅したときは、妻Ｂさんが受給する遺族厚生年金に中高齢寡婦加算が加算されます。」

（2019.05　実技・保険・改）

A 答えと解説 実技（金財個人、金財保険、協会資産）

答え 問 1 (1)［3］(2)［3］

遺族基礎年金の計算式選択問題と、遺族厚生年金・中高齢寡婦加算に関する知識問題は、いずれの実技でも頻出です。

◆遺族基礎年金（P63参照）

▶遺族の要件：生計維持されていた［子］、または［子のある配偶者］

※年金制度での子の要件は共通。**18歳到達年度末日まで**の未婚の子、または障害等級1級・2級の20歳未満の未婚の子

▶支給額（配偶者が受給する場合）

遺族基礎年金＝816,000円（老齢基礎年金の満額）＋子の加算

※子2人目まで：1人につき234,800円
　子3人目以降：1人につき78,300円

問1(1) 妻Bさんに支給される遺族基礎年金の年金額の計算式

長男Cさん4歳、二男Dさん0歳なので、加算対象の子は［2］人となる。子2人目までは1人につき234,800円が加算されるため、

［816,000］円+［234,800］円+［234,800］円=［1,285,600］円

◆遺族厚生年金（P63参照）

▶支給額

遺族厚生年金＝老齢厚生年金（報酬比例部分）の年金額×［$\frac{3}{4}$］

※報酬比例部分の計算の際、厚生年金被保険者期間が［300］月未満の場合は［300］月あるものとして（増額して）計算する

◆中高齢寡婦加算（P65参照）

遺族の要件	生計維持されていた妻が、 ・夫死亡時に40歳以上65歳未満で年金制度上の子がいない ・夫死亡時に子のある妻で、子が18歳到達年度末に達して遺族基礎年金を受給できなくなったとき40歳以上65歳未満
支給期間	要件を満たす妻が［40］歳以上［65］歳に達するまでの間

問1(2) 妻Bさんの中高齢寡婦加算の判断

二男Dさん（現在0歳）が18歳到達年度の末日を経過して遺族基礎年金の受給権が消滅したとき、妻Bさんは55歳（現在37歳+18年）であり、中高齢寡婦加算の要件を満たしている。

解答のヒント **遺族基礎年金は頻出です。遺族の要件、計算式、配偶者が受け取る場合は子2人目まで同額が加算される点は必ず覚えましょう。**

リスク管理

□ 法人契約の経理処理（保険料）

問 1 次の設例に基づいて、下記の問に答えなさい。

〈設例〉（一部抜粋）
Aさん（50歳）はX社の創業社長である。Aさんは先日、生命保険会社の営業担当者から、自身の退職金準備を目的とした下記の〈資料〉の生命保険の提案を受けた。
〈資料〉Aさんが提案を受けた生命保険の内容
保険の種類：無配当低解約返戻金型終身保険（特約付加なし）

契約者（＝保険料負担者）	：X社
被保険者	：Aさん
死亡保険金受取人	：X社
死亡保険金額	：5,000万円
保険料払込期間・低解約返戻金期間	：65歳満了
年払保険料	：310万円
65歳までの払込保険料累計額（①）	：4,650万円
65歳時の解約返戻金額（②）	：4,200万円（低解約返戻金期間満了直後）
受取率（②÷①）	：90.3％（小数点第2位以下切捨て）

※解約返戻金額の80％の範囲内で、契約者貸付制度を利用することができる。

※上記以外の条件は考慮せず、各問に従うこと。

〈設例〉の終身保険の第1回保険料払込時の経理処理（仕訳）として、次のうち最も適切なものはどれか。

1.

借方		貸方	
定期保険料	155万円	現金・預金	310万円
前払保険料	155万円		

2.

借方		貸方	
定期保険料	310万円	現金・預金	310万円

3.

借方		貸方	
保険料積立金	310万円	現金・預金	310万円

（2022.09 実技・保険）

A 答えと解説 実技(金財保険)

答え **問 1** [3]

法人を保険金受取人とする法人契約における保険料の経理処理について、仕訳と項目名、全額損金の場合の要件を確認してください。

◆法人を受取人とする法人契約の保険料の経理処理

▶終身保険・養老保険の保険料 よくでる

全額が資産計上となる（保険料積立金）

問1 終身保険の保険料の経理処理（仕訳）は次のとおり。

借方		貸方	
[保険料積立金]	310万円	現金・預金	310万円

▶定期保険および医療保険等の保険料（2019年7月8日以後契約）

・保険期間１年の定期保険料は、全額損金計上となる。 よくでる

借方		貸方	
[定期保険料]	100万円	現金・預金	100万円

・次の要件を満たす契約は期間の経過に応じて保険料を全額損金できる。

- 最高解約返戻率が［50］％以下の契約
- 最高解約返戻率が70％以下で、年換算保険料相当額が１人当たり30万円以下の契約
- 保険期間が［3］年未満の契約 よくでる

・保険期間中の**最高解約返戻率に応じて**、保険料のうち資産計上する割合や期間が定められている。

<table>
<tr><th>最高解約返戻率</th><th>[50]％以下</th><th>50%超
70%以下</th><th>70%超
85%以下</th><th>85%超</th></tr>
<tr><td>①資産計上期間</td><td>[なし]</td><td colspan="2">保険期間の始めの４割相当の期間まで</td><td>保険期間の始めから最高解約返戻率となる期間まで</td></tr>
<tr><td rowspan="2">②上記①の期間の保険料「資産計上」割合※</td><td rowspan="2">0％</td><td>40%</td><td>60%</td><td rowspan="2">1～10年目までは、
最高解約返戻率×90%
11年目以降は、
最高解約返戻率×70%</td></tr>
<tr><td colspan="2">（前払保険料）とする</td></tr>
</table>

※「100％－②の資産計上割合」が損金算入される

！注意

金財保険では、法人契約における経理処理がほぼ毎回１問出題されてきています。特に保険料の経理処理は確実にできるようにしておきましょう。

□法人契約の経理処理（解約時）

問1 次の設例に基づいて、下記の問に答えなさい。

〈設例〉（一部抜粋）
Aさん（65歳）はX社の創業社長である。Aさんは今期限りで勇退する予定であり、X社が加入している生命保険の解約返戻金を退職金の原資として活用したいと考えている。
〈資料〉X社が加入している生命保険に関する資料

保険の種類	：長期平準定期保険（特約付加なし）
契約年月日	：2004年12月1日
契約者（＝保険料負担者）	：X社
被保険者	：Aさん
死亡保険金受取人	：X社
死亡・高度障害保険金額	：1億円
保険期間・保険料払込期間	：95歳満了
年払い保険料	：260万円

※保険料の払込みを中止し、払済終身保険に変更することができる。

※上記以外の条件は考慮せず、各問に従うこと。

X社が現在加入している〈設例〉の長期平準定期保険を下記〈条件〉にて解約した場合の経理処理（仕訳）として、次のうち最も適切なものはどれか。

〈条件〉
・X社が解約時までに支払った保険料の累計額は、5,200万円である。
・解約返戻金の額は、4,200万円である。
・配当等、上記以外の条件は考慮しないものとする。

1.

借方		貸方	
現金・預金	4,200万円	前払保険料	2,600万円
雑損失	1,000万円	定期保険料	2,600万円

2.

借方		貸方	
現金・預金	4,200万円	前払保険料	2,600万円
		雑収入	1,600万円

3.

借方		貸方	
前払保険料	2,100万円	現金・預金	4,200万円
定期保険料	2,100万円		

（2023.09　実技・保険）

A 答えと解説 実技（金財保険）のみ

答え 問 1 ［2］

法人を保険金受取人とする法人契約における解約時の経理処理について、仕訳と項目名、差額の計上などを確認します。

◆法人を受取人とする法人契約の生命保険金等の経理処理 よくでる

法人が死亡保険金・満期保険金・解約返戻金等を受け取った場合、それまで資産計上していた額と受取保険金等との**差額を計算**する。

- **・資産計上額＜受取保険金等**の場合：差額は［雑収入］で計上
- ・資産計上額＞受取保険金等の場合：差額は［雑損失］で計上

▶長期平準定期保険の扱い（2019年7月7日以前契約の場合） さらっと

契約が2019年7月7日以前の保険契約の場合、法改正前の内容が適用される。

次の①、②を満たす長期平準定期保険契約の保険料は、**保険期間の始めから6割までの期間**の処理は**2分の1**を［資産］計上（前払保険料）、**2分の1**を［損金］算入する。

①「保険期間満了時の被保険者の年齢」：70歳超
②「契約年齢＋（保険期間×２）」　：105超

問1 ❶まず、本問は上記の①②に該当するか確認する。
①「保険期間満了時の被保険者の年齢」：95歳
②「契約年齢＋（保険期間×2）」：契約年齢45歳（＝現在65歳－20年前に契約）、保険期間は50年（95歳満了）と推定できるので、45＋（50×2）＝145
→①、②に該当する。
❷保険期間の始めから6割までの期間に該当するか：
保険期間50年（❶参照）、現時点は契約から20年経過している（＝4割経過）と推定できるので、「6割までの期間」に該当する。
❸支払った保険料の累計額は5,200万円なので、資産計上は2分の1の［2,600］万円と計算できる（前払保険料）。
したがって、「解約返戻金4,200万円－資産計上［2,600］万円」＝［1,600］万円は［雑収入］となる。よって、仕訳は、

借方	貸方
現金・預金　4,200万円	［前払］保険料　［2,600］万円 ［雑収入］　［1,600］万円

※逓増定期保険の場合は異なる取扱いとなっている。

！注意 **過去制度の知識も求められ、難易度が高いといえます。ときどきこのような問題も出題されますので、ひととおり理解しておきたいところです。**

□ 死亡保険金の計算

問 1 下記の問について解答しなさい。

小山幹久さんが加入している生命保険（下記〈資料〉参照）の保障内容に関する次の記述の空欄（ア）にあてはまる金額として、正しいものはどれか。なお、保険契約は有効に継続しているものとし、特約は自動更新されているものとする。また、幹久さんはこれまでに〈資料〉の保険から保険金および給付金を一度も受け取っていないものとする。

〈資料〉

保険証券記号番号
○○△△××□□

定期保険特約付終身保険

保険契約者	小山　幹久　様		保険契約者印
被保険者	小山　幹久　様　契約年齢　25歳 1981年8月3日生まれ　　男性		小山
受取人	（死亡保険金） 小山　美穂　様（妻）	受取割合 10割	

◇契約日（保険期間の始期）
2007年3月1日

◇主契約の保険期間
終身

◇主契約の保険料払込期間
60歳払込満了

◆ご契約内容

終身保険金額（主契約保険金額）	500万円
定期保険特約保険金額	1,000万円
特定疾病保障定期保険特約保険金額	1,000万円
傷害特約保険金額	500万円
災害入院特約［本人・妻型］入院5日目から	日額5,000円
疾病入院特約［本人・妻型］入院5日目から	日額5,000円
不慮の事故や疾病により所定の手術を受けた場合、手術の種類に応じて手術給付金（入院給付金日額の10倍・20倍・40倍）を支払います。	
※妻の場合は、本人の給付金の6割の日額となります。	
生活習慣病入院特約　入院5日目から	日額5,000円
リビング・ニーズ特約	

◆お払い込みいただく合計保険料

毎回　××，×××円
［保険料払込方法（回数）］ 団体月払い
◇社員配当金支払方法 利息をつけて積立て ◇特約の払込期間および保険期間 10年

小山幹久さんが、2024年中に急性心筋梗塞により急死（入院、手術なし）した場合に支払われる死亡保険金は、合計（　ア　）である。

1．1,500万円
2．2,500万円
3．3,000万円

（2021.01　実技・資産・改）

A 答えと解説 実技（協会資産）

答え 問1 [2]

保険証券を読み取って死亡保険金や入院給付金を計算する問題は、協会資産ではほぼ毎回出題されてきています。

◆資料の読取り問題のポイント よくでる

問1 死亡保険金の合計額の計算

❶まず何を計算すればよいかを確認する。

「急性心筋梗塞により急死（入院、手術なし）」の場合の死亡保険合計額

→「入院、手術なし」なので、入院給付金や手術給付金は計算なしとわかる。

❷次の表の項目について、保険証券を読み取る。

保険の種類	定期保険特約付終身保険
主契約の保険金額	500万円
各種特約の保険金額	・定期保険特約保険金額：1,000万円 ・特定疾病保障定期保険特約保険金額：1,000万円 ・傷害特約保険金額：500万円 ※災害入院特約以降は、入院給付金・手術給付金、リビング・ニーズ特約のため、本問のケースでは給付対象外。

表より、主契約と特約から、支給されるものは、

主契約 [500] 万円+定期保険特約保険金額 [1,000] 万円

＋[特定疾病保険] 特約保険金額 [1,000] 万円= [2,500] 万円

▶本問の特約の注意点

特約	内容	本問では
特定疾病保険特約	がん・急性心筋梗塞・脳卒中と診断され、所定の条件を満たした場合に支給。受け取ることなく死亡した場合は死亡保険金が支払われる	支給 [される]（受け取ることなく死亡した場合に該当※）
傷害特約	不慮の事故で180日以内に死亡等	支給 [されない]（不慮の事故ではない）

※特定疾病保険特約の「急性心筋梗塞と診断され所定要件を満たした場合」とは、通常は「医師の診療を受けた日から60日以上労働が制限される状態」等を指すため、本問は該当しない

各種特約についてはP87参照。

解答のヒント **保険証券の読取りに慣れておきましょう。慣れてくれば短時間で読み取れるようになります。特約が支給されるかを判断できるかがポイントです。**

□ 必要保障額の計算

問 1 次の設例に基づいて、下記の問に答えなさい。

〈設例〉（一部抜粋）
会社員のAさん（40歳）は、妻Bさん（35歳）および長男Cさん（0歳）との3人暮らしである。Aさんは、長男Cさんの誕生を機に、生命保険の加入を検討することにした。

ファイナンシャル・プランナーのMさんは、現時点の必要保障額を試算することにした。下記の〈算式〉および〈条件〉に基づき、Aさんが現時点で死亡した場合の必要保障額は、次のうちどれか。

1. 4,004万円
2. 6,004万円
3. 1億3,504万円

〈算式〉

必要保障額＝遺族に必要な生活資金等の支出の総額－遺族の収入見込金額

〈条件〉

1. 長男Cさんが独立する年齢は、22歳（大学卒業時）とする。
2. Aさんの死亡後から長男Cさんが独立するまで（22年間）の生活費は、現在の日常生活費（月額30万円）の70%とし、長男Cさんが独立した後の妻Bさんの生活費は、現在の日常生活費（月額30万円）の50%とする。
3. 長男Cさん独立時の妻Bさんの平均余命は、32年とする。
4. Aさんの死亡整理資金（葬儀費用等）、緊急予備資金は、500万円とする。
5. 長男Cさんの教育資金の総額は、1,300万円とする。
6. 長男Cさんの結婚援助資金の総額は、200万円とする。
7. 住宅ローン（団体信用生命保険に加入）の残高は、2,000万円とする。
8. 死亡退職金見込額とその他金融資産の合計額は、1,800万円とする。
9. Aさん死亡後に妻Bさんが受け取る公的年金等の総額は、7,500万円とする。

（2022.01　実技・保険）

A　答えと解説　実技（金財保険）

答え　問 1 ［1］

必要保障額は、金財保険では知識問題としても計算問題としてもたびたび出題されています。

◆必要保障額の計算

問1 条件を確認し、算式にあてはめて計算する。

必要保障額＝遺族に必要な生活資金等の支出の総額（総支出）－遺族の収入見込額（総収入）

▶総支出

遺族の支出項目		条件	金額
①遺族の生活費			
	〈末子独立までの生活費〉現在の生活費月額×70%×12か月×（22歳－末子の現在年齢）	1 2	[5,544] 万円
	〈末子独立後の生活費〉現在の生活費月額×50%×12か月×末子独立時の配偶者の平均余命	2 3	[5,760] 万円
②住宅費用 住宅ローン利用者が団体信用生命保険（団信）を利用の場合、ローンの残債務は支出に含めない。		7	[0] 円
③その他 （死亡整理資金・緊急予備資金）＋教育資金総額＋結婚援助資金の総額		4 5 6	[500] 万円 ＋ [1,300] 万円 ＋ [200] 万円 ＝ [2,000] 万円
合計　①（5,544万円＋5,760万円）＋②0円＋③2,000万円＝ [13,304] 万円			

▶総収入

遺族の収入項目	条件	金額
④公的年金などの公的保障	9	[7,500] 万円
⑤死亡退職金見込額とその他金融資産の合計額	8	[1,800] 万円
合計　④7,500万円＋⑤1,800万円＝ [9,300] 万円		

したがって、必要保障額は、

総支出 [13,304] 万円－総収入 [9,300] 万円＝ [4,004] 万円

解答のヒント　**遺族の生活費の計算のしかたをおさえましょう。なお、生活費の減額割合（70%、50%）は条件として与えられます。団体信用生命保険に加入していれば住宅ローン残高は計算に反映しません。**

金融資産運用

□ 資料読取りと投資指標

問 1 下記の問について解答しなさい。

下記〈資料〉に基づくWX株式会社の投資指標に関する次の記述のうち、最も適切なものはどれか。なお、記載のない事項は一切考慮しないものとし、計算結果については表示単位の小数点以下第３位を四捨五入すること。

〈資料〉WX株式会社に関するデータ

株価	2,000円
１株当たり純利益（今期予想）	300円
１株当たり純資産	2,200円
１株当たり年間配当金（今期予想）	30円

1．株価純資産倍率（PBR）は、1.1倍である。
2．配当性向は、10％である。
3．配当利回りは、1.36％である。

（2024.01　実技・資産）

A　答えと解説　実技（金財個人、協会資産）

答え　問 1 ［2］

資料のデータを読み取って、各種の投資指標を計算できるかが問われます。

▶ PBRの計算（P143参照）

$$\text{PBR（倍）} = \frac{\text{［株価］}}{\text{1株当たり［純資産］}}$$

▶配当性向の計算（P145参照）

$$\text{配当性向（\%）} = \frac{\text{1株当たり［年間配当金］}}{\text{1株当たり［当期純利益］}} \times 100$$

▶配当利回りの計算（P145参照）

$$\text{配当利回り（\%）} = \frac{\text{1株当たり［年間配当金］}}{\text{［株価］}} \times 100$$

問1

WX社に関するデータを読み取り、それぞれ計算すると次のとおりとなる。

❶ $\text{PBR} = \dfrac{\text{［株価］［2,000］円}}{\text{1株当たり［純資産］［2,200］円}} = \text{［0.91］倍}$

❷ $\text{配当性向} = \dfrac{\text{1株当たり［年間配当金］［30］円}}{\text{1株当たり［当期純利益］［300］円}} \times 100 = \text{［10］\%}$

❸ $\text{配当利回り} = \dfrac{\text{1株当たり［年間配当金］［30］円}}{\text{［株価］［2,000］円}} \times 100 = \text{［1.5］\%}$

▶【参考】PERの計算（P143参照）

$$\text{PER（倍）} = \frac{\text{［株価］}}{\text{1株当たり［当期純利益］}}$$

参考に、WX社のPERは次のとおり計算できる。

$$\text{PER} = \frac{\text{［株価］［2,000］円}}{\text{1株当たり［当期純利益］［300］円}} = \text{［6.67］倍}$$

解答のヒント　PER、PBR、配当利回り、配当性向の計算は金財個人、協会資産で高い頻度で出題されますので計算できるようにしておきましょう。ROEも確認しておいてください。

□ 投資信託のコスト、収益分配金

問 1 下記の問について解答しなさい。

⑴下記〈資料〉の投資信託を50万口購入する場合の購入金額として、正しいものはどれか。なお、解答に当たっては、円未満を切り捨てること。

〈資料〉

約定日の基準価額（1万口当たり）	19,855円
購入時手数料（税込み）	2.20%
運用管理費用（信託報酬・税込み）	年0.66%

1．　999,302円
2．1,014,590円
3．1,021,142円

（2023.01　実技・資産）

⑵福岡さんはQS投資信託を新規募集時に1,000万口購入し、特定口座（源泉徴収口座）で保有して収益分配金を受け取っている。下記〈資料〉に基づき、福岡さんが保有するQS投資信託に関する次の記述が適切であれば○を、不適切であれば×を記しなさい。

〈資料〉

［福岡さんが保有するQS投資信託の収益分配金受取時の運用状況（1万口当たり）］

収益分配前の個別元本	9,400円
収益分配前の基準価額	10,000円
収益分配金	1,000円
収益分配後の基準価額	9,000円

収益分配時に、福岡さんに支払われた収益分配金のうち600円（1万口当たり）は「普通分配金」である。

（2022.01　実技・資産・改）

A 答えと解説 実技（金財個人、協会資産）

答え 問 1 ⑴［2］⑵［○］

投資信託の購入時金額やコストは、金財個人では知識、協会資産では知識と計算で。収益分配金は知識・計算で出題されています。

◆投資信託のコスト（P151参照）

問1⑴ 投資信託の購入金額の計算
投資信託の口数単位に留意する（通常は1万口当たり）。
❶投資信託の代金の計算
　約定日の基準価額（1万口当たり）［19,855］円×［50］万口=［992,750］円
❷購入時にかかる手数料を計算
購入時にかかるのは購入時手数料（税込み）。
　投資信託の代金［992,750］円×手数料率［2.2］%=［21,840.5］円
❸購入金額の計算
　投資信託の代金［992,750］円+購入時手数料［21,840.5］円
=［1,014,590］円（円未満切り捨て）

運用管理費用（信託報酬）は保有中にかかる費用である。

◆収益分配金（P153参照）

投資信託の分配金には次の２種類がある。

普通分配金	・投資信託の値上がり部分から分配されたもの ・収益として所得税・住民税が［**課税される**］
元本払戻金（特別分配金）	・元本の払戻し部分。個別元本より分配落ち後の基準価額が少ない（下回る）場合、その差額 ・元本の一部払い戻しの性質のため［**非課税**］

問1⑵ 普通分配金と元本払戻金（特別分配金）の計算
福岡さんのQS投資信託の運用状況を図解すると次のとおりとなる。

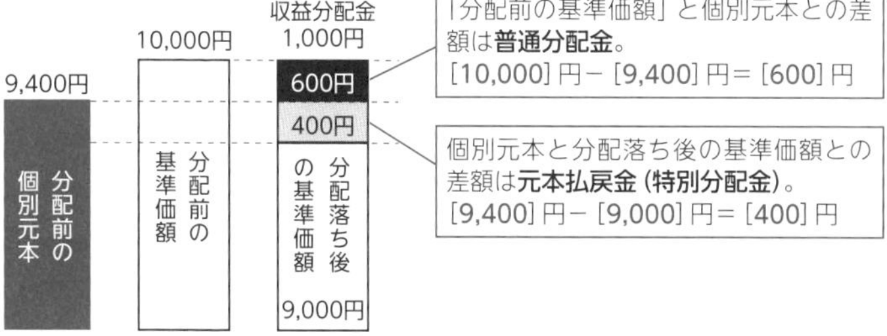

□ 外貨預金の計算

問1 次の設例に基づいて、下記の問に答えなさい。

〈設例〉(一部抜粋)
会社員のAさん(55歳)はX銀行の米ドル建定期預金のキャンペーン広告を見て、その金利の高さに興味を抱いており、米ドル建定期預金での運用を検討している。
〈Aさんが運用を検討しているX銀行の米ドル建定期預金に関する資料〉
・預入金額:10,000米ドル
・預入期間:3か月
・利率(年率):2.0%(満期時一括支払)
・為替予約なし
・適用為替レート(米ドル/円)

	TTS	TTM	TTB
預入時	142.00円	141.50円	141.00円
満期時	144.00円	143.50円	143.00円

※上記以外の条件は考慮せず、各問に従うこと。

Aさんが、〈設例〉の条件のとおり、10,000米ドルを外貨預金に預け入れ、満期時に円貨で受け取った場合における元利金の合計額として、次のうち適切なものはどれか。なお、計算にあたっては税金等を考慮せず、預入期間3か月は0.25年として計算すること。

1. 1,437,150円
2. 1,447,200円
3. 1,458,600円

(2021.05 実技・個人・改)

A　答えと解説　実技(金財個人、協会資産)

答え　問1　[1]

外貨建て預金は、金財個人・協会資産とも知識・計算問題が出題されています。元利合計額や円貨⇔外貨の両替の計算について確認しましょう。

◆米ドル建定期預金の運用

問1
米ドルで預け入れ、満期に円貨で受け取った場合の元利金合計額の計算
❶預入れ時の10,000米ドルに対する3か月分の利息を計算
→利率は年率で示されている点に注意する。
なお、本問では「[0.25] 年として計算」と示されているので、
　10,000米ドル× [2.0] %× [0.25] 年= [50] 米ドル (利息)
❷元本と利息を合算し、元利金の合計額を計算
　元本 [10,000] 米ドル+利息 [50] 米ドル= [10,050] 米ドル
❸元利金合計額を円貨に両替
満期時、米ドルを円貨に両替する場合の為替レートは、[TTB] (対顧客電信買相場、金融機関が顧客から米ドルを買う) が適用される。
　[10,050] 米ドル× [143.00] 円= [1,437,150] 円

▶為替レート (為替相場) (P155参照)

為替相場は外貨を買うとき、売るとき、基準、の3種類がある。

TTS (対顧客電信売相場)	[円] を [外貨] に換えるときの為替レート
TTM (仲値)	為替取引の基準となる為替レート
TTB (対顧客電信買相場)	[外貨] を [円] に換えるときの為替レート

解答のヒント　**外貨預金の預入れ額や元利金の合計額を計算する際に使用する為替レートに留意して計算しましょう。利率は年率で提示されますが、預入期間は数か月という出題パターンが多いので、計算時に注意してください。**

タックスプランニング

□退職所得の計算

問 1 下記の問に答えなさい。

Aさん（65歳）は、X社の創業社長である。Aさんは今期限りで勇退する予定である。
仮に、X社がAさんに役員退職金5,000万円を支給した場合、Aさんが受け取る役員退職金に係る退職所得の金額として、次のうち適切なものはどれか。なお、Aさんの役員在任期間（勤続年数）を30年とし、これ以外に退職手当等の収入はなく、障害者になったことが退職の直接の原因ではないものとする。

1．1,750万円
2．3,500万円
3．3,800万円

（2023.09　実技・保険）

A 答えと解説　実技（金財保険、協会資産）

答え　問1［1］

退職所得の金額、退職所得控除の金額の計算問題は、金財保険ではほぼ毎回出題、協会資産でもしばしば出題されます。

◆退職所得の計算（P183参照）

役員が勇退によって受け取る役員退職金は退職所得として［分離］課税の対象となる。

退職所得の金額＝（収入金額－退職所得控除額）×［$\frac{1}{2}$］

なお、勤続５年以下の役員の場合、退職所得の計算では「×$\frac{1}{2}$」の適用なし。

▶退職所得控除額

勤続年数	退職所得控除額
[20] 年以下	40万円×勤続年数（最低80万円）
[20] 年超	800万円＋［70］万円×（勤続年数－［20］年）

勤続年数の１年未満の端数は切り上げる。

問1 Aさんの退職所得の金額

Aさんの役員在任期間（勤続年数）は5年以下には該当しないため、退職所得の金額の計算では$\frac{1}{2}$を乗じる。

退職所得控除額＝800万円＋［70］万円×（［30］年－［20］年）
＝［1,500］万円

退職所得の金額＝（5,000万円－［1,500］万円）×［$\frac{1}{2}$］
＝［1,750］万円

参考：問題文の条件設定の意味

・「これ以外に退職手当等の収入はなく」→Aさんは他に退職手当等の収入はないので、退職所得控除額は役員退職金に全額を適用できる。
・「障害者になったことが退職の直接の原因ではないものとする」→障害により退職した場合は、退職所得控除額に100万円が加算できるが、Aさんはこの加算の対象外となる。

3級試験では、上記の点を考慮する必要のない問題設定で出題される。

！注意　**退職所得控除額の計算は、表が与えられる場合もありますが、金財保険では、表は与えられません。計算式を暗記しておきましょう。**

□ 医療費控除の計算

問 1 下記の問について解答しなさい。

会社員の井上大輝さんが2023年中に支払った医療費等が下記〈資料〉のとおりである場合、大輝さんの2023年分の所得税の確定申告における医療費控除の金額として、正しいものはどれか。なお、大輝さんの2023年中の所得は、給与所得800万円のみであり、支払った医療費等はすべて大輝さんおよび生計を一にする妻のために支払ったものである。また、医療費控除の金額が最も大きくなるよう計算することとし、セルフメディケーション税制（特定一般用医薬品等購入費を支払った場合の医療費控除の特例）については、考慮しないものとする。

〈資料〉

支払年月	医療等を受けた人	内容	支払金額
2023年1月	大輝さん	人間ドック代（※1）	8万円
2023年 5月～6月		入院費用（※2）	30万円
2023年8月	妻	健康増進のためのビタミン剤の購入代	3万円
2023年9月		骨折の治療のために整形外科へ支払った治療費	5万円

※1）人間ドックの結果、重大な疾病は発見されていない。
※2）この入院について、加入中の生命保険から入院給付金が6万円支給された。

1．19万円
2．25万円
3．27万円

（2023.09　実技・資産）

答え 問1 [1]

金財個人、金財保険では知識問題で、協会資産では知識と計算問題で出題されています。計算式は暗記必須です。

◆医療費控除（P197参照）

▶医療費控除の計算

医療費控除額＝支払った医療費－保険金等で補填される金額－［10］万円※
※「総所得金額等×［5］％」相当額または［10］万円のいずれか低い方の額

問1 井上大輝さんの医療費控除の金額

医療費控除の対象となる医療費等と、対象となる支払金額を判断し、医療費控除の金額を計算する。

支払年月はすべて2023年中のため、未払医療費として除外するものはない。

本人および生計一の妻のために支払ったものであるため、該当すれば医療費控除の対象となる。

	内容と支払金額	判定
大輝さん	人間ドック代（8万円）	※1）のとおり、重大な疾病は発見されていないため対象と［ならない］
	入院費用（30万円）	対象と［なる］が、※2）の入院給付金6万円は差し引く必要が［ある］
妻	健康増進のためのビタミン剤の購入代（3万円）	対象と［ならない］
	骨折の治療のために整形外科へ支払った治療費（5万円）	対象と［なる］

大輝さんの医療費控除の金額

＝支払った医療費（［大輝さんの入院費用］［30］万円＋［妻の骨折治療の治療費］［5］万円）－保険金等で補填される金額（［入院給付金］［6］万円）－［10］万円※

＝［19］万円

※3級試験では「10万円」と覚えておけばよい（参考までに、大輝さんは給与所得のみ800万円のため「総所得金額等×5％」＞10万円となる）

! 注意

人間ドックは重大な疾病が発見された場合は医療費控除の対象となります。その他の医療費控除の対象となるもの、ならないものについてもP197で再確認しておきましょう。

□ 総所得金額の計算

問 1 次の設例に基づいて、下記の問に答えなさい。

〈設例〉（一部抜粋）
会社員のAさんは、妻Bさん、長男Cさんおよび長女Dさんとの４人家族である。
〈Aさんの2023年分の収入等に関する資料〉
⑴　給与収入の金額　：800万円
⑵　不動産所得の金額：　30万円
⑶　一時払養老保険（10年満期）の満期保険金
　　契約年月　：2013年３月
　　契約者（＝保険料負担者）・被保険者　：Aさん
　　死亡保険金受取人　：妻Bさん
　　満期保険金受取人　：Aさん
　　満期保険金額　：320万円
　　一時払保険料　：300万円

Aさんの2023年分の所得税における総所得金額は、次のうちどれか。
1．640万円
2．650万円
3．660万円

〈資料〉給与所得控除額

給与収入金額			給与所得控除額	
万円超		万円以下		
	～	180	収入金額×40%－　10万円	（55万円に満たない場合は、55万円）
180	～	360	収入金額×30%＋　8万円	
360	～	660	収入金額×20%＋　44万円	
660	～	850	収入金額×10%＋　110万円	
850	～		195万円	

（2022.09　実技・個人）

A 答えと解説　実技（金財個人、金財保険、協会資産）

答え　問 1 ［1］

総所得金額の計算は、金財個人・金財保険ではほぼ毎回出題されています。協会資産でも頻出です。所得額の計算もしっかり確認してください。

◆総所得金額の計算（P199参照）

総合課税される所得を合計して総所得金額を算出する。

▶総合課税の所得

配当所得、不動産所得、事業所得、給与所得、譲渡所得（土地・建物の譲渡所得、株式等の譲渡所得を除く）、一時所得、雑所得

問1 Aさんの総所得金額の計算

❶給与収入の金額800万円から、給与所得の金額を算出する。

給与所得の金額＝収入金額－給与所得控除額

給与所得控除額=給与収入［800］万円×［10］%+［110］万円
＝［190］万円

給与所得の金額=［800］万円−［190］万円=［610］万円

❷不動産所得の金額30万円は総合課税の対象なので、総所得金額に加算［する］。

❸一時払養老保険（10年満期）の満期保険金は［一時］所得の対象。

一時所得の金額＝総収入金額－その収入を得るために支出した金額－特別控除額［50］万円

総所得金額に算入する一時所得の金額＝一時所得の金額×［$\frac{1}{2}$］

一時所得の金額=［320］万円−［300］万円−特別控除額［50］万円
＝［−30］万円

一時所得の損失は損益通算［できない］ため、一時所得の所得は［0］円となる。

したがって、総所得金額等は、

［給与所得］［610］万円+［不動産所得］［30］万円=［640］万円

！注意

一時所得の金額がプラスになったとき、総所得金額に算入する一時所得の金額は2分の1にすることを忘れずに。他に、事業所得、年金受給者のケースなどで出題されています。それらも所得の計算方法を確認しておきましょう。

不動産

□ 建築基準法（2項道路と建築面積）

問 1 下記の問について解答しなさい。

下記〈資料〉の甲土地の建築面積の最高限度を算出する基礎となる敷地面積として、正しいものはどれか。なお、この土地の存する区域は、特定行政庁が指定する区域に該当しないものとし、その他記載のない条件については一切考慮しないこととする。

〈資料〉

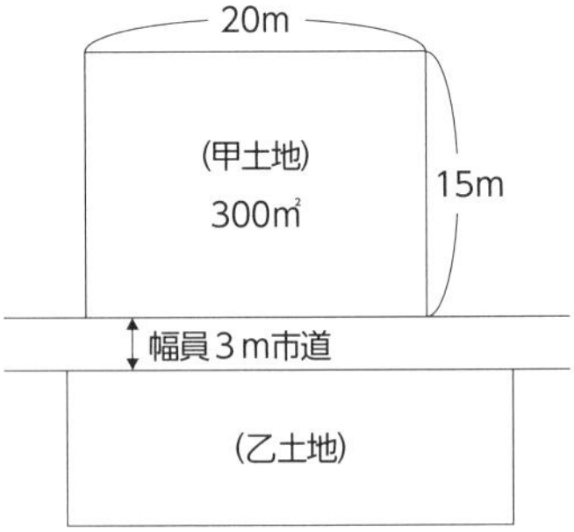

※甲土地・乙土地が面する道路は建築基準法第42条第２項に該当する道路で、甲土地・乙土地はともにセットバックを要する。また、道路の中心線は現況道路の中心に位置するものとする。

1．260㎡
2．280㎡
3．290㎡

（2023.05　実技・資産）

A 答えと解説　実技(協会資産)

答え 問1 [3]

金財個人では「建蔽率の上限となる建築面積と容積率の上限となる延べ面積の組合せ」が頻出ですが、協会資産では他の計算も出題されます。

◆2項道路とセットバック (P229参照)

幅員 [4] m未満の道路でも、道路として認められるものがあり、これを**2項道路**という。道路の中心線から水平距離 [2] m下がった線が道路境界線とみなされる。実際の道路から道路境界線までの間を [セットバック] といい、この部分は**建築物の敷地として利用できず、敷地面積として算入できない。**

問1 建築面積の最高限度の算出基礎となる敷地面積の計算

敷地に面する道路が幅員3mである点に注意する。甲土地は資料の※にあるとおり、セットバックを要する。道路の中心線から [2] mバックした位置を道路境界線とすると、甲土地は道路境界線が [0.5] m後退する。

したがって、甲土地の建築面積の最高限度を算出する基礎となる敷地面積は次のとおり計算できる。

[20] m×([15] m－[0.5] m)＝[290] ㎡

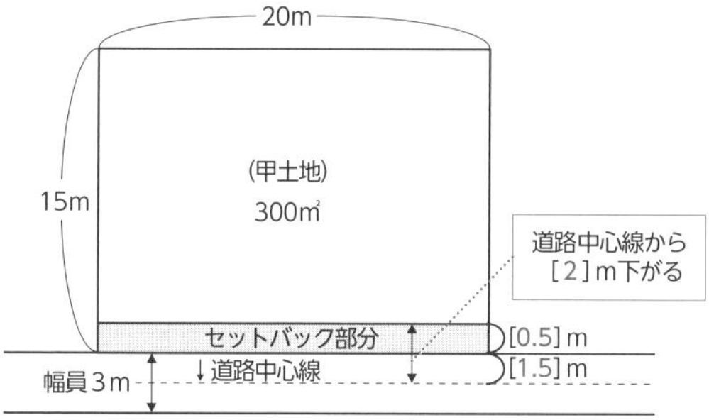

参考　さらっと

甲土地の道路の反対側が崖地や川である場合には、反対側の道路境界線から甲土地側に4m下がった線を道路境界線とみなす必要がある。本問では道路の反対側は乙土地で、資料の※部分のとおり、乙土地もセットバックを要すると記載されているため、甲土地側では道路中心線から2m後退した線を道路境界線とすればよい。

□ 建蔽率、容積率、宅地の評価

問 1 次の設例に基づいて、下記の問に答えなさい。

〈設例〉（一部抜粋）

Aさん（50歳）は、1年前に父親の相続により甲土地（500㎡）を取得、甲土地の有効活用を考えていた折、知人の不動産会社の社長から「…（略）…甲土地で賃貸マンション経営をしてもよいのではないか。」とアドバイスを受けた。

〈甲土地の概要〉

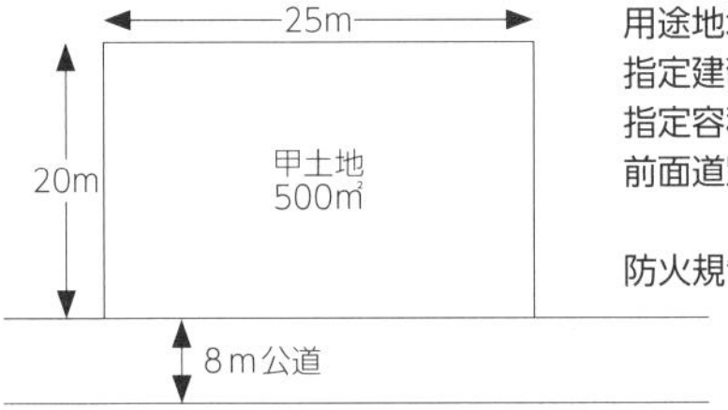

用途地域　：準住居地域
指定建蔽率　：60%
指定容積率　：300%
前面道路幅員による容積率の制限
　：前面道路幅員×$\frac{4}{10}$
防火規制　：防火地域

※上記以外の条件は考慮せず、各問に従うこと。

(1)甲土地に耐火建築物を建設する場合の①建蔽率の上限となる建築面積と②容積率の上限となる延べ面積の組合せとして、次のうち最も適切なものはどれか。

1．①300㎡　②1,500㎡
2．①350㎡　②1,500㎡
3．①350㎡　②1,600㎡

(2)甲土地の有効活用に関する以下の文章の空欄①～②に入る語句の組合せとして、次のうち最も適切なものはどれか。

「Aさんが甲土地に賃貸マンションを建築した場合、相続税の課税価格の計算上、甲土地は（　①　）として評価されます。また、甲土地が貸付事業用宅地等に該当すれば、『小規模宅地等についての相続税の課税価格の計算の特例』の適用を受けることができます。貸付事業用宅地等は、200㎡までの部分について（　②　）の減額が受けられます。」

1．①貸家建付地　②50%
2．①貸家建付地　②80%
3．①貸宅地　②50%

（2022.05　実技・個人・改）

A 答えと解説　実技（金財個人）

答え　問 1　(1)［2］(2)［1］

土地の有効活用では、相続・事業承継の宅地の評価に関しても出題されます。建蔽率上限・容積率上限の面積計算も頻出です。

◆建蔽率の緩和（P233参照）

・建蔽率80％以外の地域で防火地域内に耐火建築物等を建てる場合

➡指定建蔽率＋［10］％

◆容積率の制限

容積率は、敷地の前面道路の幅員が［12］m未満の場合には、次のA、Bのうち［低い］ほうが限度となる。

A「指定容積率」
B「前面道路の幅員（m）×法定乗数※」　※「容積率の制限」等として提示される

◆上限となる建築面積

建蔽率の上限となる建築面積（㎡）＝［敷地面積］（㎡）×建蔽率（％）
容積率の上限となる延べ面積（㎡）＝［敷地面積］（㎡）×容積率（％）

問 1 (1)

❶建蔽率の上限となる建築面積を求める。
指定建蔽率60%の地域で防火地域内に耐火建築物を建てるので、
建蔽率＝指定建蔽率［60］%+［10］%=［70］%
よって、建蔽率の上限となる建築面積は、
［500］㎡×［70］%=［350］㎡
❷容積率の上限となる延べ面積を求める。
Aの「指定容積率」は300%。甲土地の前面道路は［12］m未満なので、
Bは［8］m×容積率の制限［$\frac{4}{10}$］=［$\frac{32}{10}$］=［320］%
AとBの値を比較して［低い］方は［300］%。
よって、容積率の上限となる延べ面積は、
［500］㎡×［300］%=［1,500］㎡

◆宅地の評価（P285参照）

貸家建付地：自分が所有する土地に自分が建てた建物を他人に貸している。

◆小規模宅地等の評価の特例（P287参照）

宅地の区分※	減額割合	上限となる地積
貸付事業用宅地等	［50］％	［200］㎡

※他に特定居住用宅地等、特定事業用等宅地等がある

相続・事業承継

□ 小規模宅地等特例、遺留分

問 1 次の設例に基づいて、下記の問に答えなさい。

〈設例〉（一部抜粋）
Aさん（74歳）は、妻Bさん（70歳）と長女Cさん（45歳）との3人暮らしである。二女Dさん（40歳）は夫と子の3人で他県の持家に住んでいる。Aさんは所有財産のうち、妻Bさんに自宅の敷地と建物を相続させ、長女Cさんには賃貸アパートの敷地と建物を相続させたいと考えている。Aさんは自身の相続が起こった際に遺産分割で争いが生じるのではと不安を感じている。

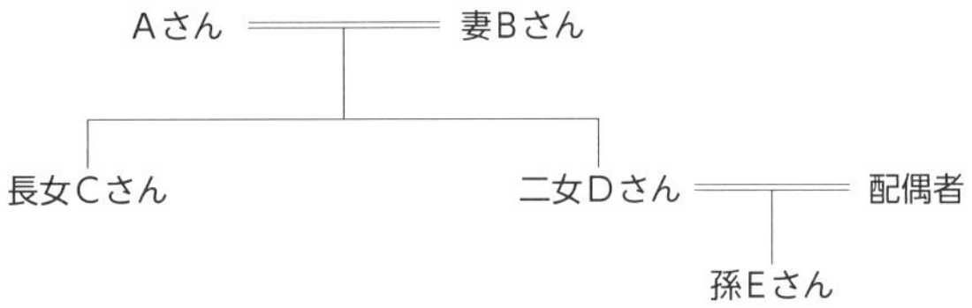

〈Aさんの主な所有財産（相続税評価額）〉（一部抜粋）
・自宅敷地（200㎡）：6,000万円（注）
・自宅建物　　　　：1,000万円
（注）「小規模宅地等についての相続税の課税価格の計算の特例」適用前の金額
※上記以外の条件は考慮せず、各問に従うこと。

Aさんの相続が開始した場合の相続税等に関する次の記述について、正しいものまたは適切なものには○を、誤っているものまたは不適切なものには×をつけなさい。

(1)「妻Bさんが自宅の敷地（相続税評価額6,000万円）を相続により取得し、当該敷地の全部について、『小規模宅地等についての相続税の課税価格の計算の特例』の適用を受けた場合、減額される金額は4,800万円となります。」

(2)「遺言により妻Bさんおよび長女Cさんが相続財産の大半を取得した場合、二女Dさんの遺留分を侵害する可能性があります。仮に、遺留分を算定するための財産の価額が2億円である場合、二女Dさんの遺留分の金額は5,000万円となります」

（2023.05　実技・個人・改）

A 答えと解説　実技（金財個人、金財保険）

答え　問 1　(1)［○］(2)［×］

小規模宅地等の特例や遺留分は、知識問題も計算問題も出題されます。どちらも知識を整理しつつ、計算もできるようにしておきましょう。

◆小規模宅地等の特例（P287参照）

宅地の区分※	減額割合	上限となる地積
特定居住用宅地等	[80] %	[330] ㎡

※他に特定事業用等宅地等、貸付事業用宅地等がある

問1(1) 適用を受けた場合の減額される金額
自宅の敷地は200㎡なので、特例の適用を受けられるのは [200] ㎡。特例適用前の相続税評価額が6,000万円であるから、
減額される額は、6,000万円× [80] %= [4,800] 万円

◆遺留分（P271参照）

相続人が配偶者と子の場合の遺留分は相続財産の［2］分の［1］。

問1(2) 二女Dさんの遺留分の金額
法定相続人は配偶者と子、法定相続分はそれぞれ [2] 分の [1]。
子は2人で均等に分けるので、二女Dさんの法定相続分は、
[$\frac{1}{2}$] × [$\frac{1}{2}$] = [$\frac{1}{4}$]
子の遺留分は相続財産の [2] 分の [1] なので、
二女Dさんの遺留分は、[$\frac{1}{4}$] × [$\frac{1}{2}$] = [$\frac{1}{8}$]
よって、二女Dさんの遺留分の金額は、
財産の価額2億円× [$\frac{1}{8}$] = [2,500] 万円

注意　小規模宅地等の特例の適用に関する計算では、問われているのが「減額される金額」の場合と「相続税の課税価格に算入すべき価額」の場合があります。どちらを解答するのか、よく確認しましょう。

□ 相続税の計算に関する事項、相続税の申告

問 1 次の設例に基づいて、下記の問に答えなさい。

〈設例〉（一部抜粋）

Aさんは、2023年12月11日に病気により81歳で死亡した。Aさんの親族関係図等は以下のとおりである。妻Bさん（78歳）、長女Cさん（56歳）、二女Dさん（54歳）、孫Fさん（23歳）、孫Gさん（21歳）は、相続により財産を取得する予定である。なお、長男Eさんは、Aさんの相続開始前に死亡している。

〈Aさんの親族関係図〉

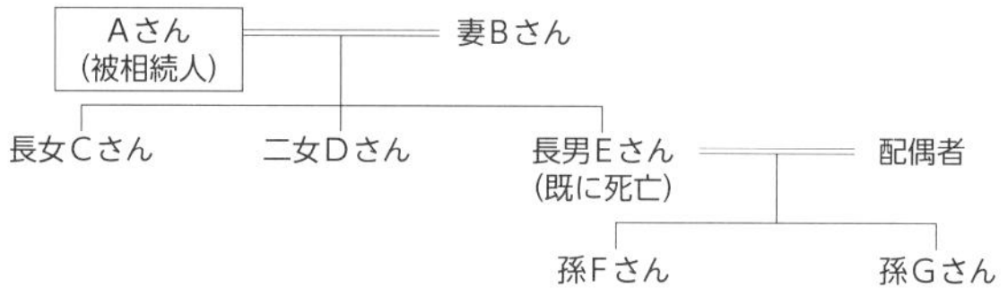

〈Aさんが加入していた生命保険の内容〉

保険の種類：一時払終身保険　　死亡保険金額：3,000万円

契約者（=保険料負担者）・被保険者：Aさん　　死亡保険金受取人：妻Bさん

※上記以外の条件は考慮せず、各問に従うこと。

Aさんの相続に関する以下の文章の空欄①〜③に入る語句または数値の組合せとして、次のうち最も適切なものはどれか。

ⅰ）「Aさんの相続に係る法定相続人の数は５人となり、孫Fさんおよび孫Gさんの法定相続分はそれぞれ（　①　）です。」

ⅱ）「Aさんの相続における遺産の基礎控除額は、（　②　）万円です。」

ⅲ）「相続税の申告書の提出期限は、原則として、相続の開始があったことを知った日の翌日から（　③　）か月以内となります。」

1．①8分の1　②6,000　③4

2．①8分の1　②5,400　③10

3．①12分の1　②6,000　③10

（2022.01　実技・保険・改）

A 答えと解説 実技（金財個人、金財保険、協会資産）

答え 問1 [3]

法定相続人の判定、法定相続分、遺産に係る基礎控除額、死亡保険金や死亡退職金の非課税限度額の知識と計算は頻出です。

◆法定相続人と法定相続分（P261参照）

▶相続人が配偶者と子の場合の法定相続分

配偶者［2］分の［1］、子［2］分の［1］。

◆代襲相続（P263参照）

子が先に死亡している場合、[孫] が代襲相続。

◆遺産に係る基礎控除額（P275参照）

遺産に係る基礎控除額＝ [3,000] **万円＋** [600] **万円×法定相続人の数**

問1

i) 孫Fさんおよび孫Gさんの法定相続分

相続人は配偶者と子で法定相続分はそれぞれ [2] 分の [1]。子は3人で均等に分けるが、長男Eさん（既に死亡）の相続分をその子である孫Fさん、孫Gさんが均等に分ける。したがって孫Fさんおよび孫Gさんの法定相続分は、

$$[\frac{1}{2}] \times [\frac{1}{3}] \times [\frac{1}{2}] = [\frac{1}{12}]$$

ii) Aさんの相続における遺産の基礎控除額

本問の法定相続人は [5] 人なので、

遺産に係る基礎控除額=[3,000]万円+[600]万円×[5]人=[6,000]万円

iii) 相続税の申告書の提出期限（P281「相続税の申告」を参照）

相続の開始があったことを**知った日の翌日から** [10] か月以内。

ポイント **遺産に係る基礎控除額の計算式は暗記必須です。死亡保険金・死亡退職金の非課税限度額の計算式と対比させながら覚えましょう。**

□ 相続税の総額計算

問1 次の設例に基づいて、下記の問に答えなさい。

〈設例〉（一部抜粋）
Aさん（82歳）は、妻Bさん（78歳）との２人暮らしである。Aさん夫妻には、２人の子がいるが、二男Dさんは既に他界している。
〈Aさんの親族関係図〉

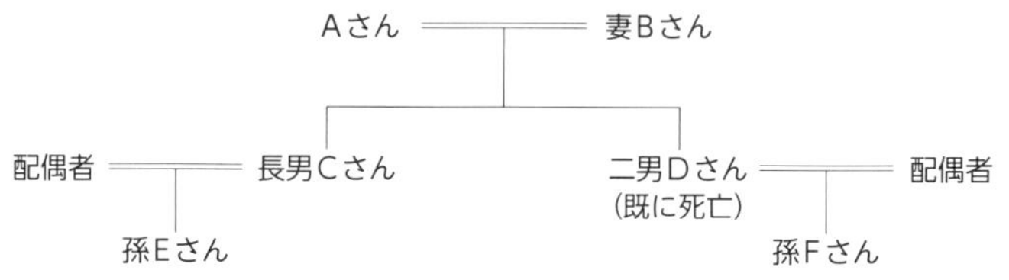

Aさんの相続が現時点（2024年5月22日）で開始し、Aさんの相続に係る課税遺産総額（課税価格の合計額－遺産に係る基礎控除額）が１億2,000万円であった場合の相続税の総額は、次のうちどれか。

1．1,900万円
2．2,200万円
3．3,100万円

〈資料〉相続税の速算表（一部抜粋）

法定相続分に応ずる取得金額			税率	控除額
万円超		万円以下		
	〜	1,000	10%	－
1,000	〜	3,000	15%	50万円
3,000	〜	5,000	20%	200万円
5,000	〜	10,000	30%	700万円
10,000	〜	20,000	40%	1,700万円

（2022.05　実技・個人）

A 答えと解説 実技(金財個人、金財保険)

答え 問1 [1]

相続税の総額計算は、金財個人と金財保険では、ほぼ毎回出題されてきています。協会資産でも出題されます。確実に計算できるようにしましょう。

◆相続税の計算(P277「【Step 3】相続税の総額の計算」を参照)

相続税は、実際の遺産分割方法に関係なく、「課税遺産総額を法定相続人が法定相続分どおりに分けたとしたら、それぞれいくらになるか」を計算し、その合算額を「相続税の総額」とする。

問1 課税遺産総額は、1億2,000万円。これを、法定相続人が法定相続分どおりにそれぞれ相続したと仮定して、相続税の総額を計算する。

❶法定相続人の判断と法定相続分を計算

法定相続人は、妻Bさん、長男Cさん、二男Dさんの代襲相続人たる孫Fさんの[3]人。

法定相続分は、法定相続人が配偶者と子なのでそれぞれ[2]分の[1]。子は[2]人で均等に分けるので、長男Cさんおよび代襲相続人の孫Fさんの法定相続分は、それぞれ、

[$\frac{1}{2}$]×[$\frac{1}{2}$]=[$\frac{1}{4}$]

❷1億2,000万円を法定相続分どおりに相続したと仮定した場合のそれぞれの仮定の課税遺産額は、

妻Bさん =1億2,000万円×[$\frac{1}{2}$]=[6,000]万円

長男Cさん=1億2,000万円×[$\frac{1}{4}$]=[3,000]万円

孫Fさん =1億2,000万円×[$\frac{1}{4}$]=[3,000]万円

❸仮定の課税遺産額に対する仮定の相続税額の計算

❷の遺産額に対する仮定の相続税額を速算表を使って計算する。

妻Bさん =[6,000]万円×[30]%−[700]万円=[1,100]万円

長男Cさん=[3,000]万円×[15]%−[50]万円=[400]万円

孫Fさん =[3,000]万円×[15]%−[50]万円=[400]万円

したがって、相続税の総額は

[1,100]万円+[400]万円+[400]万円=[1,900]万円

解答のヒント 試験では、「課税遺産総額」を与えられます。法定相続人が誰か、また、それぞれの法定相続分がわかれば、あとの計算の流れは同じです。計算の流れに慣れておきましょう。

索引

数字・アルファベット

２項道路……210,229,329
２割加算……255,279
BBB格……117,129
Bグループ保険（団体定期保険）……101
CI（コンポジット・インデックス）……123
DI（ディフュージョン・インデックス）……123
ETF（上場投資信託）……119,149
FPの６つのステップ……11
GDP……116,123
J-REIT（上場不動産投資信託）……119,149
NISA……121,163
PBR……119,143,317
PER……119,143,317
ROE……145
TOPIX（東証株価指数）……118,137
TTB……120,155,321
TTM……120,155,321
TTS……120,155,321

あ

青色申告……169,207
アカウンタビリティ……11
アクティブ運用……119,147
アンダーパー発行……131
育児休業給付……13,37
遺言……253,267
遺産分割……253,269
遺贈……291
遺族基礎年金……17,63,307
遺族厚生年金……17,63,307
一時所得……166,185,327
一部保険……103
一致系列……123
一般教育訓練給付金……13,37
一般生命保険料控除……93
一般定期借地権……219
一般媒介契約……209,217
遺留分……254,271,333
医療費控除……168,197,325
医療保険……72,85
インターバンク市場……125
請負業者賠償責任保険……113
延長（定期）保険……73,91
応募者利回り……118,133
オーバーパー発行……131
奥行価格補正率……283
オプション取引……159

か

買いオペレーション……125
海外旅行傷害保険……75,111
外貨建て商品……155
介護医療保険料控除……93
介護休業給付……13,37
概算取得費……241
開発許可制度……225
加給年金……16,57
学生納付特例……15,49
格付……129
確定拠出年金……17,67
確定申告……165,169,205
確定年金……72,83
火災保険……74,105
貸金業法の総量規制……12
貸宅地……256,285
貸付事業用宅地等……256,287,331
貸家建付地……256,285,331
可処分所得……11,21
家族傷害保険……111
合算対象期間……15,51
寡婦控除……167
株式……118,137
株式投資信託……119,147
寡婦年金……17,65

元金均等返済……12,27
間接税……171
がん入院特約……85
がん保険……72,85
元本払戻金（特別分配金）……120,153,319
元利均等返済……12,27
企業費用・利益総合保険……75,113
危険負担……217
基準地（標準）価格……208,213
基礎控除……167,193
期待収益率……120,157
寄附金控除……168,193
基本手当……13,35
キャッシュフロー表……11,21,303
休業補償給付……33
給付型（奨学金）……31
給付・反対給付均等の原則……103
給与所得……166,181,327
教育一般貸付……12,31
教育訓練給付……37
協議分割……253,269
業況判断DI……123
金融サービス仲介業者……19
金融サービス提供法……161
金融商品取引法……161
金融類似商品……74,99,185
金利変動リスク（価格変動リスク）……129
勤労学生控除……168
クーリング・オフ……71,79
区分所有権……223
区分所有法……209,223
繰上げ支給・繰下げ支給……16,59
繰上げ返済……12,29
グロース市場……137
グロース投資……119,147
経過的加算……57
景気動向指数……116,123
契約者貸付制度……73,89
契約転換制度……91
契約不適合責任……217
決済用預金……121,161
現価係数……11,25
減価償却……179
減価償却費……167
健康保険……14,39
減債基金係数……11,25
建設協力金方式……211,247
源泉徴収票……205
源泉分離課税……99,173
建築基準法……209
限定承認……253,265
検認……267
建蔽率……210,231,233,331
権利落ち日……139
権利確定日……139
公開市場操作……116,125
高額療養費……14,41,305
後期高齢者医療制度……39
公示価格……208,213
公社債投資信託……119,147
公正証書遺言……253,267
厚生年金保険……55
公的介護保険……15,45
購入時手数料……120,151,319
高年齢雇用継続基本給付金……13,35
高年齢再就職給付金……35
コール・オプション……120,159
国税……164,171
告知義務……73,89
国内旅行傷害保険……75,111
国民健康保険……14,43
国民年金……15,47
国民年金基金……17,69
個人年金保険……72,83
個人年金保険料控除……93
個人賠償責任保険……113
個人バランスシート……11,23
個人向け国債……117,131
固定資産税……211,237,239
固定資産税評価額……208,213
こども保険（学資保険）……31,72,82
雇用継続給付……35

雇用保険 …… 13,33

さ

総合医療特約 …… 85
災害入院特約 …… 85
災害割増特約 …… 87
財形住宅融資 …… 29
財形貯蓄制度 …… 121
債券 …… 117,129
最高解約返戻率 …… 309
最終利回り …… 117,133
在職老齢年金 …… 57
再調達価額 …… 103
債務控除（相続税） …… 255
指値注文 …… 139
雑所得 …… 166,189
雑損控除 …… 168
山林所得 …… 185
死因贈与 …… 291
時価（額） …… 103
市街化区域 …… 209,225
市街化調整区域 …… 209,225
敷地利用権 …… 223
事業受託方式 …… 249
事業所得 …… 166,177
事業的規模 …… 177
事業用定期借地権等 …… 209,219
事業用定期借地権方式 …… 211,249
自己建設方式 …… 211,247
地震保険 …… 74,107
地震保険料控除 …… 75,115,168
施設所有（管理）者賠償責任保険 …… 75,113
自損事故保険 …… 109
失火責任法 …… 74,105
実損払い …… 104
疾病入院特約 …… 85
指定代理請求特約 …… 87
指定分割 …… 253,269
自動車保険 …… 74,109
自動振替貸付制度 …… 89
自賠責保険 …… 74,109
自筆証書遺言 …… 253,267
死亡一時金 …… 17,65
資本回収係数 …… 11,25
社会保険料控除 …… 168,193
借地権 …… 219,256,285
借地借家法 …… 209
借家権 …… 221
借家人賠償責任担保特約 …… 105
車両保険 …… 75,109
終価係数 …… 11,25
収支相等の原則 …… 77
終身年金 …… 72,83
終身保険 …… 71,82
住宅ローン控除
（住宅借入金等特別控除） …… 168,203
重度疾病保障特約 …… 87
収入保障保険 …… 71,81
住民税 …… 169,173
受給資格期間 …… 15,51
受託者賠償責任保険 …… 113
出産育児一時金 …… 15,43
出産手当金 …… 15,43
出生時育児休業給付金 …… 37
準確定申告 …… 205,281
準都市計画区域 …… 225
純保険料 …… 71,77
純利回り（NOI利回り） …… 211,251
障害基礎年金 …… 16,61
障害厚生年金 …… 16,61
障害者控除 …… 167
傷害特約 …… 87,313
傷害保険 …… 75,111
奨学金（日本学生支援機構） …… 12,31
小規模企業共済 …… 17,69
小規模企業共済等掛金控除 …… 17,168,193
小規模住宅用地 …… 239
小規模宅地等についての相続税の
課税価格の計算の特例 …… 256,287
使用貸借 …… 256,285
自用地 …… 256,285
譲渡所得 …… 166,187,211,241,243,245

消費者契約法 161
消費者物価指数 123
消費税 171,211,239
傷病手当金 14,43
職業倫理 11
所定給付日数 35
所定労働時間 32
所得金額調整控除 181
所得控除 193
所有期間利回り 117,135
申告納税方式 165
申告分離課税 173
人身傷害補償保険 75,109
申請免除 49
信託財産留保額 120,151
信託報酬 120,151
信用リスク（デフォルトリスク） 117,129
推定相続人 253,267
スタンダード市場 137
税額控除 201
生活習慣病入院特約（成人病入院特約） 85
生産物賠償責任保険（PL保険） 75,113
成長投資枠 163
生命保険契約者保護機構 71,79
生命保険料控除 73,93,95,168
責任開始期 89
責任準備金 79
接道義務 210,229
セットバック 229,329
セルフメディケーション税制
（医療費控除の特例） 197
先行系列 123
全国健康保険協会（協会けんぽ） 14,39
先進医療特約 72,85
専属専任媒介契約 209,217
専任媒介契約 209,217
線引き区域 209,225
全部保険 103
相関係数 120,157
総合課税 164,173
総合福祉団体定期保険 74,101
総所得金額 168,199,327
相続 261
相続財産 254,273
相続時精算課税制度 258,297
相続税 254,273,337
相続税路線価 208,213
相続人 252,261,335
相続放棄 253,263,265
贈与 291
贈与契約 257
贈与税 257,293
ソルベンシー・マージン比率 79
損益通算 167,191
損害保険 103
損害保険契約者保護機構 79

た

第三分野の保険 70
代襲相続 252,263,335
代償分割 269
退職所得 166,183,323
対人賠償保険 109
大数の法則 77
対物賠償保険 109
貸与型（奨学金） 31
高さ制限 229
宅地建物取引業（者） 209,217
建物譲渡特約付借地権 219
短期金融市場 125
単純承認 253,265
団体信用生命保険 72,87
地域保険 14
遅行系列 123
地方税 164,171
中高齢寡婦加算 17,65,307
中小企業退職金共済 69
超過保険 103
超過累進税率 165,173
長期平準定期保険 101,311
直接税 171
直接利回り 135

直系尊属からの贈与の特例 259,301
追納 49
通院特約 85
通算加入者等期間 67
つみたて投資枠 163
定額部分 57
定額法 179
定期借地権 209,219
定期借地権方式 249
定期借家権 209,221
定期保険 71,81
逓減定期保険 81
ディスクロージャー 151
逓増定期保険 81
定率法 179
手付（金） 208,217
デリバティブ 120,159
てん補 104
等価交換方式 211,247
登記事項証明書 208,215
投機的格付債（投資不適格債） 117,129
投資者保護基金 161
投資信託 119,147
投資適格債 117,129
搭乗者傷害保険 109
登録免許税 211,237
特定（三大）疾病保障保険
（特約） 72,87,313
特定居住用宅地等 256,287,333
特定口座 118,141
特定事業用宅地等 256,287
特定疾病 15,45
特定贈与者 297
特定扶養親族 195
特別勘定 72,83
特別支給の老齢厚生年金 16,55,56
特別の寄与者 254
特別養子 252
特例税率 258,295
都市計画区域 209,225
都市計画税 211,239
都市計画法 209
土地信託方式 249
トップダウン・アプローチ 147

な

成行注文 139
日銀短観 116,123
日経平均株価（日経225） 118,137
任意加入被保険者 15,47
任意継続被保険者 14,39
年金現価係数 11,25
年金終価係数 11,25
年末調整 181,205
納税義務者（所得税） 165
農地法 210,235
ノーロードファンド 120,151

は

パー発行 131
ハーフタックスプラン 74,101
配偶者居住権 254
配偶者控除 167,195
配偶者控除（贈与税） 258,299
配偶者特別控除 167,195
配偶者の税額軽減 255,279
賠償責任保険 75
配当控除 168,201
配当所得 165,175
配当性向 145,317
配当利回り 119,145,317
倍率方式 283
パッシブ運用 119,147
払済保険 73,91
バリュー投資 119,147
非課税財産（相続税） 255,274
非課税財産（贈与税） 257,293
非課税所得（所得税） 165,173
非線引き区域 209,225
必要保障額 73,315
ひとり親控除 167
被扶養者 14,39

秘密証書遺言 253,267
被用者保険 14
標準賞与額 38
標準報酬月額 38
表面利率 131
比例払い 104
ファンド 147
付加年金 16,51
付加保険料（国民年金） 16,51
付加保険料（生命保険） 71,77
複利 127
普通借地権 209,219
普通借家権 209,221
普通分配金 120,153,319
復興特別所得税 173
プット・オプション 120,159
不動産取得税 211,237
不動産所得 166,177,327
不動産登記 208,215
扶養控除 167,195
プライム市場 137
フラット35 12,27
ブル型ファンド 149
ふるさと納税 193
プレミアム（オプション料） 120,159
分離課税 164,173
分離処分の禁止 223
ベア型ファンド 149
変額個人年金保険 72,83
変額終身保険 72,83
ベンチマーク 147
防火規制 210,229
報酬比例部分 57
法定相続分 252,261,335
法定免除 49
ポートフォリオ運用 120,157
保険価額 103
保険業法 71
保険金額 103
保険法 71
保険料納付済期間 51
保険料納付要件 16,61
保険料免除 15,49
保険料免除期間 51
ボトムアップ・アプローチ 147

ま

マネーストック統計 116,123
未成年者控除 279
無保険車傷害保険 109
目論見書 151

や

約定 139
有期年金 72,83
要介護認定 15,45
容積率 210,231,233,331
用途制限 209,227
用途地域 225
養老保険 72,82
預金準備率操作 125
預金保険制度 121,161
予定事業費率 70,77
予定死亡率 70,77
予定利率 70,77

ら

ライフイベント表 21
利子所得 165,175
利得禁止の原則 103
リビング・ニーズ特約 72,87
療養の給付 14,41
療養補償給付 33
暦年課税（贈与税） 258,295
レバレッジ効果 251
労働者災害補償保険（労災保険） 13,33
老齢基礎年金 15,51,53
老齢厚生年金 16,55
路線価方式 256,283

●**著者紹介**

古屋明美（ふるや あけみ）

1級ファイナンシャル・プランニング技能士、CFP®認定者、DCアドバイザー、特定社会保険労務士。大学卒業後、メーカー人事部門勤務等を経て1997年FP教育会社に入社。FP教材等の企画・作成、年金やライフプラン、老後生活設計等についての講師、相談業務等に従事。うち5年間は教材制作部門責任者としてFPコンテンツの企画制作に携わる。2014年に独立。FPテキストに携わった期間は25年を超え、現在もFP試験対策書籍や各種コンテンツの執筆、校閲、監修を行っている。

●**企画編集**　成美堂出版編集部

●**編集協力**　古屋雅敏、水嶋亜実、佐々木綾乃（株式会社エディット）

●**校正協力**　伊藤貴洋（CFP® 認定者、宅地建物取引士）

井上信一（CFP® 認定者、価値生活研究室代表）

小林千里（CFP® 認定者、ネクステージ行政書士事務所代表）

伊達寿和（CFP® 認定者、マネーライフ・ラボ三鷹代表）

●**組　　版**　中央制作社

●**イラスト**　瀬川尚志

本書に関する正誤等の最新情報は、下記のURLをご覧ください。

https://www.seibidoshuppan.co.jp/support/

上記アドレスに掲載されていない箇所で、正誤についてお気づきの場合は、書名・発行日・質問事項（ページ・問題番号など）・氏名・郵便番号・住所・FAX番号を明記の上、**郵送**または**FAX**で、**成美堂出版**までお問い合わせください。

※電話でのお問い合わせはお受けできません。

※本書の正誤に関するご質問以外はお受けできません。また受検指導などは行っておりません。

※ご質問の到着確認後10日前後に、回答を普通郵便またはFAXで発送いたします。

※ご質問の受付期間は、2025年6月までの各試験日の10日前到着分までとさせていただきます。ご了承ください。

ドンドン解ける! FP技能士3級 頻出問題集 '24→'25年版

2024年7月10日発行

著　者　古《ふる》屋《や》明《あけ》美《み》

発行者　深見公子

発行所　成美堂出版

〒162-8445　東京都新宿区新小川町1-7

電話(03)5206-8151　FAX(03)5206-8159

印　刷　広研印刷株式会社

ISBN978-4-415-23865-4